古典文獻研究輯刊

三一編

潘美月・杜潔祥 主編

第 7 冊

嚴可均《全上古三代秦漢三國六朝文》研究（下）

陳玫玲 著

國家圖書館出版品預行編目資料

嚴可均《全上古三代秦漢三國六朝文》研究（下）／陳玫玲
著 -- 初版 -- 新北市：花木蘭文化事業有限公司，2020〔民
109〕
目 10+192 面；19×26 公分
（古典文獻研究輯刊 三一編；第 7 冊）
ISBN 978-986-518-147-5（精裝）
1.（清）嚴可均 2. 學術思想 3. 文學評論
011.08   109010385

ISBN-978-986-518-147-5

9 789865 181475

古典文獻研究輯刊
三一編 第七冊   ISBN：978-986-518-147-5

嚴可均《全上古三代秦漢三國六朝文》研究（下）

作　　者　陳玫玲
主　　編　潘美月、杜潔祥
總 編 輯　杜潔祥
副總編輯　楊嘉樂
編　　輯　許郁翎、張雅淋　美術編輯　陳逸婷
出　　版　花木蘭文化事業有限公司
發 行 人　高小娟
聯絡地址　235 新北市中和區中安街七二號十三樓
　　　　　電話：02-2923-1455 ／傳真：02-2923-1452
網　　址　http://www.huamulan.tw 信箱 hml 810518@gmail.com
印　　刷　普羅文化出版廣告事業
初　　版　2020 年 9 月
全書字數　372562 字
定　　價　三一編 9 冊（精裝）台幣 26,000 元

嚴可均《全上古三代秦漢三國六朝文》研究(下)

陳玫玲 著

目

次

第六章 《全文》案語之探析

　　古籍流傳過程中，常出現書名或有異同，篇次亦不盡相同之現象。於是，凡篇名之考訂，嚴氏亦不敢輕忽。《全文》著錄方式，大抵區為三類，一是作者傳記、考索；二是錄文之收載，三是案語之註解，涵蓋篇名著錄題稱、篇文存佚及取材出處、篇文原委、輯補等範圍。（其中一、二項，已在論文第四、五章討論。第三項分別於第六章第一、三節探討，第二節則專就篇名著錄情況，加以分析，將有助於對篇文內容之大致認識。）《全文》收錄的篇章佚文，主要參酌史傳、類書、文集、書目……等，其中史傳以正史為主要取材出處。所謂古書之淵藪，即是輯錄佚文的材料範圍，所謂佚文之線索，是針對其取材的範圍，確立其輯佚的書目，並對前人已有的輯佚成果，加以利用與參考，同時在參用前人的成果時，必須進一步覆核，不能盲從。〔註1〕接著，就其原始佚文之查考部分，乃是考察佚文是否正誤、真偽、歸屬、完缺。簡而言之，利用這些原始文獻時，要先過濾一些問題，過濾那些問題呢？周彥文明確地指出：

> 我們在研究一部文獻之前，一定要先對該文獻有所認知。這種基本
> 資料的認知，是在研究其內容思想之前的事。目錄學告訴我們文獻
> 的學術類別、甚至學術屬性的定位；版本學以及辨偽學提供我們時
> 間點的思考，如果再加上校勘學的配合，我們更可以知道各傳本之
> 間的優劣及流傳的演變；而一部文獻是否經過校勘、是否為輯佚書、
> 是否為偽書，都可以讓我們不致對文獻產生誤讀。有了這五大基礎
> 工具性的學科，文獻才能被正確的運用。〔註2〕

〔註 1〕 孫欽善：《中國古文獻學・輯佚》，頁 203。
〔註 2〕 周彥文：《中國文獻學理論・方法論》（臺北：臺灣學生書局，2011 年 12 月），
　　　　頁 43。

周先生提出兩個觀點，一是文獻客觀性的問題，關涉到原典的校勘、版本等考證之基本課題。二是透過這五大基礎的始初起點，才能進一步詮釋文獻與時代文化的關係，及解釋學派之主張理念。例如〈荀子當從祀議〉一文，嚴氏就客觀的文獻資料，考辨荀子應當配祀於孔子廟堂。一據儒家經典《小戴》、《大戴》二記引據《荀子》諸篇，證明荀子（前 313～前 238）為儒家學派，非名、法家之流；二又按劉向〈孫卿書錄、《史記》將孟子、荀子並列討論，斷以為孔子門徒；三以訓詁字義「偽」解為「作為之為」，「非詐偽之偽」，論宋人義理與氣質之性，二者實取用荀子化性之說；四又從《五經》之授受關係，查考《荀子》一書，荀子與孔門師承關係之亡佚部分。〔註 3〕依此，我們可以歸納得知，所有文獻的進一步詮釋，都必須先行校勘。而《全文》校勘的過程，則透過案語記述始末。檢視案語之內容，可以提供我們審核《全文》的研究價值，及各種經典的考辨成果。但細究其論述、多以交代佚文的來源為主，較少涉及自己的學術觀、思想觀等。河北教育出版社在〈校點前言〉考察嚴氏之《全文》案語，將其區分為十項，可以提供研究者初步參考：

　　一、立作者小傳

　　二、校作者、考誤收

　　三、考作品中人物

　　四、注篇名、校誤改

　　五、考作品年代

　　六、校文句羼雜

　　七、校字詞訛脫衍羼

　　八、注異文

　　九、校卷數十、考版本

以上十項並不能概括《全文》校勘成果，但足以證明，嚴氏突破校勘的界限，將目錄、版本、校勘、辨偽、輯佚五種文獻考證的基本方法，緊密結合，加以運用。〔註 4〕校點者之說明，雖有其參考價值，可以提供我們了解嚴氏在案語所涉及的內涵，但限於篇幅之故，未能全面，實有重新探討的空間。例如《全漢文・文帝》之〈答陳武〉，其附加之案語如下：

　　《史記・律書》：「孝文即位，將軍陳武等議征南越、朝鮮，孝文曰

<hr>

〔註 3〕〔清〕嚴可均；孫寶點校：《嚴可均集・文類一》，卷 3，頁 103～105。

〔註 4〕陳廷嘉等：〈校點前言〉，《全上古三代秦漢三國六朝文》，頁 6～7。

云云。」案陳武即柴武。《史》、《漢》〈高帝紀〉:「秦二世三年,遇
剛武侯。」應劭曰:「武,一姓柴。」〈韓王信傳〉:「漢使柴將軍擊
之。」〈淮南王長傳〉:「與棘蒲侯柴武太子奇謀反。」是姓柴也,而
〈律書〉作陳武,〈功臣侯表〉但有棘蒲侯陳武,無柴武。班固〈泗
水亭碑十八侯銘〉亦然。應劭,漢人,精通掌故,謂武一姓柴,得
其實矣,非諸注望文者所及也。棘蒲,〈十八侯銘〉作「棘津」,當
有一誤。〔註5〕

依此案語,嚴氏論述涉及四種內容,一是該文相關背景,如陳武等諸臣商議
征伐南越、朝鮮一事,孝文帝對此作出了回應。二是考證作品中人物的身分,
陳武確切生平。三是藉助各種史傳資料,如〈淮南王長傳〉、〈韓王信傳〉,查
證涉及議題及人物;四是校勘異文,如「棘蒲,〈十八侯銘〉作『棘津』,當
有一誤。」

　　筆者認為,案語的用意,是嚴氏對於自己的觀點,查找資料的過程,提
出解釋和論述。由這個角度視之,有些未標明「案」字者,或者在正文底下
所增的小字注,都具有案語的功用。因此這個部分也要納入「案語」的範圍,
予以討論。今筆者重加審視、析離出條例,列舉出三節,詳加說明。其中的
第一項在第四章已有完整的說明了,在此就不贅述了。第二、三、五項內容,
合併於第一節〈篇文之作者及其相關問題〉分析說明;第四項篇名、注改的
議題,於第二節〈篇名之考證〉專節討論;第六、七、八項著重在異文考校
的論述,併於第三節〈補證文獻原委〉詳細探討。九、十兩項,因案例較少,
不予討論。

第一節　篇文之作者及其相關問題

　　《全文》摘錄的佚文,採酌於史傳資料比例甚高,因此有時也會以案語形
式,交代所輯錄之始末。如《全漢文·陶青》之〈劾奏晁錯〉,其案語如下:

《漢書·晁錯傳》:「丞相青翟、中尉嘉、廷尉歐劾奏錯云云。制曰
『可』。」案:嚴青翟,孝武元狩五年代李蔡為丞相,今此事在孝景三
年正月,其實丞相乃陶青也。各《漢書》本衍一「翟」字耳。〔註6〕

據此錄文,乃是陶青等人彈劾晁錯(?~前154)之上言。又《漢書·晁錯

〔註5〕〔清〕嚴可均:《全漢文·文帝》,卷2,冊1,頁264。
〔註6〕〔清〕嚴可均:《全漢文·陶青》,卷14,冊1,頁401。

傳》的記載：

> 丞相青翟、中尉嘉、廷尉歐劾奏錯曰：「吳王反逆亡道，欲危宗廟，
> 天下所當共誅。今御史大夫錯議曰：『兵數百萬，獨屬羣臣，不可信，
> 陛下不如自出臨兵，使錯居守。徐、僮之旁，吳所未下者，可以予
> 吳。』錯不稱陛下德信，欲疏羣臣百姓，又欲以城邑予吳，亡臣子
> 禮，大逆無道。錯當要斬，父母妻子同產無少長皆棄市。臣請論如
> 法。」制曰：「可。」錯殊不知。乃使中尉召錯，紿載行市。錯衣朝
> 衣斬東市。〔註7〕

據嚴氏之案語，又比對《漢書・晁錯傳》記載，涉及了三個面向，一是奏劾
晁錯的原委，二是考證相關人物生平，三是校衍字。顯然，兩書對比勘查，《全
文》之案語「云云」一語，即是《漢書》彈劾晁錯之原文。基於此，《全文》
之夾注案語內容，是以交代該錄文之緣由為重心，並兼及考校文字與相關人
物。其以下分別述論：

一、考證篇文相關人物

　　鑒於《全文》輯錄的佚文，取材出處源自於各種書籍，相關資料的記載
有含混的、以及相互之間有出入、牴牾之處。嚴氏經過廣泛蒐輯、校勘，舉
凡詩文、人物、典故、地理、典章、制度等應有盡有，尤其是涉及的作品人
物、作品本身相關事物，都有具體的徵引，可說是考辨詳實。

（一）考錄作品涉及之人

　　舉凡案語涉及作品中之人物，或者作者本身之考訂，皆屬於此類。例如
《全宋文・王微》之〈遺令〉：

> 薄葬，不設轀輬鼓挽之屬，施五尺牀為靈，二宿便毀。以嘗所彈琴
> 置牀上，何長史來，以琴與之。
>
> 《宋書・王微傳》：「元嘉二十年卒，時年二十九。僧謙卒後四旬而
> 微終。遺令『云云』。」案：「何長史者，何偃也。」〔註8〕

〔註7〕　〔漢〕班固撰、〔唐〕顏師古注：《漢書・晁錯傳》，卷49，冊8，頁2302。
〔註8〕　〔清〕嚴可均：《全宋文・王微》，卷19，冊6，頁193。請參照〔唐〕李延壽：
　　　　《南史・王微傳》，卷21，冊2，頁579；〔梁〕沈約：《宋書・王微傳》，卷
　　　　62，冊6，頁1672。兩書記載均同：「僧謙卒後四旬而微終，遺令薄葬，不設
　　　　轀輬鼓挽之屬，施五尺牀為靈，二宿便毀，以常所彈琴置牀上，何長史偃來，
　　　　以琴與之。無子，家人遵之。」然《宋書》記載為元嘉三十年（453），顯然
　　　　嚴氏有誤。

據《宋書·王微傳》記載，該文為王微之遺言，其中之「何長史者」，即是何偃（413～458）。又《全晉文·王彪之》之〈上書論皇太子納妃用玉璧虎皮〉，嚴氏指出鄭氏乃為鄭眾（？～83），非為鄭玄（127～200）。

> 或者獸取威猛有斑彩，玉象德而有溫潤。尋珪璋亦玉之美者，豹皮彩蔚，以譬君子。王肅納徵辭云：「玄纁束帛，儷皮鴈羊。」前漢亦無用羊之禮。鄭氏〈婚物贊〉曰：「羊者，祥也。」婚之有羊，自漢末始。〔註9〕

據載，東晉王彪之（305～377）上書議論皇太子納徵禮之用品，引述鄭眾〈婚物贊〉言，羊有祥之諧意。嚴氏指出《通典》卷五十八抄撮之誤，誤把鄭眾當為鄭玄。「案：『鄭眾卒於建初八年（83），而云漢末，蓋誤涉康成耳！』」〔註10〕又《全晉文·喻希》之〈與韓豫章箋〉，嚴氏考證「韓豫章」，乃是「韓康伯（332～380）為豫章太守」〔註11〕。又《全晉文·徐虔》之〈后服未終廢樂議〉，考證篇中「攝王」之稱名原委。

> 周景王有后嫡子之喪，既葬，除服，而晏樂，叔向猶譏之，今宜不懸。《周禮》：「有憂則弛懸。」今天子蒙塵，攝王不宜作樂，但先人血祀不可廢耳。魯莊公主已入廟，閔公二年吉禘，猶曰「未可以吉」，是不係於入廟也。謂不宜設樂。〔註12〕

據《通典》錄文，其原委乃因晉符問：「章皇后雖哀限未終，后主已入廟，當作樂不？」，博士徐虔援引歷史典故及《周禮》等制，探討皇后崩服未終，是否廢樂之議題。嚴氏案：「穆章何后崩於元興三年，時桓玄挾帝西上，武陵王遵承制，故云『攝王』。」〔註13〕，謂及桓玄挾帝，武陵王司馬遵以「攝王」自稱，代為整治朝廷，當約在元興三年（404）。

（二）考訂作品之作者

　　舉凡作品之作者，一則歷來有所謂代筆者，如皇帝詔書，大致皆涉及作者之真實身分；一則考究作者，卻另有其人。究其發生作者之誤，當有幾種

〔註9〕〔清〕嚴可均：《全晉文·王彪之》，卷21，冊4，頁224。
〔註10〕〔清〕嚴可均：《全晉文·王彪之》，卷21，冊4，頁224。
〔註11〕〔清〕嚴可均：《全晉文·喻希》，卷133，冊5，頁1379。
〔註12〕〔清〕嚴可均：《全晉文·徐虔》，卷140，冊5，頁1464。請參閱〔唐〕杜佑：《通典》，卷147，冊3，頁770～771。
〔註13〕〔清〕嚴可均：《全晉文·徐虔》，卷140，冊5，頁1464。〔唐〕杜佑：《通典》之〈黃后崩服未終廢樂議〉，卷147，冊3，頁770～771。

狀況；

    1、受人請託代寫：如《全宋文‧謝莊》之〈為八座太宰江夏王表請封禪〉，

> 江淮鄙上之使，結軌於闕門；西鵜北采之譯，相望於道路。
>
> 《初學記》十三。案《宋書‧禮志三》有〈江夏王義恭表〉，無此語。
>
> 疑《宋志》有刪節，或各是一篇也。今別以《宋志》所載之表編入義恭集，俟再考。又張溥本有〈上封禪儀注奏〉，今據《宋書‧禮志三》作有司奏，或非謝莊也。編入宋闕名文。〔註14〕

此四句，《初學記》、《宋文紀》均夾注案語說明，原為謝莊（421～466）代江夏王劉義恭所撰寫之〈請封禪奏〉，於《百三家集》作〈又〉一題名。《宋書‧禮志》並未記載該文，嚴氏以為作者是否為謝莊？則有待進一步考證。

    2、刊刻抄寫之誤：《全宋文‧王玄謨》之〈請用楊頭為西秦州假節表〉，嚴氏考訂作者應是王玄謨（388～468），異於《宋文紀》之收載。

> 《宋書‧氐胡傳》：「孝建二年以楊元和為征虜將軍，楊頭為輔國將軍。元和年小才弱，不能綏御所部。頭母妻子弟，竝為虜執，頭至誠奉順，無所懷顧。雍州刺使王謨上表，上不許。」案〈孝武紀〉，孝建二年十月，以王玄謨為雍州刺史。〈氐胡傳〉作王謨，有脫，今校正。〔註15〕

嚴氏〈氐胡傳〉記載，孝建二年封楊元和為征虜將軍，楊頭僅是輔國將軍，而對朝廷派遣之使者表達些微不滿。儘管家人母親等人被索虜捉去，仍竭盡歸順於朝廷，為何仍未被賞識？雍州刺史王玄謨上奏表請，委任楊頭官職巡守西藩邊境，以及分析邊地外患情勢。嚴氏據《宋文紀》記載「王謨」之〈舉用楊頭等表〉一文，與《宋書‧氐胡傳》之「王元謨」、〈孝武紀〉建元二年

〔註14〕〔清〕嚴可均：《全宋文‧謝莊》，卷35，冊6，頁339。請參照〔明〕張溥：《漢魏六朝百三家集》，影印《文淵閣四庫全書》第1414冊，卷72，冊1414，頁219。該書收錄兩篇為〈為八座江夏王請封禪表〉、〈又〉；〔明〕梅鼎祚《宋文紀》，影印《文淵閣四庫全書》第1398冊，卷5，頁578～579。篇名為〈上孝武帝請封禪表〉，其案語「此則表為莊代撰也。」又〔唐〕徐堅：《初學記》，卷13，冊1，頁335。記載「謝莊八座江夏王表請封禪奏」。

〔註15〕〔清〕嚴可均：《全宋文‧王玄謨》，卷39，冊6，頁375。〔梁〕沈約等：《宋書‧孝武紀》，卷6，冊2，頁117；〔梁〕沈約等：《宋書‧氐胡傳》，卷98，冊8，頁2410。〔明〕梅鼎祚：〈舉用楊頭等表〉，《宋文紀》，影印《文淵閣四庫全書》第1298冊，卷14，頁728。

十二月封「王玄謨雍州刺史」等不同人名，進行考辨而判斷當以〈孝武紀〉
所載記「雍州刺史王玄謨」為是。可見《宋書・氐胡傳》誤「玄」作「元」，
而《宋文紀》脫「玄」一字。又如考篇文之內容，如《全梁文・王僧辯》之
〈檄〉，嚴氏依據內文之作用性，判為移檄文。

> 凡諸部曲，平使招攜，投赴戎行，前後行集。霜戈電戟，無非武庫
> 之兵；龍甲犀渠，皆是雲臺之仗。
>
> （《御覽》二百九十九引《三國典略》蕭明王僧辯書。案：「蕭明未
> 審所謂，必有脫文，必有脫誤，據諧意當是移檄文」）〔註16〕

上言乃據《陳文紀》、《百三家集》題名為〈重與王太尉書〉、〈為貞陽侯重與
王太尉書〉中之一小段。《文苑英華》也收錄此文，首句謂及「淵明頓首」。
是以嚴氏認為可能「必有脫文」，或者「脫誤」現象，蓋因資料不夠詳備，而
無法判定「蕭明」，還是「淵明」二字。

　　3、著錄之誤：《全晉文・謝沈》之〈祥禫議〉，嚴氏考證《通典》著錄作
者有誤。其案語如下：

> 《通典》八十：「博士謝沈議」，本又作謝況，官本作謝玩，疑皆
> 誤。〔註17〕

嚴氏檢視《通典》各版本之異同，而提出看法。其一，《通典・總論喪期》摘
引〈博士謝況議〉，官本即是《四庫全書》之《通典》本為「謝玩議」，嚴氏
以《晉書》有〈謝沈傳〉為據，指出作者應為謝沈。

　　又《全梁文・闕名》之〈為王太尉僧辯答貞陽侯書〉，嚴氏據《文苑英華》
的校語，認為王僧辯（？～555）與貞陽侯淵明書信往來，恐非是徐陵（507
～588）之作。

〔註16〕〔清〕嚴可均：《全梁文・王僧辯》，卷63，冊7，頁655；〔宋〕李昉：《太平
　　　　御覽》，卷299，冊2，頁1508；請參見〔明〕梅鼎祚：〈重與王太尉書〉，《陳
　　　　文紀》，影印《文淵閣四庫全書》第1399冊，卷4，頁661～663；〔明〕張溥：
　　　　〈為貞陽侯重與王太尉書〉，《漢魏六朝百三家集》，影印《文淵閣四庫全書》
　　　　第1415冊，卷103上，頁500～501；〔宋〕李昉等編：〈梁貞陽侯重與王太尉
　　　　書〉，《重編文苑英華》（臺北：大化書局，中央研究院歷史語言所據明閩本重
　　　　編影印，2008年），卷677，冊下，頁1589。

〔註17〕〔清〕嚴可均：《全晉文・謝沈》，卷131，冊5，頁1348。請參閱〔唐〕房玄
　　　　齡等：《晉書・謝沈傳》，卷82，冊7，頁2151～2152。又〔唐〕杜佑：《通典・
　　　　禮四十一》，卷81，冊2，頁438。《四庫全書》之《通典》，卷80，第604冊，
　　　　頁62。

《文苑英華》六百七十七以為徐陵作。舊校云：「《陳書·徐陵傳》，
齊送貞陽侯蕭淵明為梁嗣，遣陵隨。還，僧辯不納淵明，往復致書，
皆陵詞。今僧辯答書，恐非陵作，後同。」案：校語甚確，今改列
於闕名中，後同。〔註18〕

據《文苑英華》之校語，謂及王僧辯答書於貞陽侯蕭淵明，皆非為徐陵之作。
嚴氏認為考證正確，然仍無法確認作者之下，只能暫編列入《全梁文·闕名》
類目中。

又《全三國文·陳王植》之〈愁霖賦〉：

迎朔風而爰邁兮，雨微微而逮行。悼朝陽之隱曜兮，怨北辰之潛精。
車結轍以盤桓兮，馬躑躅以悲鳴。攀扶桑而仰觀兮，假九日於天皇
瞻沉雲之決滯兮，哀吾願之不將。

（案：「前明刻《子建集》即載前賦，復載一賦云『夫何季之淫雨
兮』，凡六句，張溥本亦如此，蓋據《藝文類聚》連載兩賦也。」考
《文選注·曹植·美女篇》、張協〈雜詩〉注，知第二賦是蔡邕作，
《類聚》誤編耳，今刪）〔註19〕

第二首〈愁霖賦〉：

夫何季秋之淫雨兮，既彌日而成霖，瞻玄雲之晻晻兮，聽長霤之淋
淋，中宵夜而歎息，起飾帶而撫琴。

《曹子建集》記錄兩首〈愁霖賦〉，其後陸續被《藝文類聚》、《百三家集》等
書收載。該賦第二首，據張協〈雜詩〉曹植〈美女篇〉與《文選注》，皆記載
此賦當為蔡邕（133～192）之作。顯見，一是《藝文類聚》不察，二是應刪，
並當改列入蔡邕之目次。

二、作品相關之事證

歷來古籍考校中，大抵皆援引相關事件，作為作品年代之佐證。整體而
言，嚴氏對於文獻的考辨較少、僅是客觀呈現偽冒與異同。若有當時相關事

〔註18〕〔清〕嚴可均：《全梁文·闕名》，卷69，冊7，頁718；請參見〔宋〕李昉：
〈為王太尉僧辯答貞陽侯書〉，《文苑英華》，卷677，冊下，頁1588～1589。

〔註19〕〔清〕嚴可均：《全三國文·陳王植》，卷13，冊3，頁136；請參見〔明〕張
溥：《漢魏六朝百三家集》，影印《文淵閣四庫全書》第1412冊，卷26，頁
646；〔曹魏〕曹植：《曹子建集》（臺北：臺灣商務印書館，影印《文淵閣四
庫全書》第1063冊，1983年），卷3，頁272～273；〔唐〕歐陽詢；汪紹楹校
《藝文類聚》，卷2，冊1，頁30。

例或者被提及於他書，則依此判別真偽。其考校內容涉及兩方面：

（一）考訂作品

1、考校作品出處：勘訂篇文正確的出處，如《全漢文・司馬相如》之〈答盛擘問作賦〉，校正前人之誤引。其案語說明如下：

> 《御覽》五百八十七引《西京雜記》：「相如友人盛擘，字長通，牂柯名士，嘗問以作賦。相如曰『云云』。」《北堂書鈔》一百二原本未引，陳禹謨改補引此，云出《十六國春秋》，誤也。〔註20〕

據此錄文，乃是司馬相如答盛擘作賦之要領。《御覽》據《西京雜記》收錄，《北堂書鈔》陳禹謨本謂出於《十六國春秋》。《西漢文紀》已載其始末，考辨結果非出自於此書。

2、考校作品時代：作者所處時代，關係著作的背景，其重要不言可喻。如《全晉文・明帝》之〈聽劉超買外厩牛詔〉，嚴氏考證該文內容，論斷《晉書》記載之失實。

> 《御覽》八百二十八。案：此詔當在超為中書侍郎後。《晉書》本傳此事在出為義興之前，非其實也。〔註21〕

於該錄文，僅見於《御覽》記載，然嚴氏謂《晉書》「出為義興之前」，當誤，應「劉超為中書侍郎後」又《全晉文・張憑》之〈不拜顏子議〉，嚴氏參酌史書記載，指出張憑當為晉時人也。其說明如下：

> 《通典》五十三。案：此議《通典》附注於北齊下，當是采晉張憑議耳。北齊未見有張憑也，今姑入晉文，俟再考。〔註22〕

就《通典・禮十三》之〈釋奠〉述及「北齊將講於天子，講畢，以一太牢釋奠孔宣父，配以顏回，列軒懸樂，六佾舞」之事，下接張憑〈不拜顏子議〉一文，足見《通典》將張憑列於北齊時人。經過嚴氏考證相關資料，以《晉書》詳載其生平事蹟為例，推為晉代時人。除朝代著錄之誤外，另有考訂作品著錄

〔註20〕〔清〕嚴可均：《全漢文・司馬相如》，卷22，冊1，頁562。請參照〔漢〕劉歆撰；〔晉〕葛洪輯：《西京雜記》（臺北：臺灣商務印書館，影印《文淵閣四庫全書》第1035冊，1983年），卷2，頁9；〔唐〕虞世南撰；〔明〕陳禹謨補註：〔唐〕虞世南等：《北堂書鈔》（臺北：臺灣商務印書館，影印《文淵閣四庫全書》第889冊，1983年），卷102，頁496；〔宋〕李昉：《太平御覽》，卷587，冊4，頁2775。〔明〕梅鼎祚：《西漢文紀》，影印《文淵閣四庫全書》第1396冊，卷9，頁389。

〔註21〕〔清〕嚴可均：《全晉文・明帝》，卷9，冊4，頁107。

〔註22〕〔清〕嚴可均：《全晉文・張憑》，卷132，冊5，頁1364。

時間之誤。如《全北齊書・馬天祥》之〈造像碑〉，嚴氏以當時皇帝年號，辨證此碑著錄時間有誤。「碑拓本，案：『武平止七年（576），而碑云九年，必誤。』」〔註23〕其他碑類錄文，亦常見著錄時間與當代不符現象。如《全後周文・王妙暉》之〈造釋迦像記〉，其案語云：「碑拓本，下有曹妃等姓名六十八人，不錄。案：『是月癸未朔，八日庚寅，碑作辛丑，誤。』」〔註24〕

3、考校材料出處：《全晉文・闕名》之〈王戎墓銘〉，嚴氏依據相關碑文材料，考校該文原始出處。

> 晉司徒尚書令安豐侯王君。

> 《封氏聞見記》六：「東都殖業坊十字街有王戎墓，隋代釀家穿傍作穴，得銘有數百字。」〔註25〕

據載，隋代洛陽十字街有釀酒人家，在掘窟窖時，發現王戎墓銘約數百字。又有考校碑刻存佚情況，如《全晉文・闕名》之〈西河繆王司馬子政廟碑〉，除考察其地名，並指出其存佚狀況。

> 西河舊處山林，漢末擾攘，百姓失所。魏興，更開疆宇，分割太原四縣，以為邦邑，其郡帶山側塞矣。王以咸寧三年，改命爵土，明年十二月喪國。臣太農閻崇、離石令宗群等二百三十四人，刊石立碑，以述勳德。（《水經・原公水祝》：「晉徙封陳王斌於西河，故縣有西河繆王司馬子政廟。」碑文云云。碑北廟基尚存也。）〔註26〕

西河原為秦朝設置之太原縣，嚴氏考察其碑刻原址，仍然尚存於舊地。

（二）典籍相關之論述

舉凡輯錄之篇文，嚴氏依據相關事物，語例、當代古籍傳本等方法，判別佚文之真偽，並進一步考證其致誤原因：

1、以名物制度考其真偽：《全上古三代文・闕名》之〈晉夷則鏡銘〉：

> 惟晉新公二年七月七日午時，於首陽山前白龍潭鑄成此鏡，千年萬
> （一作「後」，一作「在」）世。

〔註23〕〔清〕嚴可均：《全北齊文・馬天祥》，卷8，冊9，頁99。
〔註24〕〔清〕嚴可均：《全後周文・王妙徽》，卷21，冊9，頁280。
〔註25〕〔清〕嚴可均：《全晉文・闕名》，卷146，冊5，頁1527。請參見〔唐〕封演：《封氏聞見記》，影印《文淵閣四庫全書》第682冊，卷6，頁445。
〔註26〕〔清〕嚴可均：《全晉文・闕名》，卷146，冊5，頁1528。請參見〔北魏〕酈道元：《水經・原公水注》，影印《文淵閣四庫全書》第573冊，卷6，頁116。

（《博異記》）：「天寶中，金陵陳仲躬住洛陽清化里，宅有井，善溺
人。一日，水頓竭，見一女子自稱敬元穎，飾鉛粉，衣緋綠。令其
淘井，得古銅鏡。夜復見元穎云：『某本師曠所鑄十二鏡之第七者，
其背有二十八字，皆科斗，書於鼻，題曰夷則之鏡。』」按唐人小說，
自不足據，其銘與周時辭例不合。且于鼻題曰「夷則之鏡」，語尤可
疑。唐鏡始為大鼻，前此未有也。今姑錄之。〔註27〕

嚴氏引錄《博異記》之文，雖提及唐人小說之不可信的主張，仍依據語例及
古鏡名物的淵源，考辨該文之可疑。又《全漢文・高帝》之〈夷三族令〉：

當三族，皆先黥、劓，斬左右止，笞殺之，梟其首，菹其骨肉于市。
其誹謗詈詛者，又先斷舌。

（《漢書・刑法志》：「漢興，約法三章，然其大辟，尚有夷三族令，
固謂之具五刑。」彭越、韓信之屬皆受此誅。）〔註28〕

嚴氏據此釋五刑之義，即從秦制開始凡「黥、劓、斬左右趾、梟其首、菹其
骨肉斷舌」謂之五刑，擴及三族，如彭越（？～前 196）、韓信（前 231～前
196）之屬。

　　2、以內文及語例辨偽：嚴氏以行文通例、內文語例綜合比較，得出佚文
真偽。儘管沒有其他舊本可以佐證，仍可成立。如《全漢文・兒寬》之〈封
泰山還登明堂上壽〉：

臣聞三代改制，屬象相因。間者聖統廢絕，陛下發憤，合指天地，
祖立明堂辟雍，宗祀太一，六律五聲，幽贊聖意，神樂四合，各有
方象，以丞嘉祀，為萬世則，天下幸甚。將建大元本瑞，登告岱宗，
發社閭門，以候景至。癸亥宗祀，日宣重光；上元甲子，肅邕永享。
光輝充塞，天文粲然，見象日昭，報降符應。臣寬奉觴再拜，上千
萬歲壽。

（《漢書・兒寬傳》：「寬為御史大夫，從東封泰山，還登明堂，上壽
云云」。〈制曰：「敬舉君之觴。」案，以〈制〉報，知此非口奉。本

〔註27〕〔清〕嚴可均：《全上古三代文・闕名》，卷 13，冊 1，頁 185。該文承襲〔明〕
　　　　梅鼎祚：《皇霸文紀・晉夷則鏡文》之說明，影印《文淵閣四庫全書》第 1396
　　　　冊，卷 6，頁 74。另後附上按語，乃是嚴氏質疑之處。
〔註28〕〔清〕嚴可均：《全漢文・高帝》，卷 1，冊 1，頁 251。參見〔漢〕班固撰、〔唐〕
　　　　顏師古注：《漢書・刑法志》，卷 23，冊 4，頁 1104。其中「止」字，當為「趾」，
　　　　顯然嚴氏抄錯。

傳言寬善屬文，口弗能發明，亦此證。）〔註29〕

依此錄文，乃是兒寬（？～前106）為漢武帝祝壽之辭。以〈制〉曰「敬舉君之觴」一語，得此一證，非為以口傳言之祝辭。

又《全晉文·王羲之》之〈與謝安書〉，嚴氏舉列三條，分別考訂作者與錄文之真偽。

復與君：斯真草所得，極為不少。而筆至呃，殊不稱意。（舊寫本《書鈔》一百四）

知君嘗得小笙，笙是名器，往聞者若令諸君聞之，乃當不可言，而云見今笙者，皆不以為佳，恐是不能好也。（舊寫本《書鈔》一百十引王興之〈與謝安書〉云云。張溥編入《羲之集》，或溥所見興字作「羲」也，姑從之。）

蜀中山水，如峨嵋山，夏含霜雹，碑板之所聞，崑崙之伯仲也。（此見張溥本，未知所出。溥引楊云云，疑是楊升庵，依託也。溥又引《輿地志》「山水」作「山川」，「峨嵋山」作「岷山」，今檢章宗源所輯《顧野王志》無此條，疑亦楊依託也，姑錄之，俟考。）〔註30〕

據此，錄文分別摘自舊寫本《北堂書鈔》卷一百四與卷一百一十，以及張溥《百三家集》卷五十八之〈王羲之〉。筆者細考上述資料出處，與《四庫全書本》有很大出入，所繫一事，敘述繁簡不一。〔註31〕看來，舊寫本之《北堂書鈔》與現今傳本是有很大差異。嚴氏載錄之文，幾乎是一字不漏摘自於張溥本，並檢覆章宗源輯錄顧野王（519～581）《輿地志》並無此條，疑是楊慎依託偽文。然筆者審查歷代文獻資料，南宋王象之（1163～1230）《輿地紀勝》，及明代其他典籍皆有載錄，可見嚴氏未能全面檢閱其他舊籍，楊慎偽造之說有誤。

3、通校勘以辨偽：校勘書籍，有求證於本書稱為「內證」，即是從本書的文字、訓詁、語法、前後文氣、全書義例各方面的線索，說明其所以然，提出論斷。另則，求證於本書以外，叫做「外證」，凡屬本書以外之實物、記載，直接間接可以訂正本書之謬誤、補綴遺失的材料。嚴氏一方面利用外證

〔註29〕〔清〕嚴可均：《全漢文·兒寬》，卷28，冊1，頁515。
〔註30〕〔清〕嚴可均：《全晉文·王羲之》，卷22，冊4，頁238。
〔註31〕請參見《四庫全書》之《北堂書鈔》，影印《文淵閣四庫全書》第889冊，卷104，頁508；卷110，影印《文淵閣四庫全書》第889冊，頁541。

法，得出不少精確結論，還多方運用內證法，取得很大成就。如《全晉文・
前趙・劉粲》之〈請殺愍帝表〉，後人重加編輯，在外證不足之下，仍暫收俟
考存之，可見其治學之嚴謹。

> 子業若死，民無所望，則不為李矩、趙固之用，不攻而自破矣。
>
> （《十六國春秋》四。案：「崔鴻原書久亡，今本系明屠喬孫、項琳
> 之二人匯輯群書，重加編造，其所載文翰，都有所本，然亦有未詳
> 出處者，姑錄之俟考。後皆放此。」）〔註32〕

崔鴻《十六國春秋》已亡佚，今之通行本蓋是明人屠喬孫、清人項琳二人輯
佚所得，就其出處資料或載或不載，嚴氏則姑錄之以俟考，不敢任其放佚。
又《全漢文・孔衍》之〈上成帝書辯家語宜記錄〉，嚴氏從本書〈後敘文〉記
載劉向生平及校書事蹟，斷其後人乃依託之偽文。

> 〈家語後敘〉末附記：「孝成皇帝詔光祿大夫劉向校定眾書，都記錄
> 名《古今文書論語別錄》。子國孫衍為博士，上書辯之『云云』。奏
> 上，天子許之。未即論定而遇帝崩，向又病亡，遂不果立。」案：
> 此文疑後人依託。〔註33〕

指稱《孔子家語》之名，源於劉向曾題名《古今文書論語別錄》而孔衍上書
為其正名為《孔子家語》。嚴氏以該書〈家語後敘〉末附之記載，疑為後人依
託之文。

　　4、考證同名異書：先秦古書多失傳，後人常以古託名而造偽。如《王孫
子》一書，嚴氏據《北堂書鈔》輯錄出佚文，又得知《意林》割裂《莊子・
雜篇》替換充之。

> 《漢志・儒家》：「《王孫子》一篇，一曰《巧心》。」《隋志》一卷，
> 《意林》亦一卷，僅有目錄。而所載《王孫子》，文爛脫。校《意林》
> 者乃割《莊子・雜篇》以充之，實非《王孫子》也。〔註34〕

據此〈敘〉記載，《漢志》著錄《王孫子》一篇，又名《巧心》以佚，今僅收

〔註32〕〔清〕嚴可均：《全晉文・前趙・劉粲》，卷147，冊5，頁1535。請參見〔魏〕
　　　　崔鴻撰：《十六國春秋・前趙》（臺北：臺灣商務印書館，影印《文淵閣四庫
　　　　全書》第463冊，1983年），卷4，頁347。
〔註33〕〔清〕嚴可均：《全後漢文・孔衍》，卷13，冊1，頁386。
〔註34〕〔清〕嚴可均著：《嚴可均集》，卷5，2013年8月，頁172。又參見陳韻珊
　　　　著：〈嚴可均著述考〉，《大陸雜誌》第91卷第3期（1995年9月），頁133～
　　　　140。

錄五事，三百九十九字。《玉涵山房輯佚書》只收一條，可見當時王仁俊（1866
～1913）僅見於此。又如《全上古三代文·齊太公》之〈陰符〉

> 案：《陰符》謂陰符之謀。《戰國策》：「蘇秦得《太公陰符》之謀。」
> 《史記》作「周書《陰符》」，蓋即《漢志》之《太公謀》八十一篇
> 矣。云「周書」者，周時史官紀述，猶《六韜》稱周史。諸引周書
> 《陰符》，或但稱「周書，驗知非《逸周書》。附錄太公之末，與《六
> 韜》、《陰謀》、《金匱》互出入，不嫌復見。〔註35〕

《陰符》之書，歷來稱周書《陰符》或《周書》，乃是周之史書。經嚴氏目驗
之後，證出收錄之《陰符》，內容與《六韜》、《陰謀》、《金匱》互有出入。

三、結語

余嘉錫（1884～1955）曰：「古書中所載之文詞，或由記者附著其始末，
使讀者知事之究竟，猶之後人奏議中之錄批答，而校書者之附案說。」〔註36〕
由此推知，先秦諸子凡記載問答、敘事者，或有非本人親自手著。又以《蔡
邕集》猶出舊本為例，謂漢魏人之文集於今已漸稀少，「至唐以後，作者既不
記始末，編集者又不悉當時情事，遂使讀者不知其事之從違，言之行否，可
玩其辭采，而不足以備考證矣」。〔註37〕指出考證之難，在於後世作者記事不
確，嚴氏在篇文出處，以案語形式補充其資料，並進一步考證其真偽。就其
使用的方法，可區分為三項，以下分別說明：

（一）列舉異同，加以辯證

嚴氏的案語著錄形式，大抵在各篇之下先引述取材出處，然後再詳列各
書記載之異同，並加以辨證。如《全後魏文·孝文帝》之〈罷祀鄴中密皇后
廟詔〉：

> 婦人外成，理無獨祀，陰必配陽，以成天地，未聞有莘之國，立太
> 姒之饗。此乃先皇所立，一時之至感，非經世之遠制，便可罷祀。
>
> （《魏書·明元密皇后傳》：「高祖時，相州刺史高閭表修后廟，詔：
> 『云云。』」案：今〈密后傳，高祖誤作高宗，據〈禮志一〉改正，

〔註35〕〔清〕嚴可均：《全上古三代文·齊太公》，卷7，冊1，頁95。
〔註36〕余嘉錫：《余嘉錫古籍論叢》（北京：國家圖書館出版社，2010年10月），頁
80。
〔註37〕余嘉錫：《余嘉錫古籍論叢》，頁81。

高閣表亦見〈禮志一〉）〔註38〕

嚴氏臚列《魏書・皇后傳》、〈禮志之記載，運用本校法對勘，「高宗」當為「高祖」，此乃〈皇后傳〉之誤鈔。嚴氏舉列各書以記載異同為主，除有確切的證明，否則均僅是詳列收載資料。如《全北齊文・武成帝》之〈宣敕定州〉，所據材料有《太平御覽》類書及《北齊書》、《北史》等史傳彼此的文字互有差異，並未有任何的是非考訂。

> 馮翊王少小謹慎，內外所知，在州不為非法，朕信之熟矣。登高遠望，人之常情，何足可道？鼠輩輕相間構，理應從斬，猶以舊人，未忍致法。迴洛決鞭二百，祓宜決杖一百。

> （《御覽》六百五十引《三國典略》：「馮翊王潤為定州刺史，王迴洛、獨孤祓上言：『潤出送臺使，登魏文舊台，南望嘆息，不測其意。』武成宣命于州『云云』。又見《北齊書・馮翊王潤傳》：「武成使元文遙就州宣敕。」又見《北史》五十一，祓皆作枝，末二語皆在敘事中。）〔註39〕

據此史事，《太平御覽》、《北史》及《北齊書》皆有記載。其原委乃是王迴洛、獨孤祓上言彈奏馮翊王高潤南望，疑似有不臣之心。武成帝派遣元文遙宣敕責罰王、獨二人。《太平御覽》作「獨孤祓」，《北史》、《北齊書》作「獨孤枝」，嚴氏僅列其差異，未有校勘訂正。亦如《全隋文・江總》之〈讓尚書僕射〉，《藝文類聚》及《初學記》皆有收錄。兩書對照，出現一些差異，嚴氏之案語云：「《藝文類聚》四十八，《初學記》十一，『星鳥』作『星烏』，『危機』作『棟撓』。」〔註40〕

（二）刪繁就簡

嚴氏將所搜得的資料，歸納分析，然後以案語形式敘述。其常見的篇末注語如《全陳文・徐陵》之〈孝義寺碑〉，其案語如下：

〔註38〕〔清〕嚴可均：《全後魏文・孝文帝》，卷6，冊8，頁251。請參見〔唐〕魏收：《魏書・皇后列傳》，卷13，冊2，頁326。

〔註39〕〔清〕嚴可均：《全北齊文・武成帝》，卷2，冊9，頁21。請參見〔唐〕李延壽：《北史》，卷51，冊6，頁1868；〔唐〕李百藥：《北齊書》，卷10，冊1，頁139；〔宋〕李昉：《太平御覽》，卷650，冊4，頁3036。

〔註40〕〔清〕嚴可均：《全隋文・江總》，卷10，冊9，頁422。請參見〔唐〕歐陽詢；王紹楹校：《藝文類聚》，卷48，冊2，頁856；〔唐〕徐堅：《初學記》，卷11，冊2，頁263。

《藝文類聚》七十七，案：「鄭延《慶湖錄·金石考》云：張案《談鑰志》載〈孝義寺碑〉云：『高下蒼蒼，遙聞天語，清雪瀰瀰，深窮地根。』又引碑云：『八絕之技依然。』又引碑云：『弱棗紺桃。』」今此碑無此數語。〔註41〕

嚴氏取材出自《藝文類聚》。然又查考鄭延《慶湖錄·金石考》引《談鑰志》，提及〈孝義寺碑〉之數語，《藝文類聚》均失載。尤其相關著錄，有《太平寰宇記》、董斯張（1587～1628）《吳興藝文補》、《吳興金石記》、《雍正湖州府志》等典籍，嚴氏經過歸納整理，刪去一些內容重覆，刪繁就簡，推出結論。又《全三國文·武帝》之〈請爵荀彧表〉，嚴氏註明該篇取自《魏志·荀彧傳》注引《彧別傳》及《後漢紀》。其中第二段文，文字差異甚大，卻只收錄袁宏（328～376）《後漢紀》之紀文。

> 臣聞慮為功首，謀為賞本，野績不越廟堂，戰多不踰國勳。是故典阜之錫，不後營丘，蕭何之土，先於平陽。珍策重計，古今所尚。侍中守尚書令彧，積德累行，少長無悔，遭世紛擾，懷忠念治。臣自始舉義兵，周游征伐，與彧戮力同心，左右王略，發言授策，無施不效。彧之功業，臣由以濟，用披浮雲，顯光日月。陛下幸許，彧左右機近，忠恪祗順，如履薄冰，研精極銳，以撫庶事。天下之定，彧之功也。宜享高爵，以彰元勳。（《魏志·荀彧傳》注引《彧別傳》）

> 守尚書令荀彧自在臣營，參同計畫，周旋征伐，每皆克捷，奇策密謀，悉皆共決。及彧在台，常思書往來，大小同策，詩美腹心，傳貴廟勝，勳業之定，彧之功也。而臣前後獨荷異寵，心所不安。彧與臣事通功並，宜進封賞，以勸後進者。

> （袁宏《後漢紀》二十九，建安八年七月，曹操上言。案：此《別

〔註41〕〔清〕嚴可均：《全陳文·徐陵》，卷11，冊8，頁113。請參見〔唐〕歐陽詢撰；王紹楹校：《藝文類聚》，卷77，冊3，頁1315；〔宋〕樂史：《太平寰宇記》（臺北：臺灣商務印書館，影印《文淵閣四庫全書》第470冊，1983年），卷94，頁46；〔明〕董斯張輯：《吳興藝文補》（上海：上海古籍出版社，《續修四庫全書》第1678冊，2002年），卷6，頁133；〔清〕陸心源：《吳興金石記》（上海：上海古籍出版社，《續修四庫全書》第911冊，2002年），卷3，頁466；〔清〕稽曾筠等監修；〔清〕沈翼機等編纂：《雍正浙江通志》（臺北：臺灣商務印書館，影印《文淵閣四庫全書》第519冊，1983年），卷12，頁375。

傳》之表相當，而文全異。）〔註42〕

第一段除《魏志》收載外，另有郝經（1223～1275）《郝氏續後漢書》、楊士奇（1364～1444）《歷代名臣奏議》、無名氏之《三國志文類》等均予收錄。嚴氏卻注其《魏志》，卻未提其他舊籍，可見有省略就簡之意。第二段文，嚴氏僅記錄《後漢紀》，與《魏志》注引《別傳》互比，蓋僅略說其意，事同而文異。然《別傳》之文，《百三家集》著錄為〈與荀彧書〉，《藝文類聚》、《職官分紀》等書皆有收錄，為何不列舉說明？顯然也是刪繁就簡之因素。

（三）考校作者，改隸編次

嚴氏在案語常見其確切說明，或以未定、疑似、姑定等編次安排。誠《魏書·高閭傳》所云：「文明太后甚重閭，詔令書檄碑銘贊頌皆其文也。」〔註43〕舉凡詔、令、書、檄、碑、銘、贊、頌等文體，大抵出自於當代文官翰林，難以辨識作者。以下大概區分幾種情況：

如作者未定：

> 《梁書·敬帝紀》、《陳書·武帝紀上》，案：「今本有陳武帝〈即位詔〉，見《陳書》，未定是徐陵，宜編入武帝文。」〔註44〕

又作者無從分別：

> 《魏書·爾朱榮》，案：「永安初，累遷中書侍郎，所作詔文，文體宏麗，則永安詔乃邢作，然亦有溫子升、高道穆作者，無從分別，今仍錄為孝莊文。」〔註45〕

〔註42〕〔清〕嚴可均：《全三國文·武帝》，卷1，冊3，頁6。請參見〔晉〕陳壽撰；裴松之注：《魏志·荀彧傳》，卷10，冊2，頁314。又第二段文著錄〔東晉〕袁宏：《後漢紀》（臺北：臺灣商務印書館，影印《文淵閣四庫全書》第303冊，1983年），卷29，頁811；〔明〕張溥《漢魏六朝百三集》，影印《文淵閣四庫全書》第1412冊，卷23，頁568；第一段〈太祖乞封荀彧表〉，〔宋〕無名氏：《三國志文類》（臺北：臺灣商務印書館，影印《文淵閣四庫全書》第1361冊，1983年），卷9，冊1361，頁535，第二段〈太祖又書〉，《三國志文類》《文淵閣四庫全書》第1361冊，卷9，頁535～536；〔宋〕孫逢吉撰：《職官分紀》注引〈又與彧書〉（臺北：臺灣商務印書館，影印《文淵閣四庫全書》第923冊，1983年），卷50，頁885；第一段文〔元〕郝經撰：《郝氏續後漢書》（臺北：臺灣商務印書館，影印《文淵閣四庫全書》第385冊，1983年），卷31，頁315。

〔註43〕〔唐〕魏收：《魏書·高閭傳》，卷54，冊4，頁1198。

〔註44〕〔清〕嚴可均：《全陳文·徐陵》，卷6，冊8，頁57。

〔註45〕〔清〕嚴可均：《全後魏文·孝莊帝》，卷12，冊8，頁322。

又作者不詳，如《全後魏文·李顒》之〈大乘賦〉：

《廣弘明集》卷二九上

案：釋道宣編此賦于魏高允〈鹿苑賦〉之後，題為李顒。檢《魏書》、
《北史》，未見其人。東晉李顒字長林，有賦論誅等文八篇，在《全
晉文》卷五十三。疑此賦亦晉李顒所作，今姑從《廣弘明》錄于魏
高允後。〔註46〕

依此引例，涉及了作品之作者考校問題，尤以詔令、表書等疏文為多。所以
嚴氏在編次的安排上，也作了一些說明：「詔令、書檄有可考為某人具草者，
歸入集中。」〔註47〕然筆者細審其案語內容，改隸作者編次，並不僅見於各
個朝代詔文、檄書等。如上奏議事，常有張冠李載之誤，嚴氏皆予以校定，
並改隸作者文集。如《全後魏文·孫惠蔚》之〈重議有喪不作鼓吹〉，嚴氏據
史書以矯《通典》記載之誤。

《魏書》四：延昌三年，清河王懌有叔母喪，高肇有兄子喪，竝上
言，未知出入猶作鼓吹不？封祖冑議宜止，蔣雅哲、韓神故意不闕，
房景先駁，秘書國子監祭酒孫惠蔚及封祖冑重議，詔可。又見《通
典》八十二。

案：此議列銜先惠蔚，而《通典》專屬祖冑，疑別有據，今從《魏
書》。〔註48〕

據此錄文，乃是重議有喪不作鼓吹議論。《魏書》記載以孫惠蔚為先，次為封
祖冑；《通典》僅載「太學博士封祖冑議《禮》云」。顯見《通典》有缺錄之
嫌，嚴氏依此當以《魏書》為正，故編入孫惠蔚集。又依據前人考證，重新
改隸編次，如《全北齊文·杜弼》之〈檄梁文〉，嚴氏查考《百三家集》、《藝
文類聚》等注文，當編入杜弼文集。

《文苑英華》六百四十五，同前見《通鑑》一百六十：「東魏使軍司
杜弼作檄移梁朝云云。」又《藝文類聚》五十八作魏收撰。豈此檄
魏收潤色之，曾編入魏集邪？疑誤也。〔註49〕

〔註46〕〔清〕嚴可均：《全後魏文·李顒》，卷29，冊8，頁699。
〔註47〕〔清〕嚴可均：〈凡例〉，《全上古三代秦漢三國六朝文》，頁20。
〔註48〕〔清〕嚴可均：《全後魏文·孫惠蔚》，卷40，冊8，頁561。請參見〔唐〕魏
收：《魏書·禮志四》，卷108，冊8，頁2799～2800；〔唐〕杜佑：《通典》，
卷82，冊2，頁445。
〔註49〕〔清〕嚴可均：《全北齊文·杜弼》，卷5，冊9，頁65。

《文苑英華》篇後注，該文與《藝文類聚》、《資治通鑑》所載並同。然於作者，《藝文類聚》言魏收（506～572）撰；《資治通鑑》、《北齊文紀》、《漢魏六朝百三家集》等皆言杜弼（491～559）所作，可能經魏收潤筆修文。自此凡收錄此篇皆注明「惟《魏書·島夷蕭竹傳》文既諄，復先後亦異，今併錄之。」《北齊文紀》：「按此紹宗使弼為檄也。然《魏書》之文與此，僅小合而大異，豈魏收潤益之耶？」尤其《漢魏六朝百三家集》據稱是杜弼文，仍編入《魏收集》：「此作是杜弼所製，據《藝文》稱魏收作，今姑存之。」〔註50〕

　　由於詔書、檄文等下行公文，多數並非當代皇帝親自撰寫，大抵是該朝文士大臣代筆草書，且不乏由不同人合撰以成。其彼此著重點不同，代寫內容未必是一致。由於書寫習慣不同及用字的差異，或者傳鈔寫者不同，亦時有發生訛誤的現象。於確切的作者問題，則較不易於考訂。然古來舊籍，均可見御製文集的收載，意味著帝王具有文武韜略之材，不僅是上天加附的使命。至此，仍有張冠李戴之誤錄發生。如《全三國文·武帝》之〈鶡雞賦序〉，出處自《類證本草》卷十九：

　　　　《大觀本草》十九〈鶡雞〉。案：魏武可見者，僅此三事耳。《初學
　　　　記》二十四引魏武〈槐賦〉序引：「王粲直登賢門。」以《藝文類聚》
　　　　八十八校之，則文帝作也，故不錄。〔註51〕

《大觀本草》即今之《類證本草》〔註52〕，魏武帝所作的賦，僅見著錄三首〈蒼海賦〉、〈登臺賦〉及〈鶡雞賦〉。然嚴氏在查驗過程中，發現《初學記》所載魏武帝之〈槐賦〉，作者有誤。從《藝文類聚》、《漢魏六朝百三家集》均有收錄，作者註明為魏文帝。因此將其改隸於《魏文帝集》，考訂《初學記》記載之誤。

〔註50〕　請參見〔宋〕李昉：《文苑英華》，卷645，冊下，頁1509～1510；〔宋〕司馬
　　　　光撰：《資治通鑑》（臺北：臺灣商務印書館，影印《文淵閣四庫全書》第307
　　　　冊，1983年），卷160，頁435；〔明〕梅鼎祚：《北齊文紀》，影印《文淵閣四
　　　　庫全書》第1400冊，卷2，頁25；〔明〕張溥：《漢魏六朝百三家集》，影印
　　　　《文淵閣四庫全書》第1415冊，卷110，頁675～678。
〔註51〕　〔清〕嚴可均：《全三國文·武帝》，卷1，冊3，頁3；於〈槐賦〉請參考〔唐〕
　　　　徐堅：《初學記》，卷24，冊3，頁583；〔唐〕歐陽詢撰；汪紹楹校：《藝文類
　　　　聚》，卷88，冊3，頁1518；〔明〕張溥：《漢魏六朝百三家集》，影印《文淵
　　　　閣四庫全書》第1412冊，卷24，頁590。
〔註52〕　〔清〕永瑢等：《四庫全書總目》，卷103，冊上，頁863～864。

第二節 篇名之考辨

古人著書，原皆不題書名，現在所知的古書名，多數出於後人追題。也有以人名、篇名作為書名的。〔註53〕如劉向校裡群書時，就《戰國策》初始之稱名有《事語》、《短長》、《修書》等約六種，最後以《戰國策》訂定之。

> 中書本號，或曰《國策》，或曰《短長》，或曰《事語》，或曰《長書》，或曰《修書》。臣向以為戰國時，游士輔所用之國為計謀，宜為《戰國策》。其事繼春秋以後，迄楚、漢之起，二百四十五年間之事，皆定以殺青，書可繕寫。〔註54〕

據〈戰國策書錄〉所言，該書題名有多種，劉向依據當時策士遊說之風，訂定書名為《戰國策》。符合古書不自手著，後人追其旨意，定其書名。此外，先秦諸子之書，均不出於手著，乃由後人編定。所以在流傳過程中，書名或有異同，篇次亦不盡相同。如孫星衍論及：「古之愛士者，率有傳書。由身歿之後，賓客或記錄遺事，報其知遇，如《管》、《晏》、《呂氏春秋》，皆不必手著。〈燕丹子序〉載本書卷首。」又曰：「《晏子》書成在戰國之世，凡稱子書，多非自著，無足怪者。」嚴氏《鶡子‧序》：「古書不必手著。《鶡子》蓋康王、昭王後周史臣所錄，或鶡子子孫記述先世嘉言，為楚國之令典。」〔註55〕西漢以後，九流之學，失其師傳，文人著作雖題名諸子，實則無異於文章，其書多由本人撰寫，直至齊、梁之時，純文學蓬勃發展，撰著子書的風氣至此告一段落。〔註56〕嚴氏在案語中，除了考察題名之義外，亦兼及考證篇名及其次第。於篇名之檢核，嚴氏有粗略的說明：「或舊有題，即仍其舊。至《文苑英華》題或未安，偶亦刪改。」〔註57〕由此，筆者審視篇名案語，就其相關著錄，是不僅如上述所言之簡略，凡收載之文、取材出處、書名或稱題名及篇名等均經過審慎考訂，有些仍其舊、有些經過刪改、甚至指出存佚概況。

〔註53〕洪湛侯：〈形體篇〉，《中國文獻學》（臺北：藝文印書館，2004 年 3 月），頁64。

〔註54〕〔清〕嚴可均：《全漢文‧劉向》，卷37，冊1，頁598。

〔註55〕轉引自〔清〕姚振宗：〈燕丹子〉，《漢書藝文志拾補》，《續修四庫全書》第914冊，卷2，頁156；〔清〕嚴可均著：〈鶡子序〉，《嚴可均集》，卷5，2013年8月），頁173。

〔註56〕依此「先秦諸子不出於手著」之觀點，可參見〈詩教上〉，《文史通義》，頁63；《余嘉錫古籍論叢》，頁80～81；洪湛侯：〈形體篇〉，《中國文獻學》，頁83。

〔註57〕〔清〕嚴可均：〈凡例〉，《全上古三代秦漢三國六朝文》，冊1，頁20。

以下分別說明：

一、致誤之緣由

　　古書經過傳寫翻刻，改變了原始體式，如王先謙（1842～1917）從所讀的《漢書・食貨志》只分上下卷，看不出章節，直到與《古逸叢書》收錄的唐寫本《漢書・食貨志》對勘，凡〈漢興〉、〈宣帝即位〉、〈元帝即位〉等篇，唐寫本皆另行提寫，段落分明，可以考見刻本以前之原始體式。王氏《漢書補注》云：「唐本猶可想見當日《班志》面目，各卷不異。至槧本改為首尾相銜，非復舊式。〈禮樂志〉『今海內更始』，官本提行，猶其痕跡之未盡泯者也。」〔註58〕基於上述之傳刻訛誤之現象，嚴氏不獨以輯錄為目的，並將收載之佚文，舉凡篇名有誤，或查無書名、篇名之下，將其致誤之因找出，企圖恢復其原名。就其致誤之因素試析如下：

（一）出處不同，自有其差異

　　古書除文字的訛誤外，亦多見事件記載即有錯誤，此或出於後人增改，或出於作者本身。所以嚴氏在考校篇名時，必當參考原書，及其他史傳相關記載，再三斟酌，定其同名異文之訛誤現象。如《全秦文・零陵令信》之〈上始皇帝書〉：

> 荊軻挾匕首，卒刺陛下，陛下以神武，扶揄長劍以自救。
>
> （《文選・吳都賦》劉淵林注引秦零陵令〈上始皇帝書〉。案：《漢
> 志》從橫家有〈秦零陵令信〉一篇，難秦相李斯，即此。）〔註59〕

觀其內容，乃記錄荊軻刺秦王一事，其記事與史傳筆法本就不同。基此，《文選注》記載前人之詩文，頗多轉引，以史傳考證之，自多差異。《漢書・藝文志》之〈秦零陵令信〉，載明「難秦相李斯」一語，當是篇文內容，嚴氏判為兩篇當屬同名之異文。又余嘉錫在〈秦漢諸子即後世之文集〉一文，考證來龍去脈，得知該篇應屬上書之言，後人不明體例，致使誤解。以下說明：

> 「荊軻挾匕首，卒刺陛下，陛下以神武，扶揄長劍以相救。」是此
> 一篇，乃其所上之書也。因與李斯相難，故上書言之。篇中引及荊軻

〔註58〕〔清〕黎庶昌輯《古逸叢書・食貨志》（揚州：江蘇廣陵出版社據光緒十年甲申遵義黎氏刊于日本東京使署，1994年7月），冊2，頁756～768；〔清〕王先謙：《漢書補注・食貨志》（上海：上海古籍出版社，《續修四庫全書》第268冊，2002年），卷24，冊268，頁509。

〔註59〕〔清〕嚴可均：《全秦文・零陵令信》，卷1，冊1，頁239。

之事，洪亮吉以為零陵令有上始皇書，又有難李斯書，非是。〔註60〕

據此錄文，只因同載荊軻刺秦王之事，後人如洪亮吉（1746～1809）誤認為兩篇，一是上始皇書之言，二是難李斯書，其實只有一篇。致誤之因，乃是各紀所聞，不通古書體例，將秦漢上書之文，視為篇名。又如《全上古三代文·武王》之〈武成〉

惟一月壬辰，旁死霸，若翌日癸巳，武王乃朝步自周，于征伐紂。（《漢書·曆律志》）

粵若來三說，既死霸，粵五日甲子，咸劉商王紂。（同上）

惟四月，既旁生霸，粵六日庚戌，武王燎于周廟。翌日辛亥，祀于天位。粵五日乙卯，乃以庶國祀馘于周廟。（同上）

血流浮杵。（《論衡·語增》）（案《漢志》引上三條與《周書·世俘》同，今此一語〈世俘〉無之，知〈武成〉非即〈世俘〉也。案《周書·柔武》至〈五權〉十九篇皆武王書，今見存不錄。）〔註61〕

據前引三條出自《漢書·曆律志》之〈武成篇〉卷二十一，說武王伐紂之事〔註62〕；其「血流浮杵」一條，載自《論衡·語增》卷七，〈世俘〉並無此錄文，以此驗證〈武成〉篇與〈世俘〉兩者並不相關。

（二）前人著錄篇名之誤

根據後人引述古籍，或者收載之錄文，尤以對答式著錄者，常有甲乙相互混淆之現象，造成篇名訛誤現象。如《全上古三代文·宋玉》之〈宋玉集序〉：

宋玉事楚懷王。友人言之王，王以為小臣。玉讓友人，友曰：「薑桂因地而生，不因地而辛；女因媒而嫁，不因媒而親也。」（《北堂書鈔》原本三十三引〈宋玉集序〉。陳禹謨本改引《新序》。案：《韓詩外傳》：「宋玉因其友見楚相，楚相待之無以異，讓其友。其友曰『夫薑桂』云云。」《新序》：「宋玉因其友以見于襄王，襄王待之無以異。宋玉讓其友。其友曰『夫薑桂』云云。」懷王、楚相、襄王互異，

〔註60〕余嘉錫：《余嘉古籍論叢》，頁40。

〔註61〕〔清〕嚴可均：《全上古三代文·武王》，卷2，冊1，頁23。

〔註62〕參見〔漢〕班固；〔唐〕顏師古注：《漢書·曆律》，卷21，冊4，頁1015；〔漢〕王充：《論衡·語增》（臺北：臺灣商務印書館，影印《文淵閣四庫全書》第862冊，1983年），卷7，頁95。

而薑桂等語屬友人語，無異也。梅鼎祚《文紀》題作〈報友人書〉，
甚誤，不知下文有宋玉辨語。）〔註63〕

宋玉友人以薑桂之喻，論述之語被著錄於〈宋玉集序〉，導致後人皆以為宋玉
語。陳禹謨《北堂書鈔》本引《新序》，《韓詩外傳》俱引錄宋玉與友人之事，
直指《文紀》著錄篇名不當。此篇應當為〈宋玉集序〉。又《全梁文・簡文帝》
之〈吳興楚王神廟碑〉，嚴氏以為此碑當為東漢楚王英，其說明如下：

昔者武王詢於太公，五神之禮正。伊陟贊於巫咸，三篇之義作。抑
又玄矩司於坎宮，漢興北畤。黃蛇感於通夢，秦作西郊。幽則鬼神，
其來已尚。楚王既弘茲釋教，並止獻車牛，既舍黃駒，安俟駢角，
掌擊無左滌之勞，牧人止楅衡之務。周房殷俎，惟有玄澗芳芝。玉
罍瑤樽，止陳丹桂清酌。漸符不殺之教，方行大士之心。比夫黃樹
赤光，紫衣朱發，茂矣哉。〈王制〉云：「山川神祇，有不舉者，為
不敬。」太守元景仲，稽諸古典，於茲往烈，永傳不朽，式樹高碑，
翠石勒文，事偕神掌，靈龜負字，還擬《洛書》。

（《藝文類聚》七十九，案：「碑文當是東漢楚王英，而題為吳興楚
王，則項王矣。誤改無疑。」〔註64〕

《藝文類聚》、《梁文紀》、《漢魏六朝百三集》皆題為〈吳興楚王神廟碑〉，可
見其原始資料出於《藝文類聚》。然明代董斯張之《吳興備志》記載：

卞山楚王神廟，梁簡文帝作碑，徐以為事佛不殺，乃楚王英，非項
王也。張按《南齊書》：「吳興有項羽神，太守到郡必祀以軹下牛。
李安民奉佛法到郡，不與神牛云云。」今簡文碑中所稱楚王，弘
茲釋教，止獻車牛者，正指李安民事也。徐何据而以楚王英當之
耶！〔註65〕

依據《吳興備志》，吳興有項羽廟，又據佛法漢傳時間以及「簡文碑中所稱楚
王，弘茲釋教，止獻車牛者，正指李安民事也」一事，加以判別，該文應題

〔註63〕〔清〕嚴可均：《全上古三代文・宋玉》，卷10，冊1，頁137。請參見〔唐〕
　　　　虞世南：《北堂書鈔》，卷33，冊1，頁111。
〔註64〕〔清〕嚴可均：《全梁王・簡文帝》，卷14，冊7，頁147。請參見〔唐〕歐陽
　　　　詢撰；王紹楹校：《藝文類聚》，卷79，冊3，頁1354。又〔明〕梅鼎祚：《梁
　　　　文紀》，卷3，冊1399，頁300；〔明〕張溥：《漢魏六朝百三家集》，影印《文
　　　　淵閣四庫全書》第1414冊，卷82下，頁579。
〔註65〕〔明〕董斯張：《吳興備志》（臺北：臺灣商務印書館，影印《文淵閣四庫全
　　　　書》第494冊，1983年），卷32，頁589～590。

作〈吳興楚王神廟碑〉，嚴氏未能據以勘正之。

（三）金石碑刻，岣嶁難識

依據《文心雕龍·誄碑》說：「夫碑實銘器，銘實碑文，因器立名，事光於誄。」〔註66〕因為有「銘器」、「碑文」之別，通過對器物的考證，進而印證古代社會的歷史文化、典章制度、生活方式等。研讀器物上的銘刻文字，具體研究文字發展過程及文字紀錄的內容，進一步了解古代歷史文化的發展，稱為金石學。單就古文字的範疇，凡文字結構的變化、書體、文字的使用，均是考證的重點。因此，金石碑刻皆屬於廣義的古器物，無論從器物學的角度，還是金石學的審視，二者皆互相涉及與影響。就碑刻內容，除有漫漶之問題外，古今字體之變遷，也是辨識之難題。嚴氏云：

> 漢革秦命，變用艸書。隸似篆，去其緐重，如秦權、秦斤、秦量是。
>
> 艸似篆，亦似隸，體勢迅疾，不求工整，如古器銘之聯緜糾結者是。
>
> 隸、草皆出於古籀，後乃譌以傳譌，迷失本根，求能明《倉頡》讀
>
> 者僅矣。〔註67〕

漢代變用艸書所改之隸體，亦源自於古籀。碑刻文字之所以難於辨識，是著眼於草書迅疾糾結，不求工整。於金石碑刻難識的問題，則採取：「錄金石刻辭，而岣嶁碑字難識不錄。」〔註68〕如《全上古三代文·闕名》之〈晉姜鼎銘〉：

> 《鐘鼎款識》，又《考古圖》，又有新出土鼎，其銘陽文，聯綿糾結，
>
> 人不能識，謂之草篆，謂之乙亥鼎。審視拓本，即晉姜鼎也。〔註69〕

據《鐘鼎款識》、《考古圖》及新出土鼎考察，仍難以辨識其銘文。主因字體以草篆書寫，致使難以辨識。初以為乙亥鼎，經以原始拓本檢核，即為〈晉姜鼎銘〉。

二、校注誤改

其次，後人翻刻古代書籍時，不獨對篇題以己意改寫、或任意附加，及

〔註66〕〔梁〕劉勰撰；〔清〕黃叔琳注；〔清〕紀昀評：《文心雕龍·誄碑》，卷3，頁44。

〔註67〕〔清〕嚴可均著；孫寶點校：〈說文翼敘〉，《嚴可均集》，卷5，2013年8月，頁162。

〔註68〕〔清〕嚴可均：〈凡例〉，《全上古三代秦漢三國六朝文》，冊1，頁20。

〔註69〕〔清〕嚴可均：《全上古三代文·闕名》，卷13，冊1，頁170。

刪削一二字等，嚴氏收載之佚文，舉凡遇篇名有誤、無題名、或內容旨意有
差距等，均加以糾正、重新訂定，意圖恢復舊觀。以下分別說之：

（一）校注稱名

　　由於先秦諸子多不手著其書，如《史記‧陸賈列傳》提到：「陸生乃粗述
存亡之徵，凡著十二篇。每奏一篇，高帝未嘗不稱善，左右呼萬歲。號其書
曰《新語》。」〔註70〕由此可知，當時陸賈（前240～前170）寫成的十二篇
原就沒有篇題，《新語》二字之書名，是漢高帝（前256～前195）時人稱題
名。換言之，嚴氏採錄的子書大抵也不著篇名如《傅子》等，所以收載的錄
文以自訂篇名為題。又如《全晉文‧韋謏》之〈啟諫冉閔〉，嚴氏以「題從《晉
書‧載記‧冉閔傳》」為據，以此稱名。其說明如下：

　　　　胡羯皆我之仇敵，今來歸附，苟存性命耳，萬一為變，悔之何及！
　　　　請誅屏降胡，去單于之號，以防微杜漸。

　　　　（《十六國春秋》二十二，〈韋謏傳〉）：「閔拜其子胤為大單于，以降
　　　　胡一千處之麾下。謏諫『云云』。」《晉書‧載記‧冉閔傳》作啟諫，
　　　　而不載其文。）〔註71〕

據載，《十六國春秋》引錄該文自〈韋謏傳，談及韋謏上書諫言誅屏胡羯。《晉
書‧載記‧冉閔傳》就屏胡一事，只以「韋謏啟諫切甚」〔註72〕帶過。由此，
自題為〈啟諫冉閔〉，以此切合史料記載。如《全漢文‧張敞》之〈書〉：

　　　　夫蒼龍非不神，不能白日升天，飄風雖疾，不以霖雨，不能揚塵，
　　　　故蒼蠅之飛，不過十步，自託騏驥之髮，乃騰千里之路。（《藝文類
　　　　聚》九十七）〔註73〕

　　　　然無損於騏驥，得使蒼蠅絕羣也。

　　　　（梅鼎祚引《書鈔》案。此疑即〈與朱邑書〉，未敢定之。）〔註74〕

此案語，均不見全文原貌，梅氏兩條合併歸為張敞文。筆者檢視《漢書》、
《藝文類聚》、《北堂書鈔》，前段引自《藝文類聚》，《北堂書鈔》並無收載。
《全文》皆直錄於《西漢文紀》，然又與梅氏案語不同。《西漢文紀》補充說

〔註70〕瀧川龜太郎：《史記會注考證‧陸賈列傳》，卷97，頁1104。
〔註71〕〔清〕嚴可均：《全晉文‧韋謏》，卷148，冊5，頁1550。
〔註72〕〔唐〕房玄齡：《晉書‧載記‧冉閔傳》，卷107，冊9，頁2794。
〔註73〕請參見〔唐〕歐陽詢撰：汪紹楹校：《藝文類聚》，卷97，冊4，頁1682。
〔註74〕〔清〕嚴可均：《全漢文‧張敞》，卷30，冊1，頁537。

明:「並《張敞集》。《北堂書鈔》載前段,《藝文類聚》載後段。」〔註75〕由此推測,《西漢文紀》輯錄之文可能次序顛倒,而《全文》考究不實。至於篇文題稱問題,可能疑似〈與朱邑書〉,卻未能確切詳說,所以擅改篇名為〈書〉。

(二)撮題旨意

古人著書作文,大多有感而發,未見有事先命題而後據題寫作的例子。顧炎武(1613～1682)云:「古人之詩,有詩而後有題。今人之詩,有題而後有詩。有詩而後有題者,其詩本乎情;有題而後有詩者,其詩徇乎物。」〔註76〕古籍原不題書名,現所知的古書名,多數出於後人追題,也有以人名、篇名作為書名,體例不一。總括的說,古書篇名大都後人追題,或以篇中意旨為題目,或以人名名其書。章學誠曾說:「六經皆史也。古人不著書,古人未嘗離事而言理,六經皆先王之政典也。」〔註77〕他把《六經》看作史、政典、官書,不成於一人、一時,自不能題以姓氏,所以多標舉書之意以為書名。如《連山》似山出之雲氣;《歸藏》莫不歸而藏其中。然而,考究嚴氏篇名之案語,常見釋解其題名,或標舉另一異名。如《全宋文‧何承天》之〈與宗居士論釋慧琳《黑白論》〉,嚴案:「即《均善論》。」〔註78〕《黑白論》等同於《均善論》之異名。接著解釋該篇〈答宗居士書〉之內容,嚴案:「釋《均善》難。」〔註79〕。所以嚴氏在訂定篇名時,大抵皆以篇文旨意為原則。如〈桓子新論敘〉言:

> 今從《羣書治要》得十五事,審是〈求輔〉、〈言體〉、〈見徵〉、〈譴非〉四篇。從《意林》得三十六事,審是〈王霸〉、〈求輔〉、〈言體〉、〈見徵〉、〈譴非〉、〈啟寤〉、〈袪蔽〉、〈正經〉、〈識通〉、〈離事〉、〈道賦〉、〈辨惑〉、〈琴道〉十三篇。又從各書得三百許事。合并複重,聯系斷散,為百六十六事。依《治要》、《意林》次第,理而董之,諸引僅〈琴道〉有篇名,餘則望文歸類,取便檢尋。其篇名黑質白

〔註75〕〔明〕梅鼎祚:《西漢文紀》,影印《文淵閣四庫全書》第 1396 冊,卷 12,頁 449。

〔註76〕〔清〕顧炎武:《日知錄》(臺北:臺灣商務印書館,影印《文淵閣四庫全書》第 858 冊,1983 年),卷 21,頁 853。

〔註77〕〔清〕章學誠:〈易教上〉,《文史通義》,卷 1,頁 1。

〔註78〕〔清〕嚴可均:《全宋文‧何承天》,卷 23,冊 6,頁 226。

〔註79〕〔清〕嚴可均:《全宋文‧何承天》,卷 23,冊 6,頁 226。

文以別之，定十六篇，為三卷。〔註80〕

據此得知嚴氏收載錄文有一百六十六條，僅見〈琴道〉著錄篇名，其餘條文無從析分，以及歸併。因此只能依從條文內容，「望文歸類，取便檢尋」，以黑字為篇名，白體為文，加以識別。另則，依據行文形式而訂定編名，如《全晉文·劉頌》之〈上疏請復肉刑〉，嚴氏案語云：「諸引皆作『上書』，今據《晉志》下文云『疏不入省』定作上疏。」〔註81〕該篇著錄稱名均以上表之體為稱，《晉書·刑法志》云「劉頌為廷尉，頻表宜復肉刑，不見省。」〔註82〕然嚴氏以《晉書》末文「疏上又不見省」為由，改成〈上疏請復肉刑〉。

（三）考辨篇名之源委

　　嚴氏摘錄之文，常在篇名處下注解其稱名之源委。如《全齊文·明僧紹》之〈正二教論〉，嚴案：「道士有為《夷夏論》者，故作此以正之。」〔註83〕道士是南齊顧歡（425～488），所著《夷夏論》的重點在於道、佛二教等同夷夏之尊卑差異。換言之，明僧紹（？～483）據此而駁難反正。〔註84〕又《全漢文·東方朔》之〈東方朔占〉，嚴氏據《開元占經》引錄統稱而襲用。其源委如下：

> 案，《隋志》五行家有東方朔《歲占》一卷，又有《東方朔占》二卷，《東方朔書》二卷，《東方朔書鈔》二卷，《東方朔曆》一卷，東方朔《占侯·水旱下·人善惡》一卷，凡六種。《開元占經》引見統稱《東方朔占》，今從之。〔註85〕

〔註80〕　〔清〕嚴可均：〈桓子新論敍〉，《嚴可均集》，頁181～182。

〔註81〕　〔清〕嚴可均：《全晉文·劉頌》，卷41，冊4，頁417。

〔註82〕　請參見〔唐〕房玄齡：《晉書·刑法志》，卷30，冊3，頁931；〔宋〕王欽若等編：《冊府元龜》（臺北：臺灣中華書局館，據明刻初印本影印，1967年），卷614，冊13，頁7376；〔元〕馬端臨著：《文獻通考》（臺北：臺灣商務印書館，影印《文淵閣四庫全書》第613冊，1983年），卷164，頁655；〔明〕楊士奇等編：《歷代名臣奏議》（臺北：臺灣商務印書，影印《文淵閣四庫全書》第439冊，1983年），卷208，頁14。

〔註83〕　〔清〕嚴可均：《全齊文·明僧紹》，卷14，冊6，頁758。

〔註84〕　此案語乃沿襲梅鼎祚之《釋文紀》，影印《文淵閣四庫全書》第1401冊，卷19，頁132；〔唐〕李延壽：《南史·顧歡傳》，卷75，冊6，頁1874～1876；〔蕭梁〕蕭子顯：《南齊書·顧歡傳》，卷54，冊3，頁931～932。兩書記載相同，所謂《夷夏論》之論述。

〔註85〕　〔清〕嚴可均：《全漢文·東方朔》，卷25，冊1，頁495。請參見〔唐〕瞿曇悉達：《開元占經》，影印《文淵閣四庫全書》第807冊，卷92，頁866；卷111，第807冊，頁969。

此錄文，取自《開元占經》卷九二、卷一十一兩段。於《隋志》著錄東方朔作品六種，歸隸於五行家類。嚴氏將東方朔之著作皆依從《開元占經》之題名，統稱之為《東方朔占》。又〈黃帝占敘〉，提及此書徵引自《開元占經》，並以《乾象通鑑》校補闕疑。然歷來書志，僅見隋、唐〈志〉著錄《黃帝五星占》一卷，書頁超乎一卷本分量，由此判別隋、唐〈志〉應參雜別書。

> 《黃帝占》世無傳本，《開元占經》徵引甚多。余始寫出，以《乾象通鑑》校補，疑者闕之，凡二萬□千□百□十□字，分三卷，而為之敘錄曰：……《漢志》有《黃帝雜子氣》三十三篇，隋、唐《志》有《黃帝五星占》一卷。如謂此書即一卷本，則卷太大，疑隋、唐時有別本合《雜子氣》彙錄之者。今故不題《五星占》，依《占經》題《黃帝占》焉。〔註86〕

嚴氏敘文，詳述收載此書僅只三卷，以《乾象通鑑》校補疑闕約二萬多字。題為《黃帝占》，一是依據內文記載占八穀等事，如〈太陰乘寅〉、〈乘卯〉、〈乘辰〉等占，為王莽以前之紀年。另又依「文如孔子、巧如魯般」二語，判此大抵為六國人所撰依託之文。考究隋、唐《志》著錄《黃帝五星占》一卷，卷量太大，疑似參雜《雜子氣》一書。由此沿襲《開元占經》之題稱，以《黃帝占》為書名。

（四）標列存佚現況

《全文》收錄之篇文，舉凡有目無文及是否標示佚、闕等，均視為佚。如《全宋文‧王僧虔》之〈答高帝論書啟〉，標注「闕」。〔註87〕又《全齊文‧祖沖之》之〈安邊論〉，嚴氏根據《南史》記載，僅著錄：「《南史》七十二，沖之造〈安邊論〉，欲開屯田，廣農植。已佚。」〔註88〕由此得知，〈安邊論〉作者及內容梗概、存佚狀況。如《全後魏文‧高允》之〈名字論，嚴氏論述成書源委及取材出處：

> 〈名字論（《魏書‧高允傳》：「時中書博士索敞與侍郎傅默論名字貴賤，著論紛紜。允遂著〈名字論〉」，以釋其惑。）文今佚。）〔註89〕

〈名字論歷來皆無此著錄，似已佚失無存。嚴氏首將該書之起草源委說出，

〔註86〕〔清〕嚴可均著；孫寶點校：〈黃帝占敘〉，《嚴可均集》，卷5，頁177～178。
〔註87〕〔清〕嚴可均：《全齊文‧王僧虔》，卷8，冊6，頁702。
〔註88〕〔清〕嚴可均：《全齊文‧祖沖之》，卷16，冊6，頁782；請參見〔唐〕李延壽撰：《南史》，卷72，冊6，頁1794。
〔註89〕〔清〕嚴可均：《全後魏文‧高允》，卷28，冊8，頁461。

目的是為了解名字貴賤論之惑。取自於《魏書·高允傳》的記載：

> 時中書博士索敞與侍郎傅默、梁祚論名字貴賤，著議紛紜。允遂著
> 名字論以釋其惑，甚有典證。〔註90〕

〈名字論撰寫〉之起因是北魏索敞傅默、梁祚等人，論及名字貴賤之相關問題，議論紛紜，莫有定論，於是高允（390～487）遂著《名字論》專解名字貴賤，並附有舉證說明。另一種標明方式，則僅見取材出處與篇目，並無內文。如《全後魏文·游雅》之〈太華殿賦〉：「《魏書·游雅傳》：『詔為〈太華殿賦〉。』」〔註91〕《魏書·游雅傳》云該賦「文多不載」，可見魏收時已失存。〔註92〕類似情況如《全後魏文·盧元明》之〈幽居賦〉：「《魏書·盧玄附傳》：『元明永熙末，居洛東緱山，乃作〈幽居賦〉。』」〔註93〕史傳記載盧元明在永熙末年，因世道衰亂，避居洛東緱山，以〈幽居賦〉一篇抒其志。〔註94〕尤其在僅有篇名之下，則牽涉到是否有同名異文之議題。如蘇綽（498～546）《七經論》、《佛性論》二書已佚，「并《周書·蘇綽傳》」，〔註95〕然史傳皆述及：「綽又著《七經論》、《佛性論》，並行於世。」〔註96〕《通志》著錄有二說，一是樊文深著《七經論》三卷，二是沿用史傳記載蘇綽《七經論》與《佛性論》並行於世。《經義考》云「《七經論》，《北史》本傳作《七經異同》，《隋志》三卷」；《隋志》著錄：「《七經論》三卷，樊文深撰。」〔註97〕顯然，《隋志》著錄已把《七經異同》當作《七經論》，《經義考》沿襲此說更加注說明。可見嚴氏若無案語注解取材出處，《七經論》與《七經異同》同名異書之誤，很難被發現。

〔註90〕〔唐〕魏收：《魏書·高允傳》，卷48，冊3，頁1076；〔唐〕李延壽著：《北史·高允傳》，卷31，冊4，頁1124。

〔註91〕〔清〕嚴可均：《全後魏文·游雅》，卷29，冊8，頁471。

〔註92〕〔唐〕魏收：《魏書·游雅傳》，卷54，冊4，頁1195。

〔註93〕〔清〕嚴可均：《全後魏文·盧元明》，卷37，冊8，頁540。

〔註94〕參見〔唐〕魏收：《魏書·盧元明傳》，卷47，冊3，頁1060；〔唐〕李延壽：《北史·盧元明》，卷30，冊4，頁1083；〔宋〕鄭樵著：《通志》，影印《文淵閣四庫全書》第220冊，卷148，頁535。

〔註95〕〔清〕嚴可均：《全後魏文·蘇綽》，卷55，冊8，頁681。

〔註96〕《周書·蘇綽傳》，卷23，冊2，頁395；《北史·蘇綽傳》，卷63，冊7，頁2243。就《七經異同》樊深著，《周書》著錄在卷45，冊4，頁812；又《北史》，卷82，冊9，頁2743。後《通志》承襲此說。

〔註97〕〔宋〕鄭樵：《通志》，影印《文淵閣四庫全書》第214冊，卷63，頁567；又《通志》第221冊，卷157，頁361。又參見《隋書·經籍志》，卷32，冊4，頁938；《經義考》，卷240，冊9，頁4333。

三、結語

因此，於《全文》篇名相關之問題，均可見其以更訂、更改、沿襲前人等方式訂定篇名，並在篇名末尾以案語補述說明。使我們站在前人基礎上，進一步確知該書源流始末。以下分別探析其案語之附注，藉以了解篇名的制定仍以文內旨意為主：

（一）更訂篇名

古書散逸，又從他書所引搜輯成書、成篇，如〈水經注序〉：「《水經注》聚珍本。案：『此序諸本皆佚，從《永樂大典》錄出。』」〔註98〕此外，由於年代久遠許多材料被刪汰、簡略，難以考見古籍的全貌，僅能就其內容、史傳所紀、他書引錄等，輯佚成篇，並訂定題稱篇名。如《全上古三代文·黃帝》之〈道言〉，嚴氏共收錄六條，分別輯自《六韜》、《文子》、《呂氏春秋》、《淮南子·泰族訓》、《太平御覽》，各條文均歸「黃帝」之屬，以〈下教言〉篇名統稱。為何稱〈道言〉篇，則不可考：

①一者，階於道，機於神。（《六韜·兵道》十二）

②茫茫昧昧，因天之威，與天同氣。（《文子·符言》、〈上仁、《呂氏春秋·應同》、《淮南子·繆稱訓》、〈泰族訓〉、《御覽》七十七）

③聲禁重，色禁重，衣禁重，香禁重，味禁重，室禁重。（《呂氏春秋·去私》）

④帝無常處也。有處者，乃無處也。以言不刑蹇。（《呂氏春秋·圜道》）

⑤厲女德而弗忘，與女正而弗衰，雖惡奚傷？（《呂氏春秋·遇合》）

⑥四時之不正也，正五穀而已矣。（《呂氏春秋·審時》）〔註99〕

據此，第一條取自《六韜·兵道》緣於武王問太公兵道之要，太公引黃帝言「一」意〔註100〕；第二條見《文子·符言》、〈上仁〉、《呂氏春秋·應同》、《淮南子·泰族訓》、《御覽·皇王》等書，老子引黃帝之言，談治國禍福之道〔註101〕；第三條《呂氏春秋·去私》引黃帝下教，言明修身去私欲之條規，

〔註98〕〔清〕嚴可均：《全後魏文·酈道元》，卷41，冊8，頁575。

〔註99〕〔清〕嚴可均：《全上古三代文·黃帝》，卷1，冊1，頁6。

〔註100〕〔西周〕呂望著：《六韜·兵道》（臺北：臺灣商務印書館，影印《文淵閣四庫全書》第726冊，1983年），卷1，頁16。

〔註101〕各書所紀，意同而文字小異，因此僅以嚴氏收載為主要註解。請參見〔周〕辛研著：《文子·符言》（臺北：臺灣商務印書館，影印《文淵閣四庫全書》

《路史》、《皇霸文紀》等均有收錄〔註102〕；第四條《呂氏春秋‧還道》，引黃帝之言，明天道，在於無為而化，正刑不法〔註103〕；第五條《呂氏春秋‧遇合》引黃帝言，醜女也須遵守婦德，求內在之美德為要。《皇霸文紀》載名為〈命嫫母辭〉，不知取自何處？〔註104〕第六條《呂氏春秋‧審時》引黃帝說解「五穀正時，食之無病。」養身之道，首以當季食材為主。〔註105〕由此看來，嚴氏從五種古書中輯結六條黃帝下教之言，條理次序，更訂篇名為〈道言〉。類似更訂篇名情況相當多，如《帝堯‧政語》、《齊太公‧四輔》等篇均是。亦如《後漢全文‧班彪》之〈論〉。〔註106〕

（二）更改篇名

嚴氏常在篇名後加注案語，蓋是符合文內旨意之前提下，更改篇名。如《全後漢文‧崔駰》之〈獻書誡竇憲〉：「《藝文類聚》題作〈與竇憲書〉」〔註107〕考究歷來著錄該文書目有《藝文類聚》、《東漢文紀》、《百三家集》皆以〈與竇憲書〉題稱〔註108〕，可見嚴氏依從內文以「誡竇憲」為著眼點，更

第 1058 冊，1983 年），卷上，頁 324。又〈文仁〉，卷下，第 1058 冊，頁 356，；
〔秦〕呂不韋著；〔漢〕高誘注：《呂氏春秋》（臺北：臺灣商務印書館，影印《文淵閣四庫全書》第 848 冊，1983 年），卷 13，頁 365；〔漢〕劉安著；〔漢〕高誘注：《淮南子‧泰族訓》（臺北：臺灣商務印書館，影印《文淵閣四庫全書》第 848 冊，1983 年），卷 20，頁 744；〔宋〕李昉：《太平御覽‧皇王》，卷 77，冊 1，頁 488。

〔註102〕〔秦〕呂不韋著；〔漢〕高誘注：《呂氏春秋‧去私》，影印《文淵閣四庫全書》第 848 冊，卷頁 284；〔宋〕羅泌著：《路史‧黃帝紀》（臺北：臺灣商務印書館，影印《文淵閣四庫全書》第 383 冊，1983 年），卷 14，頁 118。〔明〕梅鼎祚：《皇霸文紀》，影印《文淵閣四庫全書》第 1496 冊，卷 1，頁 6。

〔註103〕〔秦〕呂不韋著；〔漢〕高誘注：《呂氏春秋‧圜道》，影印《文淵閣四庫全書》第 848 冊，卷 3，頁 300。

〔註104〕〔秦〕呂不韋著；〔漢〕高誘注：《呂氏春秋‧遇合》，影印《文淵閣四庫全書》第 848 冊，卷 14，頁 382；〔明〕梅鼎祚：《皇霸文紀》，影印《文淵閣四庫全書》第 1396 冊，卷 1，頁 5。

〔註105〕〔秦〕呂不韋著；〔漢〕高誘注：《呂氏春秋‧審時》，影印《文淵閣四庫全書》第 848 冊，卷 26，頁 504。

〔註106〕〔清〕嚴可均：《全後漢文‧班彪》，卷 23，冊 2，頁 236。《後漢書‧班彪傳》言「斟酌前史而譏正得失」；〔宋〕鄭樵著：《通志》，影印《文淵閣四庫全書》第 217 冊，卷 109，頁 539。「斟酌前史而譏正得失」；〈前史得失論〉，〔明〕梅鼎祚：《東漢文紀》，影印《文淵閣四庫全書》第 1397 冊，卷 6，冊 1397，頁 115。

〔註107〕〔清〕嚴可均：《全後漢文‧崔駰》，卷 44，冊 2，頁 418。

〔註108〕〔唐〕歐陽詢：《藝文類聚》，卷 23，冊 1，頁 423；〔明〕梅鼎祚：《東漢文

改篇名為〈獻書誡寶憲〉。又如《全三國文・武帝》之〈整齊風俗令〉，嚴氏並未提及該篇稱名更改之事，依然可從取材出處，得知另一別名。

> 令：阿黨比周，先聖所疾也。聞冀州俗，父子異部，更相毀譽。昔直不疑無兄，世人謂之盜嫂；第五伯魚三娶孤女，謂之撾婦翁；王鳳擅權，谷永比之申伯；王商忠議，張匡謂之左道：此皆以白為黑，欺天罔君者也。吾欲整齊風俗，四者不除，吾以為羞。〔註109〕

根據《魏志・武帝紀》紀載，以〈令〉為名，包括《通志》、《郝氏續後漢書》。起因於冀州風俗違反人倫五常，武帝下令整治。《漢魏六朝百三家集》題名為〈禁比周令〉，《文館詞林》題另一稱名〈魏武帝整齊風俗令〉。《全文》依據內文改定篇名〈整齊風俗令〉。〔註110〕《全文》對篇名更改之相關議題，時有所見。如《全晉文・張斐》之〈表上律法〉，嚴氏提：「《藝文類聚》、《太平御覽》題作〈律序〉」〔註111〕〈表上律法〉篇題應是嚴氏更改訂定：

> ①律令者，政事之經，萬機之緯。(《藝文類語》五十四)
>
> ②鄭鑄《刑法》，晉作《執秩》，趙制《國律》，楚造《僕區》，并述法律之名，申、韓之徒，各自立制。(同上)
>
> ③張湯制《越官律》，趙禹作《朝會正見律》(《御覽》六百三十八。案：《晉刑法志》：《越官律》二十七篇，《朝律》六篇)
>
> ④律始於刑名者，所以定罪制也；終於諸侯者，所以畢其政也……法律之義。(《晉書・刑法志》：「泰始三年，賈充等表上《新律》。其後，張斐又注律表上之，其要云云。」又見《通典》一百六十四，《御覽》六百三十九，又六百四十二、六百四十九。)〔註112〕

該篇區分為四段，據案語說法，原為泰始三年的《新律》注解之奏議。第一段與第二段文取自於《藝文類聚》，包括《西晉文紀》題稱〈律序〉；第三段

紀》，影印《文淵閣四庫全書》第1397冊，卷10，頁217；〔明〕張溥：《漢魏六朝百三家集》，影印《文淵閣四庫全書》第1412冊，卷12，頁286。

〔註109〕〔清〕嚴可均：《全三國文・武帝》，卷2，冊3，頁16。

〔註110〕請參見《魏志・武帝紀》，卷1，冊1，頁27；〔宋〕鄭樵：《通志》，影印《文淵閣四庫全書》第212冊，卷7，頁343；《郝氏續後漢書》，影印《文淵閣四庫全書》第385冊，卷25，頁233；〔明〕張溥：《漢魏六朝百三家集》，影印《文淵閣四庫全書》第1412冊，卷23，頁552；〔唐〕許敬宗編：《文館詞林》(北京：北京圖書館出版社，《古籍叢殘彙編》收入《適園叢書本》)，卷695，冊2，頁291。

〔註111〕〔清〕嚴可均：《全晉文・張斐》，卷75，冊4，頁777。

〔註112〕〔清〕嚴可均：《全晉文・張斐》，卷75，冊4，頁777～779。

《太平御覽》稱「張裴〈律序〉」；第四段從「律始於刑名者，……法律之義也」，皆見於《通典》，《晉書》云：「正月大赦天下，乃頒《新律》。其後明法掾張斐又注律表上之。」可見該表本無題稱，直至《西晉文紀》稱為〈注律要〉。嚴氏以此更改為〈表上律法〉一名，統稱〈律序〉、〈注律要〉。〔註113〕

（三）沿襲舊題

嚴氏雖云篇名仍沿舊題，或題有未安，仍依《文苑英華》。由上所引述，篇題之訂定，仍以篇文內容為準則，未如〈凡例〉所言之簡略。至於沿襲舊題名稱，約可略分為三種原則，一是依從《歷代文紀》之題稱，二是延續《漢魏六朝百三家集》之題名，三是依據原始出處為稱。其中，大抵仍以第三類原始出處為題居大部分。主要是其所輯方式，有從一書、或從眾書，摘錄成篇，甚至輯成一家之著作。並經過整理考訂，企圖能恢復古籍原貌。故論輯佚之要事、篇名之題稱，不得不以古書舊著來推求古人之學說。

1、以原始資料著錄為名：《全文》收錄篇文，僅見一題名，別無另稱，則應是沿襲舊題。如《全後漢文·繁欽》之〈尚書箴〉，《初學記》、《古文苑》、《東漢文紀》皆著錄為〈尚書箴〉。由是，《全文》仍以此稱題。〔註114〕類似著錄方式眾多，如繁欽（？～218）〈硯頌〉、〈川里先生訓〉等。又《全晉文·左思》之〈七諷〉：「左思〈七諷〉說：『孝而不從，反道若斯，餘不足觀矣。』」取自《文心雕龍·指瑕篇》，該句舊稱左思之〈七諷〉。〔註115〕亦如《全晉文·左思》之〈七略〉「閭甲第之廣袤，建雲陛之嵯峨。」出於《文選·齊安陸王碑文注》。〔註116〕嚴氏在篇名案語注言：「當從《文心雕龍》作〈七諷〉。」〔註117〕不知何據，然仍依《文選註》之舊稱。

2、以《歷代文紀》舊稱為名：《全文》收文並沒有著明取材出處，然依

〔註113〕參見《晉書·刑法志》，卷30，冊3，頁927～928；〔唐〕歐陽詢撰；汪紹楹校：《藝文類聚》，卷54，冊2，頁980；〔宋〕李昉：《太平御覽》，卷638，冊4，頁2989；〔明〕梅鼎祚：《西晉文紀》，影印《文淵閣四庫全書》第1398冊，卷9，頁186。

〔註114〕〔清〕嚴可均：《全後漢文·繁欽》，卷93，冊2，頁875；參見〔唐〕徐堅：《初學記》，卷11，冊2，頁265。

〔註115〕〔清〕嚴可均：《全晉文·左思》，卷74，冊4，頁776。參見《文心雕龍注·指瑕》，卷9，頁143。

〔註116〕〔清〕嚴可均：《全晉文·左思》，卷74，冊4，頁776。參見《文選》，卷59，冊下，頁1459。

〔註117〕〔清〕嚴可均：《全晉文·左思》，卷74，冊4，頁776。

據第五章之第三節〈輯錄篇文方式〉之論述，有些是直錄梅鼎祚《歷代文紀》。因此，篇名題稱部分也是依從其名。如《全晉文‧武帝》之〈胡奮為冠軍將軍詔〉，僅見於《西晉文紀》，篇名仍依此舊稱。〔註118〕又如《全後漢‧楊震》之〈救趙騰疏〉，該篇在《後漢書》、《文選補遺》僅補述錄文之源委：

有河閒男子趙騰詣闕上書，指陳得失。帝發怒，遂收考詔獄，結以罔上不道。震復上疏救。〔註119〕

依從《後漢書‧楊震列傳》記載，是因趙騰上書指陳當朝之施政，遂以罔上不道之罪下獄受難。對此楊震（54～124）便以該文上疏救趙騰。然《東漢文紀》收載此文，以〈救趙騰疏〉題稱。由此可知，該篇之稱名是沿梅氏《文紀》之舊稱。

仍舊《漢魏六朝百三家集》題名：篇文題稱僅見於《漢魏六朝百三家集》，觀其內容符合題意，則《全文》仍其舊稱。如《全梁文‧王筠》之〈雲陽記〉：「車箱阪下有黎園一頃，樹數百株，青翠繁密，望如車蓋。」〔註120〕沒有著明出處，蓋是摘自張氏《漢魏六朝百三家集》。依此例有《全宋文‧謝靈運》之〈辨宗論〉，該篇有二稱名，一是《全文》、《漢魏六朝百三家集》題為〈辨宗論〉；二是《廣弘明集》、《釋文紀》名為〈與諸道人辨宗論〉。觀其內容，乃是以問答形式論述釋道儒三者之宗旨異同。對比兩種稱名之意涵，若以「同遊諸道人」為起首句視之，該篇應題〈與諸道人辨宗論〉為尚。〔註121〕對此可看出，嚴氏在整理考訂過程中，仍有其主觀之考量，並不全然接受古書舊題。又如《全漢文‧揚雄》之〈解難〉，嚴案：「梅鼎祚《文紀》。」〔註122〕

〔註118〕〔清〕嚴可均：《全晉文‧武帝》，卷3，冊4；參見〔明〕梅鼎祚：《西晉文紀》，影印《文淵閣四庫全書》第1398冊，卷2，頁38。

〔註119〕參見《後漢書‧楊震列傳》，卷54，冊7，頁1766；《文選補遺》（臺北：臺灣商務印書館，影印《文淵閣四庫全書》第1360冊，1983年），卷9，頁170。兩書著錄大同小異，均補充該疏文之緣起。

〔註120〕〔清〕嚴可均：《全梁文‧王筠》，卷65，冊7，頁672；〔明〕張溥：《漢魏六朝百三家集》，影印《文淵閣四庫全書》第1415冊，卷95，頁330。

〔註121〕〔清〕嚴可均：《全宋文‧謝靈運》，卷32，冊6，頁312；參見〔唐〕釋道宣著：《廣弘明集》（臺北：臺灣商務印書館，影印《文淵閣四庫全書》第1048冊，1983年），卷18，頁511；〔明〕梅鼎祚：《釋文紀》，影印《文淵閣四庫全書》第1400冊，卷12，頁629～633；〔明〕張溥：《漢魏六朝百三家集》，影印《文淵閣四庫全書》第1414冊，卷65，頁71。

〔註122〕〔清〕嚴可均：《全漢文‧揚雄》，卷53，冊1，頁735；〔明〕梅鼎祚：《西漢文紀》，影印《文淵閣四庫全書》第1396冊，卷21，頁605。

該篇前序言：「雄以為經莫大于《易》，故作《太玄》。客有難《玄》太深，眾人之不好也，雄解之，號曰《解難》。」〔註123〕由此，該篇謂及《太玄》一書論述艱深，令人難以深究揚雄（前53～18）之理路。

第三節　補證文獻及其相關問題

綜觀《全文》對篇文之案語，除注明取材出處及錄文源委佔多數外，尚且論證篇文內容及其引申相關之議題。此外，舉凡尚存佚文、校注兼併補釋、匡正前人所輯之誤、考辨經學、學術源流等之成就，皆遠在輯存佚文之上。然而，後人均視該書為嚴氏校注古籍之附屬成果，對此類研究論述較少，究其原因，殆是補證議題不若前者之多，故不為人所重。然此類案語之疏證亦多精審，若論嚴氏輯佚之功，不可以其少而忽視。嚴氏《全文》案語部分，所涉及範圍甚廣，然其普遍常見之考據內涵、特徵，已在上述兩節中提出討論。考經學、史地、動植物、民間俗學等敘述，雖未如上述篇幅之多，持論頗平仍值得窺探。茲先分其共同特色，依序論述，以印證其書與當代考據學相合，特重汎覽博證之實學。

一、補文

嚴氏在收錄佚文時，不僅整理考訂，並增補前人疏漏之佚文，或若干條、或成篇章，不一而足。然筆者認為考訂其佚文者，不能因其寥寥數句、數條而疏忽之。如《全上古三代文・黃帝》之〈黃雀占〉：

> 黃者土精，赤者火熒，爵者賞也。余當立大功乎？黃雀者桑也。
>
> （《御覽》八百七十二引《春秋考異郵》：「黃帝將興，有黃雀赤頭立於傍，黃帝曰。」《藝文類聚》九十九引作：「黃者土精，赤者火熒，雀者賞也，余當立。」）〔註124〕

據案語提示，《御覽》輯錄「黃雀者桑也。」補《藝文類聚》之後文。其中嚴氏將「榮」改字為「赤者火熒」。〔註125〕又《全晉文・王羲之》之〈臨河敘〉，

〔註123〕〔清〕嚴可均：《全漢文・揚雄》，卷53，冊1，頁735；〔明〕梅鼎祚：《西漢文紀》，影印《文淵閣四庫全書》第1396冊，卷21，頁605。

〔註124〕〔清〕嚴可均：《全上古三代文・黃帝》，卷1，冊1，頁7。

〔註125〕參見《太平御覽》，卷872，冊5，頁3995；〔唐〕歐陽詢撰；汪紹楹校：《藝文類聚》，卷99，冊4，頁1712。

嚴氏據《世說新語·企羨篇注》，輯錄各本漏載的〈蘭亭集序〉篇後末段。其
內文如下：

> 永和九年，歲在癸丑，暮春之初，會於會稽山陰之蘭亭，脩禊事也。
> 羣賢畢至，少長咸集。此地有崇山峻嶺，茂林修竹；又有清流激湍，
> 映帶左右，引以為流觴曲水，列坐其次。
>
> 是日也，天朗氣清，惠風和暢，娛目騁懷，信可樂也。雖無絲竹管
> 弦之盛，一觴一詠，亦足以暢敘幽情矣。故列序時人，錄其所述。
> 右將軍、司馬太原孫丞公等二十六人，賦詩如左，前餘姚令會稽謝
> 勝等十五人不能賦詩，罰酒各三斗。
>
> （《世說新語·企羨篇注》案：「此與帖本不同，又多篇末一段。蓋
> 劉孝標從本集節錄者，因〈蘭亭序〉世所習見，故別載此。」）

《晉書·王羲之傳》之〈蘭亭序〉乃在會稽山陰之蘭亭所撰，意在申志。筆
者查閱各書所紀，皆未載此錄文：「故列序時人，錄其所述。右將軍、司馬太
原孫丞公等二十六人，賦詩如左，前餘姚令會稽謝勝等十五人不能賦詩，罰
酒各三斗。」由是，可以推測篇末一段，僅見於《世說新語·企羨篇注》後
之加註兩行小字。〔註 126〕

　　基於上述所論，嚴氏輯佚的目的並非僅以輯古佚書為主，而是蒐集古經
注疏之可取者，作為考訂辯證之依據。總而言之，於輯佚之事必先具備廣博
識見、遍覽群書，才能捃拾片言，並非僅以全備為要件。

二、補證史料

　　陳壽祺（1771～1834）〈經郛條例〉言輯佚之基本作用，有闡述經籍閟眇
及補闕拾遺之功。〔註 127〕據此，輯存古書佚文不純然僅是嗜古炫博，而是欲
以釐訂經籍，考訂舊學以補史傳之不足。如《全漢文·大鴻臚禹》之〈奏平
干王元不宜立嗣〉，對於大鴻臚禹生平事蹟之失載，有所非議。

　　《漢書·景十三王傳》：「武帝以親親故，立趙敬肅王小子偃為平干

〔註 126〕〔南朝宋〕劉義慶；〔梁〕劉孝標注：《世說新語·企羨篇注》（臺北：臺灣商
　　　　務印書館，影印《文淵閣四庫全書》第 1035 冊，1983 年），卷下之上，頁 155。
　　　　《晉書·王羲之傳》，卷 80，冊 7，頁 2099。〔明〕張溥：《漢魏六朝百三家
　　　　集·王羲之》，影印《文淵閣四庫全書》第 1413 冊，卷 59，頁 682～683。
〔註 127〕〔清〕陳壽祺：〈經郛條例〉，《左海文集》（上海：上海古籍出版社，《續修四
　　　　庫全書》第 1496 冊，2002 年），卷 4，頁 147～138。

> 王，子繆王元嗣，薨。大鴻臚禹奏云云。奏可，國除。」案〈諸侯王
> 表〉：「元薨於元鳳二年，是時大鴻臚禹，〈百官表〉失載。」〔註128〕

大鴻臚禹之事蹟，僅見於《漢書・景十三王傳》，是時應為元鳳二年（前79），嚴氏以為〈百官表〉未能舉列，有失載之嫌。另《全漢文・王閎》之〈上書諫尊寵董賢〉，取自於荀悅（148～209）之《漢紀》。於王閎（？～30）之相關事蹟，史傳皆簡略不詳。嚴氏收錄此文，可以補足史傳之闕疑。

> 荀悅《漢紀》二十九：「元壽元年，侍中王閎上書諫，不從。」案，
> 此書班書未載，《御覽》七百十六引《漢名臣奏》云云，「王莽斥出
> 王閎，太后憐之。閎伏泣失聲，太后親自以手巾拭閎泣」，亦班書所
> 未載，范書為王閎立傳，亦簡略不詳。〔註129〕

《漢書》皆未提及王閎之相關事蹟，而《後漢書》也未能立傳，列載於〈張步傳〉之後。《漢紀》記載其相關背景，較為詳細，可說與上述史傳互為表裡。又《全漢文・王仁》之〈諫立趙皇后疏〉：

> 荀悅《漢紀》二十六，永始元年六月，立皇后趙氏。先是諫議大夫
> 王仁上疏言，上不聽。案，此疏班書未載。〔註130〕

據此故實，應為漢成帝永始元年（前16），勸止封趙倢伃為后之疏文。班固（32～92）之《漢書》失載，相關事蹟反而出自於東漢末之《漢紀》。由於嚴氏的博洽多聞，補證資料時，非但以經典本文互證，更能利用其他史傳資料。如《全上古三代文・公子騑》之〈同盟于戲載書〉，考訂史書記載之真偽及補證真實的原委。

> 天禍鄭國，使介居二大國之間，大國不加德音，而亂以要之，使其
> 鬼神不獲歆其禋祀，其民人不獲享其土利，夫婦辛苦墊隘，無所底
> 告，自今日既盟之後，鄭國而不唯有禮與彊，可以庇民者是從，而
> 敢有異志者，亦如之！
>
> （《左傳》襄九年：同盟于戲，晉士莊子為載書，公子騑趨進曰云云。
> 荀偃曰：「改載書。」注：子駟亦以所言載于策，故欲改之。）〔註131〕

〔註128〕〔清〕嚴可均：《全漢文・大鴻臚禹》，卷32，冊1，頁554。

〔註129〕〔清〕嚴可均：《全漢文・王閎》，卷43，冊1，頁652。請參見《漢書・佞幸傳》，卷93，冊1，頁3741；《後漢書・王閎傳》，卷12，頁498～500；〔宋〕李昉：《太平御覽》，卷716，冊4，頁3307。

〔註130〕〔清〕嚴可均：《全漢文・王仁》，卷43，冊1，頁651。

〔註131〕〔清〕嚴可均：《全上古三代文・公子騑》，卷4，冊1，頁64。

該篇取自《左傳‧襄公》九年，鄭國夾在兩國之間，不蒙其利，反受其擾。雖有訂定合盟，等同於玩笑遊戲，不受重視，晉人士莊子將記載於盟書，公子騑因而諫言，不可據實備載於盟書。以是有荀偃「改載書」之一事。之後，凡注解該事件時，均依循掩蓋故實。顯證，嚴氏治學之徵實精神，將《左傳》記載之三國關係，反覆核對後人解說，將史書擅改之始末，據實呈現。

三、考校異文

所謂「異文」，一般認為有廣狹二義：狹義之「異文」，乃指文字學之名詞，通假字和異體字的統稱。廣義之「異文」，則為校勘之名詞，舉凡一書的不同版本，或不同的書記載同一事物，字句互異，包括通假字和異體字，皆稱為「異文」。〔註132〕依此，本文所論述是以廣義的「異文」為範疇，探討嚴氏考校各傳本間的差別。

（一）譌誤

古書在長期流傳過程中，或因散亂、破損、字跡模糊，更經傳鈔翻刻，往往會失去本來原貌。依其訛誤成因所造成之異文，可區分為脫、衍、異、譌等現象。

1、脫誤：所謂的脫誤，只在抄錄、刊刻過程中，因疏忽導致脫漏、訛誤文字。如《全漢文‧劉向》之〈請雨華山賦〉，嚴氏案語：「此賦多脫誤，無從校正。」〔註133〕由此可見，《全文》之錄文，不僅限於收佚，並兼行考校。又《全晉文‧武帝》之〈冗從僕設詔〉：

> 司馬璞，貞固和祥，有識見才幹，呂董璞為冗從僕射。

> 《書鈔》六十三引《晉武帝起居注》。案：璞、董必有一誤，晉初宗室亦無此名。璞董蓋覿之誤。瑯琊王伷子也。〔註134〕

據董璞二字，嚴氏檢視各書傳本，認為「董」字顯然有誤，配合文意，推測應為「覿」字。

〔註132〕王彥坤：《古籍異文研究‧前言》（臺北：萬卷樓圖書公司，1996年12月），頁1。

〔註133〕〔清〕嚴可均：《全漢文‧劉向》，卷35，冊1，頁583。

〔註134〕〔清〕嚴可均：《全晉文‧武帝》，卷6，冊4，頁71。〔唐〕虞世南：《北堂書鈔》，卷63，冊頁261；〔明〕梅鼎祚：《西晉文紀》，影印《文淵閣四庫全書》第1398冊，卷2，頁25。兩者接著錄「璞」，沒有「董」字。

2、衍文：《全晉文·符丕》之〈答謝玄書〉，嚴氏注明出處有三，一是《藝文類聚》卷八十五，二是《太平御覽》卷八百六三是《十六國春秋》卷三十八。三種文獻相互比較，顯而易見，彼此皆有些差異，其中以《十六國春秋》末多四字。

> 今往大文綾羅，各五十四。

> （《藝文類聚》八十五，又《御覽》八百六（卷數有誤）作「今往大
> 文羅、大綾各五匹。」

> 又《十六國春秋》三十八末多「以酬厚意」四字。）〔註135〕

《藝文類聚》、《御覽》兩書對照，句意相同而文小異，尤其嚴氏明顯抄脫一字，「五匹」當為「五十四」。另則，《十六國春秋》多衍四字「以酬厚意」。又《全梁文·任昉》之〈為齊竟陵王世子臨會稽郡教〉覈檢篇末蓋是多文，於是分別裁錄。

> 富室兼并，前史共蠹，大姓侵威，往哲攸嫉，而權豪之族，擅割林
> 池，勢富之家，專利山海，至乃水稱峻。巖巖我君后，崇墉增仞，
> 內通神明，出符大順，火炎崐岡，神嶽崩潰，蘭艾同爐，玉石俱碎，
> 哲人遭命，哀有餘慨。〔註136〕

該文《藝文類聚》、《梁文紀》、《百三家集》均有載錄。嚴氏依此語例，考辨該文「巖巖我君后」後面十句至「哀有餘慨」，當為碑頌之體，謂為他人所撰，將之列置於《全梁文·闕名》。其說明看法如下：

> 《藝文類聚》五十，案：「『水稱峻』下，舊有『巖巖我君』十句，
> 當是碑頌之文，誤跳在此耳，今別歸不知時代文中。」〔註137〕

此篇當為後人輯錄時之誤。嚴氏以文體特徵，判為兩人作品合為一篇，所以將其裁割分為二，一是任昉（460～508）錄文，一是闕名〈銘〉文。

3、遣詞用字不同：凡此之類，或因詞異義同，或者因詞同字異，雖是異文，句意卻無差別。如《全晉文·武帝》之〈以庾純為河南尹詔〉

> 河南，京畿大郡，為四方之表則。中書令庾純，清粹忠正，才紹治

〔註135〕〔清〕嚴可均：《全晉文·符丕》，卷151，冊5，頁1585。請參閱《十六國春秋》，影印《文淵閣四庫全書》第463冊，卷38，頁638；〔宋〕李昉：《太平御覽》，卷816，冊5，頁3760。三書，尤以《太平御覽》：「符丕答謝玄書：『今往大文羅、大綾各五十疋。』」顯然嚴氏鈔脫一字「十」。

〔註136〕〔唐〕歐陽詢撰；汪紹楹校：《藝文類聚》，卷50，冊2，頁905。

〔註137〕〔清〕嚴可均：《全梁文·任昉》，卷42，冊7，頁422。

化，其以純為河南尹。(《書鈔》七十六、《御覽》二百五十二并引
王隱《晉書》，《書鈔》又引《中興書》，「才紹治化」作「才經治
亂」。〔註138〕

《書鈔》七十六注引《晉書‧庾純傳》「京畿大郡」改為「京畿大都」；「為四
方之則」改為「為四方之表」；增加「《中興書》云『庾純精忠正直』」；「才紹
治化」改為「才經治亂」。《御覽》脫文「京畿」；「為四方之表則」脫訛為「四
方表件則」；至於「《御覽》二百五十二并引王隱《晉書》」一則，不知嚴氏所
據何來？然而，兩者相較，雖然字詞相異，引錄出處也不同，卻明確表意同
一事。由是，嚴氏案語之考校，應是直接摘錄於《西晉文紀》之注文。

（二）引書異同

古人紀事，或據傳聞、或僅記其書意。所聞不同，文難一律。孫德謙（1869
～1935）《古書讀法略例》之〈傳聞例〉一章，舉出《孟子》、《說苑》二書與
《論語》所載之事同而文異者有數十事。〔註139〕由此可證，古人引用舊說，
有各據傳聞之例。嚴氏在考校異文時，也面臨各本所紀，各有刪節、意同而
文異的現象，以下分別論述：

1、意同文異：各書記載一事，其間的差異皆著眼於編撰者的意圖，尤以
引意為主。於是在經過改竄的引文與原文之間，便出現了文字的異同。例如
《全晉文‧西陽王羕》之〈議溫嶠不應辭職〉，嚴氏直接明說《晉書‧禮志》
與《晉書‧溫嶠傳》兩處所載，顯示意同而文異之象狀。其內容如下：

於是太宰西陽王羕，司徒臨潁公組，驃騎將軍即丘子導，侍中紀瞻，
尚書周顗，散騎常侍荀邃等議，以昔伍員挾弓去楚，為吳行人以謀
楚，誠志在報讎，不苟滅身也。溫嶠遭難，昔在河朔，日尋干戈，
志刷讎惡，萬里投身，歸赴朝廷，將欲因時竭力，憑賴王威，以展
其情，此乃嶠之志也。無緣道路未通，師旅未進，而更中辭王事，
留志家巷也。以為誠宜如明詔。〔註140〕

〔註138〕〔清〕嚴可均：《全晉文‧武帝》，卷3，冊4，頁33。請參看〔唐〕虞世南：
《北堂書鈔》，卷76，冊1，頁315；〔宋〕李昉：《太平御覽》，卷252，冊2，
頁1317；〔明〕梅鼎祚：《梁文紀》，影印《文淵閣四庫全書》第1399冊，卷
6，頁362。

〔註139〕〔清〕孫德謙：《古書讀法略例‧傳聞例》（北京：中國書店，1984年6月），
卷1，頁35～37。

〔註140〕〔唐〕房玄齡：《晉書‧禮志》，卷20，冊3，頁641。

據載，建武元年（343），朝廷遭盜寇的侵襲，又值溫嶠（288～329）母喪，打算改期安葬，全力抵禦外賊。朝廷上下對此爭議，以合不合禮制為討論重點。又《晉書・溫嶠傳》詳細記載此事：

> 除散騎侍郎。初，嶠欲將命，其母崔氏固止之，嶠絕裾而去。其後母亡，嶠阻亂不獲歸葬，由是固讓不拜，苦請北歸。詔三司、八坐議其事，皆曰：「昔伍員志復私讎，先假諸侯之力，東奔闔閭，位為上將，然後鞭荊王之尸。若嶠以母未葬，沒在胡虜者，乃應竭其智謀，仰憑皇靈，使逆寇冰消，反哀蔂次，豈可稍以乖嫌，廢其遠圖哉！」嶠不得已，乃受命。〔註141〕

兩者皆沿引伍子胥（前559～前484）不拘小節，終能為父親報仇雪恨的例子「昔伍員挾弓去楚，為吳行人以謀楚，誠志在報讎，不苟滅身也。」及「昔伍員志復私讎，先假諸侯之力，東奔闔閭，位為上將，然後鞭荊王之尸。」意在溫嶠不必葬母之事未了而辭官職。至是，嚴氏案語提及「《晉書・禮志》中，案：『〈溫嶠傳〉有三公八坐議，與此意同，而文全異。』今以彼編入闕名類。」〔註142〕

2、刪節：古籍的傳刻，或是古書之記載，經由對比，常見刪錄之現象。《全晉文・武帝》之〈詔答侯史光〉，嚴氏從詔書的原委論及：

> 《御覽》二百六引《晉書》：「御史中丞侯史光上言：『祥久以疾病闕廢朝會，應免官。』詔云云。」
>
> 案：《書鈔》五十二引王隱《晉書》前四句同。今《晉書・王祥傳》有刪節。〔註143〕

《北堂書鈔》五十二引王隱《晉書》，前四句與《御覽》同，《晉書・王祥傳》，有刪節，嚴氏收錄的《御覽》記載較為完整。

3、各本所紀：古人取材文獻，部分出現重疊複文，將之全然複述。然仍以鈔錄前人作品居多，如類書《初學記》、《藝文類聚》，或《北堂書鈔》、《群

〔註141〕〔唐〕房玄齡等：《晉書・溫嶠傳》，卷67，冊6，頁1786。

〔註142〕〔清〕嚴可均：《全晉文・西陽王羕》，卷17，冊4，頁181。

〔註143〕〔清〕嚴可均：《全晉文・武帝》，卷2，冊4，頁23。請參考《北堂書鈔》，卷62，注引〔唐〕房玄齡等：《晉書・侯史光傳》，冊1，頁252；該文記載於〔唐〕房玄齡等：《晉書・王祥傳》，卷33，冊4，頁988。兩者均有記載此事，但並無嚴氏所收之錄文。顯然《北堂書鈔》嚴氏有疏誤之處。〔宋〕李昉：《太平御覽》，卷206，冊2，頁1119。

書治要》等。從文字表層來看，伴有分合、融剪等狀態。將抄錄文與通行原書對照，出入之處顯而易見。如《全晉文・李重》之〈雜奏議〉，僅見於《群書治要》取自晉代王隱所撰《晉書》。嚴氏案語言：

> 《藝文類聚》四十五，又《群書治要》二十九引《晉書・百官志》，又《通典》十六，又《御覽》二百三，并引《李重集》〈雜奏議〉。案《晉書・李重傳》：「于時內官重，外官輕，兼階級繁多，重議之，見〈百官志〉。」檢今《晉書・職官志》，無此奏議，《治要》所用王隱《晉書》，即〈李重傳〉所稱見《百官志》者也。〔註144〕

《藝文類聚》、《群書治要》、《通典》、《太平御覽》等皆輯錄〈雜奏議〉一文，各書所紀，增刪不一，其中以《群書治要》、《通典》載錄最為完整。王氏《晉書》未載錄該奏議，僅指出見於《百官志》。由是，嚴氏推論《群書治要》抄錄本，蓋是王隱之《晉書・百官志》。顯而見之，各書所載一事，分合剪裁不同。又《全上古三代文・魯周公》之〈禱書〉，就其第二條錄自《史記・蒙恬傳》，與《尚書・金縢》所紀代成王禱書一事不相符合，由此足證，史書於一事之紀載，因人而異。

> 王未有識，是旦執事。有罪殃，旦受其不祥。

> （《史記・蒙恬傳》：公旦自揃其爪以沈於河云云，乃書而藏之記府。成王觀於記府，得周公旦沈書。案，即《尚書・金縢》事，《書》謂代武王，《史》謂代成王，為異。）〔註145〕

據史書記載，周公旦欲代周成王或周武王死之禱文一事，《史記・蒙恬傳》記錄該事件之始末，起於成王有疾甚重，周公欲代其死；又有一說《尚書・金縢》代武王死。《尚書注疏》考證提出：「〈金縢〉之異說有二焉，……又以武王有疾。為成王，〈魯世家〉亦與〈恬傳〉同。」〔註146〕凡遇各紀所聞之異文，並且牽涉到歷史等諸多問題，則需一併考訂。

4、鑑別篇文之載體：其所輯諸書及徵引之對象，若不能鑑別其行文語辭形式，自不能得其真確的原始資料，以古為證的標準則不能相符。如《全晉文・索遐》之〈諫張重華〉：

〔註144〕〔清〕嚴可均：《全晉文・李重》，卷53，冊4，頁556。
〔註145〕〔清〕嚴可均：《全上古三代文・魯周公》，卷3，冊1，頁38；《史記・蒙恬傳》，卷88，頁1048。
〔註146〕〔漢〕孔安國；〔唐〕孔穎達正義：《尚書正義》（上海：上海古籍出版社，2007年12月），卷12，頁493。

殿下承四聖之基，當升平之會，荷當今之任，憂率土之塗炭，躬親
萬機，開延英乂，夙夜乾乾，勉於庶政。自頃內外囂然，皆云去賊
投誠者應即撫慰，而彌日不接。國老朝賢，當虛己引納，詢訪政事，
比多經旬積朔，不留意接之。文奏入內，歷月不省，廢替見務，注
情於棋弈之間，繾綣左右小臣之娛，不存將相遠大之謀。至使親臣
不言，朝吏杜口，愚臣所以迴惶忘寢與食也。今王室如燬，百姓倒
懸，正是殿下銜膽茹辛，屬心之日。深願垂心朝政，延納直言，周
爰五美，以成六德，捐彼近習，弭塞外聲，修政聽朝，使下觀而化。」
重華覽之大悅，優文答謝，然不之改也。

（《晉書・張重華傳》：「重華自以連破勍敵，頗怠政事，希接賓客。」
司直索遐諫『云云』。重華覽之大悅。」案：「云『覽之』，必是簡牘，
非口諫也。」又見《十六國春秋》七十三）〔註147〕

張重華連破勍敵，志得意滿，怠惰政事，致使索遐上書諫言。張重華「覽之
大悅，優文答謝」，嚴氏依此一語，謂其蓋是簡牘文錄，而非口說之詞。利用
行文關鍵語來辨證篇文之可信度，顯示嚴氏不因襲舊說，不僅釐訂篇文之真
假，且能考證字句行文，表現懷疑之精神。又《全晉文・呂光》之〈平西域
還上疏〉，嚴氏對照兩書出處，據傳本《十六國春秋》末多一句，乃是敘事中
之口語，非為上疏之書文。

惟龜茲據三十六國擲鬐，制彼王侯之命。入其國城，天驥龍麟，腰
裊丹髦，萬計盈廄。雖伯益再生，衛賜復出，不能辨也。

（《御覽》八百九十五引《十六國春秋》。今《十六國春秋》末多一
句云：「所獲珍寶以萬萬計。」據《晉書・載記》則此語在敘事中，
非疏文也。）〔註148〕

據《御覽》與《十六國春秋》記載，乃是驃騎將軍呂光平定西域之疏文。就
《晉書・載記》所紀，以「所獲珍寶以萬萬計」一語，可見今本《十六國春
秋》是史傳所附益之敘事語而判其非疏文。

〔註147〕〔清〕嚴可均：《全晉文・索遐》，卷154，冊5，頁1623。又參見《晉書・
　　　　張重華傳》，卷86，冊7，頁2243～2244。
〔註148〕〔清〕嚴可均：《全晉文・呂光》，卷154，冊5，頁1625。請參見〔宋〕李
　　　　昉《太平御覽》，卷895，冊5，頁4104～4105；《十六國春秋》，卷38，冊
　　　　43，頁636；〔唐〕房玄齡等：《晉書・載記》，卷114，冊9，頁2923。

四、解經釋義

嚴氏於《全文》之案語，也可見利用考證來闡釋經文。《全上古三代文·帝顓頊》之〈丹書〉：

> 敬勝怠者強，怠勝敬者忘，義勝欲者從，欲勝義者凶，凡事不強則枉，不敬則不正，枉者滅廢，敬者萬世。
>
> （《大戴禮·武王踐阼》：召師尚夫而問焉，曰：「昔帝顓頊之道存乎？」師尚父曰：「在丹書，書之言云云。」案、昔帝，各本做「黃帝」，今從官聚珍本〈學記〉疏云。檢《大戴禮》，惟云「帝顓頊之道」，無「黃」字）〔註149〕

依據上述案語，嚴氏做了一些提示，一是〈丹書〉題名的背景，略述《大戴禮·武踐阼》記載尚父陳述先王之道的故實，武王問黃帝《丹書》。此篇各書均題為〈瑞書〉，嚴氏以此說明改為〈丹書〉之緣由；二是說明〈丹書〉篇文之背景，及依從乾隆聚珍本〈學記〉疏的記載，無「黃帝」之稱，「昔帝顓頊之道存乎」？〔註150〕就案語所闡述的內容，可視為嚴氏考訂之通例，「以本經自釋」、「他經訓釋」；或在證據不足之下，直言取材出處並載明闕疑待考之原由。其中，尤以廣蒐諸家名物釋詞之說，作為《全文》考證之資，顯其治經通《說文》之特徵。以下分別說明之：

（一）考訂文字音義

清代宗漢學，考訂文字音義之風熾然，嚴氏於《全文》編纂之前，已具見其研究文字聲韻之著作，如《說文校議》、《說文聲類》。書中有釐訂字音、考證字句、闡明經議，皆有其精闢獨到之見解。因此為其所輯之古籍資料，利用其釐訂字音的成果，以案語形式加以注記。各條疏證雖精粗不一，或有定解、或僅是舉列待考，甚至僅是表述異同等，突破前人著書方式，尤以《全文》校注最為顯明。例如《全晉文·傅玄》之《傅子·仁論》，嚴氏認為「至與志通」，後人傳鈔遇「志」或「至」皆可。

> 古之仁人，推所好以訓天下，而民莫不尚德，推所惡以誡天下，

〔註149〕〔清〕嚴可均：《全上古三代文·帝顓頊》，卷1，冊1，頁9。

〔註150〕請參見〔漢〕戴德撰；〔北周〕盧辯註：《大戴禮·武踐阼》（臺北：臺灣商務印書館影印，影印《文淵閣四庫全書》第128冊，1983年），卷6，頁460～461；〔明〕梅鼎祚：《皇霸文紀》，影印《文淵閣四庫全書》第1396冊，卷6，頁5。

而民莫不知恥。或曰：「恥者，其至（《申鑒·雜言》下作『志』，
『至』與『志』通）者乎！」曰「未也。夫至（《申鑒》作『志』）
者，自然由仁，（《申鑒》作『人』，『仁』與『人』通）何恥之有？」
……〔註151〕

嚴氏將《傅子》、《申鑒》所紀同文異字現象舉出，並考證「至」與「志」，「人」
與「仁」古字同音通用。顯而見之，就《全文》於考訂文字音義方面，嚴氏
皆止於隨條論證，無一特定之目標，故所考頗為駁雜。然引據之例夾注於錄
文中，顯然受乾嘉考據學風影響甚鉅。如考證作者之姓氏，如《全宋文·喬
道元》之〈與天公箋〉，嚴氏依據《緯略》與《藝文類聚》所載作者姓氏不同，
而考證之。嚴氏在篇名案語首云：「喬一作晁，一作吞。案：『吞，他前切，
姓氏書有吞景雲。』」〔註152〕就此舉出，單就喬道元之姓，有音「晁」與「吞」
之異說。又言：

> 高似孫《緯略》作〈吞道元與吞公箋〉。《藝文類聚》三十五作喬道
> 元，文少二十字。〔註153〕

《全宋文》著錄「喬道元」，《藝文類聚》為「晁道元」。然筆者反就前人所著
錄該篇之作者姓氏，有「晁」姓，如《宋文紀》；有「吳」姓，如《四庫全書》
收入《緯略》；「吞」姓又另一異說作「查」，如《弇州四部稿》。顯然嚴氏於
此一條目之字，考訂上有些疏忽，以下舉《宋文紀》的說法：

> 晁道元（一作晉人）

又篇名〈與吞公賤〉：

> 吞，他前切，姓族書有吞景雲。

對此可證，「吞，他前切」為「天」音，實源於《宋文紀》著錄〈與天公箋〉
為〈與吞天賤〉。另就《四庫全書》收錄《緯略》作「吳道元」，嚴氏為何作
「吞」姓卻未能說明。顯見，嚴氏於音義的考訂，及舉證而不判斷，雖因襲
前說，卻未進一步確認，致使易為後人誤解。〔註154〕

〔註151〕〔清〕嚴可均：《全晉文·傅玄》，卷47，冊4，頁488；〔漢〕恂悅；〔明〕
　　　　黃省曾：《申鑒》（臺北：臺灣商務印書館，影印《文淵閣四庫全書》第696
　　　　冊，1983年），卷5，頁463。
〔註152〕〔清〕嚴可均：《宋文·喬道元》，卷57，冊6，頁547。
〔註153〕〔清〕嚴可均：《全宋文·喬道元》，卷57，冊6，頁547。
〔註154〕請參見《藝文類聚》，卷35，冊2，頁630；〔宋〕高似孫：《緯略》（臺北：
　　　　臺灣商務印書館，影印《文淵閣四庫全書》第852冊，1983年），卷2，頁
　　　　274；〔明〕梅鼎祚：《宋文紀》，影印《文淵閣四庫全書》第1398冊，卷18，

（二）考名物

曾聖益說：「若將輯佚之事擴而論之，則清人之輯存碑帖文字、石刻墓銘，亦為輯佚之事業。蓋前者所輯之內容，雖以典籍為主，卻未必僅止於典籍文字，且諸家所輯之書，亦未必原有其書也。而碑帖墓銘……」〔註155〕曾先生指出，碑帖墓銘之文或收錄於個人文集，或散佚於草莽間，若能收載編纂成集，其有功於古人考訂古學古事。由此，若論佚書佚文之考訂，碑帖文字、金石文物，雖盛行於晚清，就其文物出處的取用，嚴氏可說是開以考證名物研究史傳之先河。其首要之務，乃先將引述前人之說、或反駁之，或疑似待考，大概皆是以實事求是的精神，擇善而從之。如《先唐文・王樂道》之〈與穆四書〉，嚴氏案語乃針對「借書盛酒瓶」一語，百思不解，提出取材出處是否有疑誤。

〈出師頌〉妙絕古語。借書一瓶、還書一瓶。

（梅鼎祚《梁文紀》引《唐韻》：「古之借書盛酒瓶，名曰瓻。」王樂道〈與穆四書〉云云。案《唐韻》今無傳本。《廣韻・六脂》瓻字注云：「酒器，大者一石，小者五斗。」古之借書盛酒瓻不引王樂道書，或梅氏尚見《唐韻》也。）〔註156〕

據上文引自梅鼎祚《梁文紀》，就「瓻」字解為酒器而反照於該文，似乎於理不合。就此，嚴氏認為《唐韻》一書後雖已佚，梅氏尚可見之。也因為「瓻」字之不明，古人借書言「瓻」，不引此語，是有其未解之因。

（三）考民俗文化

民俗與經義，尤其是禮制的關係，本就緊密且具有很大關聯性。如《禮記・曲禮上》：「禮從宜，使從俗。」〔註157〕又云「入竟而問禁，入國而問俗，入門而問諱。」〔註158〕嚴氏《全文》考訂辨證民俗文化，常見以圖書文獻作為舉證方式，解說其相關事物，不參雜己意以臆測。由此，特將嚴氏考訂後

頁 858；〔明〕王世貞：《弇州四部稿》（臺北：臺灣商務印書館，影印《文淵閣四庫全書》第 1281 冊，1983 年），卷 151，頁 438。

〔註155〕曾聖益：〈乾嘉時期之輯佚書與輯佚學淺論〉，蔣秋華主編《乾嘉學者的治經方法》，冊上，頁 217。

〔註156〕〔清〕嚴可均：《先唐文・王樂道》，卷 1，冊 9，頁 692；〔明〕梅鼎祚：《梁文紀》，影印《文淵閣四庫全書》第 1299 冊，卷 14，頁 581。

〔註157〕〔清〕孫希旦：《禮記集解・曲禮上》（臺北：文史哲出版社，1990 年 8 月），卷 1，冊上，頁 6。

〔註158〕〔清〕汪由敦、鄂爾泰：《日講禮記解義》（臺北：臺灣商務印書館，影印《文淵閣四庫全書》第 123 冊，1983 年），卷 3，頁 43。

之成果舉列出來，藉以了解讎校古書也須著重名物制度，辨別義理，不能僅就字面表層文義，來判別彼此差異。

1、禮俗文化：舉凡禮的範圍涵蓋典章、名物、制度，天子以下之婚喪喜慶朝聘等禮儀：「《經禮》者，常行之禮，如《儀禮・冠禮》、〈昏禮〉之類，其目有三百也。〈曲禮〉者，儀文之委曲，如〈冠禮〉有三加，〈昏禮〉有六禮之類，其目有三千也。」〔註159〕其中就以《全梁文・徐摛》之〈婦見舅姑議〉為例，探究《全文》婚禮之文化。基此觀點，看出禮俗文化仍受到儒家《春秋》經之影響甚深：

> 《儀禮》云：「質明贊見婦於舅姑。」〈雜記又云：「婦見舅姑，兄弟
> 姊妹皆立於堂下」政言婦是外宗，未審嫺令，所以舅延外客，姑率
> 內賓，堂下。」之儀，以備盛禮。近代婦於舅姑本有戚屬，不相瞻
> 看。夫人乃妃姪女，有異他姻，覿見之儀，謂應可略。
>
> （《梁書・徐摛傳》：「臨城公納夫人王氏，晉、宋以來，婦見舅姑，
> 眾賓皆列觀，摛曰云云。太宗從其議。」）〔註160〕

據上文，主要討論「覿見之儀」，嚴氏引述《春秋義》，以及記載事件原委、目的。解釋「晉、宋以來，婦見舅姑，眾賓皆列觀」〔註161〕之禮俗。

2、禮制：所謂禮「所以定親疏，決嫌疑，別同異，明是非也」。〔註162〕禮制核心，主在敬天法理。舉祭禮為例，〔元〕吳澄（1249～1333）云：「禱祠者，因事之祭；祭祀者，常事之祭。皆有牲幣以供給鬼神，必依於禮，然後其心誠實，其容莊肅。」〔註163〕凡論祭天、宗廟、郊祀等告祭之禮，以依禮為先，自能心誠莊嚴。如《全梁文・陸瑋》之〈郊祀一獻議〉：

> 宗祧三獻，義兼臣下，上天之禮，主在帝王，約理申義，一獻為
> 允。（《隋書・禮儀志一》：「七年，帝以一獻為質，三獻則文，事天
> 之道，理不應然，詔下詳議。博士陸瑋、明山賓，禮官司馬褧，以
> 為云云。」自是天地之祭皆一獻。〔註164〕

〔註159〕〔清〕孫希旦：《禮記集解・禮器》，卷24，冊上，頁651～652。
〔註160〕〔清〕嚴可均：《全梁文・徐摛》，卷50，冊7，頁504。
〔註161〕《梁書・徐摛傳》，卷30，冊2，頁447～448。
〔註162〕〔清〕孫希旦：《禮記集解・曲禮》，卷1，冊上，頁6。
〔註163〕〔元〕吳澄撰：《禮記纂言》（臺北：臺灣商務印書館，影印《文淵閣四庫全書》第121冊，1983年），卷1上，頁9。
〔註164〕〔清〕嚴可均：《全梁文・陸瑋》，卷58，冊7，頁591。請參見〔唐〕魏徵、令狐德棻：《隋書・禮儀志》，卷6，冊1，頁110。

據悉，此議當在天監七年（508），討論祭天禮制「一獻」，是否得當？嚴氏以古來自是「天地之祭皆一獻」為由，下此注解。嚴氏有關典章制度、民俗文化之考訂，雖有失簡略，然就其祭禮、服制、禱文等，收錄頗為詳盡，亦可供後人參考研究。

（四）考史事地理

嚴氏《全文》案語內容，頗徵引史傳。收錄之篇文，不僅考史並兼及地名，尤特重六朝時期。若收錄該篇以地志方書為條目時，且將原初發現金石碑刻地點一併辨析。然因該類內容不多，茲舉出一二，藉此了解嚴氏考證內容之多元化。如《全梁文・釋慧遠》之〈萬佛影銘〉，嚴云：「佛影今在西那伽訶羅國南山古仙室中，度流沙，從徑道，去此一萬五千八百五十里。感世之應，詳于前記也。」〔註165〕據此說明，佛影所在地理位置，對篇文內容有初步認識。至於當時地名與現今之差別，則需進一步考證。亦如《全齊文・高帝》之〈詔答河南王拾寅〉，嚴案：「《南齊書・河南氐羌傳》。案：『河南即吐谷渾。』」〔註166〕當時北齊之河南即唐代吐谷渾所居地。又如考其地名之來由，《全宋文・孝武帝》之〈天闕詔〉，從該篇述及「天門」一詞，考其地名。

> 梁山天表象魏，以旌圖形，仍以二山為立闕，故曰天門。
>
> （《御覽》四十六《輿地志》：「博望、梁山，東西隔江，相對如們，
>
> 相去數里，謂之天門。」引宋孝武詔。）〔註167〕

據《御覽・博望山》記載，該文摘錄於〈宋孝武詔〉。所謂天門，是從兩山的地形外觀形容。兩山隔江相對，綿延數里長，一曰博望、一曰梁山，《宣城圖經》、《郡國志》均有記載。此外，收載碑刻文時，同時附加考辨出土文地，如《全宋文・爨道慶》之〈宋故龍驤將軍護鎮蠻校尉寧州刺史邛都縣侯爨使君之碑〉，嚴案：「碑拓本。案：『碑在雲南陸涼州，有碑陰三列，皆人名，不

〔註165〕〔清〕嚴可均：《全晉文・釋慧遠》，卷162，冊5，頁1706。

〔註166〕〔清〕嚴可均：《全齊文・高帝》，卷1，冊6，頁625；《南齊書・河南氐羌傳》，卷59，冊3，頁1025～1026。「河南即吐谷渾」，此為嚴氏之定解，據《南齊書・河南氐羌傳》記載始末：「河南，匈奴種也。漢建武中，匈奴奴婢亡匿在涼州界，雜種數千人，虜名奴婢為貲，一謂之『貲虜』。鮮卑慕容廆庶兄吐谷渾為氏王。」

〔註167〕〔清〕嚴可均：《全宋文・孝武帝》，卷6，冊6，頁74；〔宋〕李昉：《太平御覽》，卷46，冊1，頁350。

錄。』」〔註168〕該文錄自碑拓本，碑刻採自於雲南陸涼州。查《大清一統志》之〈紅江水〉，確有雲南陸涼州之地，顯見嚴氏廣蒐採輯資料，補述說明皆字字有來歷。〔註169〕

五、匡正前人之非

考證反駁前人之疏失，於《全文》收錄將近兩萬篇之數，比例甚少並不多見。尤以指陳梅氏《文紀》、張氏《百三家集》為多，茲舉出一二，以為後人參考。

（一）前人輯錄重出現象

《全梁文・武帝》之〈立學詔〉，嚴氏直指《百三家集》有重出現象。

　　建國君民，立教為首。不學將落，嘉植靡由。（〈儒林傳序〉作「砥身礪行，由乎經術。」）朕肇基明命，光宅區宇，雖耕耘雅業，傍闚藝文，而成器未廣，志本猶闕，非所以鎔範貴遊，納諸軌度。思欲式敦讓齒，自家刑國。今聲訓所漸，戎夏同風，宜大啟庠斅，博延胄子，務彼十倫，弘此三德，使陶鈞遠被，微言載表。

　　（《梁書・武帝紀》中，又見〈儒林傳序〉，僅異二語。張溥本重出。）〔註170〕

嚴氏據《梁書》的記載，對勘兩處僅有二語「不學將落，嘉植靡由」、「砥身礪行，由乎經術」差異，就斷然判定張溥本《百三家集》犯了重出之誤。顯然，嚴氏僅參酌《梁文紀》的收文，考證失察；事實上，張溥本分別載錄為兩篇，〈建學詔〉及〈又弘經術詔〉。

（二）糾正前人誤編

《全梁文・簡文帝》之〈秋興賦〉與〈臨秋賦〉兩首，嚴氏指出《藝文

〔註168〕〔清〕嚴可均：《全宋文・爨道慶》，卷54，冊6，頁508。

〔註169〕〔清〕和珅編：《大清一統志》（臺北：臺灣商務印書館，影印《文淵閣四庫全書》第482冊，1983年），卷360，頁412。

〔註170〕〔清〕嚴可均：《全梁文・武帝》，卷2，冊7，頁21。請參見《梁書・武帝紀》，卷2，冊1，頁46；與〈儒林傳序〉，卷48，冊3，頁661～662；又參見〔明〕梅鼎祚：〈大啟庠斅詔〉，《梁文紀》，影印《文淵閣四庫全書》第1399冊，卷1，頁246；〔明〕張溥：〈建學詔〉，《漢魏六朝百三家集》，影印《文淵閣四庫全書》第1414冊，卷80，頁419；又〈又弘經術詔〉，《漢魏六朝百三家集》，影印《文淵閣四庫全書》第1414冊，卷80，頁420。

類聚》皆題名為梁簡文帝（503～551）。《百三家集》皆編入於《梁元帝集》，張溥誤將簡文帝的作品編入《梁元帝集》。其在〈秋興賦〉之案語說：

> 《藝文類聚》三，案：「此賦與〈臨秋賦〉，張溥編入《元帝集》，誤。」〔註171〕

又《全梁文‧元帝》之〈春賦〉進一步談及編入《簡文帝集》的原因：

> 案：「張溥本有〈秋興賦〉、〈臨秋賦〉，今據《藝文類聚》編入《簡文帝集》。」〔註172〕

嚴氏以《藝文類聚》為底本，顯然是以貴古輕今的角度視之。如《全梁文‧昭明太子統》之〈謝敕賚水犀如意啟〉，嚴氏說：

> 案：「張溥本有〈謝敕賚廣州甌等啟〉、〈謝敕賚銅造善覺寺塔鑪盤啟〉、〈謝敕賚河南菜啟〉、〈謝敕賚大菘啟〉、〈謝敕賚魏國所獻錦等啟〉、〈謝敕賚邊城橘啟〉，《藝文類聚》以為梁皇太子作，今據編入《昭明集》。」〔註173〕

據上述引言，張溥《百三家集》皆以為梁簡文帝的作品，嚴氏采用《藝文類聚》為準，辨別張溥本將作品錯置作者之誤。這種情況，尤以六朝文集為多。可見，應用類書作為輯佚之取材原始資料，大致是可成立的觀點。

六、結語

總而言之，嚴氏在蒐錄證據稍嫌不足時，常歷引諸書以補其論述。即是以他書所徵引於同一事物，作為佐證。如《全晉文‧闕名》之〈周闓墓磚文〉，嚴氏引其他資料的記載，來證此墓磚之來源有其可確性。

> 晉升平四年三月四日，太學博士陳留邦雍丘縣周墟里周闓字道舒，妻活，晉潯陽太守譙國龍堈縣柏逸字茂長小女。父晉安成太守鷹揚男諱蟠，字永時。
>
> （《澗泉日記》下：「法華人發古冢得磚，皆有刻字。」又《岩下放言》：「法華山發古冢，得一刻碑。」）〔註174〕

〔註171〕〔清〕嚴可均：《全梁文‧簡文帝》，卷8，冊7，頁85～86；請參見〈秋興賦〉、〈臨秋賦〉，《漢魏六朝百三家集‧元帝集》，影印《文淵閣四庫全書》第1414冊，卷84，頁647；〈秋興賦〉、〈臨秋賦〉，〔唐〕歐陽詢；汪紹楹校：《藝文類聚》，卷3，冊1，頁52～53。

〔註172〕〔清〕嚴可均：《全梁文‧元帝》，卷15，冊7，頁157。

〔註173〕〔清〕嚴可均：《全梁文‧昭明太子統》，卷19，冊7，頁205。

〔註174〕〔清〕嚴可均：《全晉文‧闕名》，卷146，冊5，頁1532。

依據上文，該篇於宋代《澗泉日記》、《岩下放言》及明代《說郛》均有收錄，三書的記載均比《全文》更具全貌，不知為何嚴氏僅摘錄部份。

> 法華人發古冢，皆有刻字，曰：「晉升平四年三月四日，太學博士陳留邦雍丘縣周墟里周闡字道舒，妻活，晉潯陽太守譙國龍堈縣柏逸字茂長小女。父晉安成太守鷹揚男諱蟠，字永時，皆鐫成文。」〔註175〕

據此可看出，一是嚴氏以古為證為著錄原則，二是以旁證互證之法，補述其資料之可靠性，三是所輯資料，雖直述其考訂論據，然利用了間接資料，並說明其文物來源。雖不以考證語例行文，然仍可視為考證之論述。其中尤講究版本，以古為證，以互證法作為引論依據，就此可看出嚴氏之博學洽聞。

（一）講究版本，以古為證

《全晉文‧鄧處中》之〈華氏中藏經序〉，嚴云：「《華氏中藏經》吳勉學刊本。案：『甲寅，元康四年也。此序疑道家依託。』」〔註176〕依據《隋書經籍志考證》言，該書有一卷本、三卷本、八卷本，其中尤以吳勉學刊本較為全備。〔註177〕因此可知，嚴氏為何講究版本？甚至註明該文之版本出處，主以齊全為目的。又如《全陳文‧徐陵》之〈梁貞陽侯重與王太尉書〉，《文苑英華》、《陳文紀》、《百三家集》均有收錄。就其錄文形式，嚴氏即以《文苑英華》為底本。其案語云：

> 《文苑英華》六百七十七，又見六百八十二。今注後篇異同為一作。〔註178〕

〔註175〕〔宋〕韓淲：《澗泉日記》（臺北：臺灣商務印書館，影印《文淵閣四庫全書》第 864 冊，1983 年），卷下，頁 769；〔宋〕葉夢得著：《巖下放言》（臺北：臺灣商務印書館，影印《文淵閣四庫全書》第 863 冊，1983 年），卷上，冊 863，頁 727；〔明〕陶宗儀：《說郛》（臺北：臺灣商務印書館，影印《文淵閣四庫全書》第 877 冊，1983 年），卷 20 上，頁 162。

〔註176〕〔清〕嚴可均：《全晉文‧鄧處中》，卷 167，冊 5，頁 1759。

〔註177〕〔清〕姚振宗：《隋書經籍志考證‧子部》，《續修四庫全書》第 915 冊，卷 37，頁 602。

〔註178〕〔清〕嚴可均：《全陳文‧徐陵》，卷 8，冊 8，頁 81。請參見《文苑英華》，卷 677，冊下，頁 1589～1590；又卷 682，冊下，頁 1604，題：「〈重與王僧辯書〉足見六百七十七卷。」後注「此篇六百八十二卷重出，今削去注，異同為一作」；〔明〕梅鼎祚：《陳文紀》，影印《文淵閣四庫全書》第 1399 冊，卷 4，頁 661～663；〔明〕張溥：《漢魏六朝百三家集》，影印《文淵閣四庫全書》第 1415 冊，卷 103 上，頁 500～501。

就《陳文紀》後注校文，與《文苑英華》兩相勘照，當以《陳文紀》校語為多。然嚴氏仍以《文苑英華》抄錄文本為準，包括其隨注夾校。如《全晉文·劉泓》之〈冬夏至寢鼓兵議〉，嚴氏在輯錄過程中，仍考究版本之間的差異，而依從現今傳本。

> 寢鼓不出經傳，或以漢興。日蝕陰盛，擊鼓助陽，不應寢鼓也。(《通典》七十八。明刻本作劉弘，今從官本。)〔註179〕

所謂官本，即當代官刻刊印之內府本，經由館臣校勘校注，儼然是精審周全之善本。對此，凡稽考各種舊籍，當繫於完備者為先務。

(二) 以互證為證

嚴氏在考訂史事，尤其述及事物本身之始末原委時，經常列舉相關資料作為佐證，顯示清代博證之學風，孤證不立之實學精神。如《全晉文·王彪之》之〈省官并職議〉，嚴氏案語：「此因桓溫陳便宜七事，因上議云云。以《御覽》二百三及〈桓溫傳〉互證自明。」〔註180〕該篇議文起因於桓溫（312～373）條陳內政改革七事，其中一條為「戶口凋寡，不當漢之一郡，宜并官省職。」〔註181〕另舉《太平御覽》同載此事，兩者互勘，足以證明王彪之（305～377）「并官省職」上疏附議一說，其資料的可靠性。另則，行「旁證證之」法，來確認該文之真確無偽。如《全梁文·武帝》之〈荅蕭穎胄書〉，嚴氏列舉各史傳之收載，兼及比較張溥本，斷言該篇作者為江革。

> 今坐甲十萬，糧用自竭，況所藉義心，一時驍銳，事事相接，猶恐疑怠；若頓兵十旬，必生悔吝。童兒立異，便大事不成。今太白出西方，仗義而動，天時人謀，有何不利？處分已定，安可中息？昔武王伐紂，行逆太歲，復須待年月乎？
>
> (《梁書·武帝紀上》。案：「張溥本有武帝〈手書喻袁昂〉一篇，見《梁書·袁昂傳》」，又見《南史》二十六。今據〈江革傳編入

〔註179〕〔清〕嚴可均：《全晉文·劉泓》，卷132，冊5，頁1361；〔唐〕杜佑：《通典》，卷78，冊2，頁422。《通典》原文：「寢鼓不出經傳，或以漢興。日蝕陰盛，擊鼓助陽，則冬至助陽，不應寢鼓也。」顯然《全文》有脫句「則冬至助陽」。

〔註180〕〔清〕嚴可均：《全晉文·王彪之》，卷21，冊4，頁227；參見〔唐〕房玄齡等：《晉書·王彪之傳》，卷76，冊7，頁2008～2009；〔宋〕李昉：《太平御覽》，卷203，冊2，頁1108。

〔註181〕〔唐〕房玄齡等：《晉書·桓溫傳》，卷98，冊8，頁2574。

　　江革文。）〔註182〕

據此錄文，均被收載於《南史》、《梁書》、《南齊書》等書之〈武帝紀〉。然古來帝王詔檄等文，大抵皆由當朝文官所代撰，於考訂作者勢必須面臨此一難題。嚴氏就《南史‧江革傳》記載，梁武帝曾派使江革手書給袁昂（461～540），閱覽該文並讚嘆典雅深厚。由此，判定武帝詔書乃由江革代筆。又借助《梁書‧袁昂傳》旁證法，間接證其真偽。又如《全晉文‧闕名》之〈符問國子博士妻已亡為妻父母服〉，嚴氏據資料出處，將原委摘錄作為佐證，間接考其服喪之禮制。嚴氏案語說：

　　《通典》九十五：永和中，司徒符問太常云：「若妻已沒，猶應服其

　　父母不？」太常杜潛答：「不以存亡為異也。」司徒又問國子博士。

　　〔註183〕

從司徒符問太常而開展，妻亡是否應服其妻父母之喪？太常杜潛「不以存亡為異」回答，表明妻亡夫服其妻父母乃為當時禮俗文化。

〔註182〕〔清〕嚴可均：《全梁文‧武帝》，卷6，冊7，頁63；又參見〔唐〕姚思廉：《梁書‧武帝紀上》，卷1，冊1，頁5；〔唐〕李延壽：《南史‧袁昂傳》，卷26，冊3，頁711。

〔註183〕〔清〕嚴可均：《全晉文‧闕名》，卷145，冊5，頁1519；此參見《通典‧禮》，卷95，冊2，頁512。

第七章　《全文》之纂輯及特色

　　《全文》以通代之姿貫穿唐以前文學之總集，它的價值不僅體現在豐碩的收載，還體現在當代的治學精神、學術宗旨、及治學方法。尤以後者開啟了清人學術門徑，對後世極具影響力。因此，筆者嘗試以這三個面向加以討論，釐清《全文》纂輯方法，以何為前提？如何訴諸於考據，論述其優劣？

第一節　《全文》纂輯及其考據方法

　　輯佚古書，誠非易事，兼收並取，或者是嚴為去取，於輯佚書之功用則有增減，不一而足。袁枚（1716～1797）曾說：

> 凡書有資著作者，有備參考者。備參考者，數萬卷而未足，資著作者，數千卷而有餘。何也？著作者熔書以就己，書多則雜；參考者勞己以徇書，書少則漏。著作者如大匠造屋，常精思於明堂奧區之結構，而木屑竹頭非所計也；考據者如計吏持籌，必取證于質劑契約之紛繁，而主撮毫釐所必爭也。二者皆非易易。〔註1〕

典籍之功用分二，一資於參考性質，此乃針對著作者而言之；二是考酌於考據者精勤與否，苦於勞詢，以供徵考。若是書少則易於寡漏，所以「主撮毫釐所必爭也」。基於此，針對佚文之纂輯或者去取，皆須有其適切的方法，才能提升該輯佚書之功用。所謂方法，可區分為纂輯、考據兩面，彼此相輔相成，不可偏失於一方。

〔註 1〕〔清〕袁枚：〈散書後記〉，《小倉山房續文集》（南京：江蘇古籍出版社，收入《袁枚全集》第 2 冊，1997 年 7 月），卷 29，頁 505。

一、纂輯方法概說

　　古書經過時間的摧殘、政治的禁毀、兵燹、天災的毀損、文字的變遷、簡冊的舛亂、以及師說的異同等等諸因，造成訛、脫、衍、倒等四種狀況，莫可究詰。孫詒讓（1848～1908）曾對此指出古籍致誤之因：

> 竹帛梨棗，鈔刊屢易，則有三代文字之通假，有秦漢篆隸之變遷，有魏晉正草之輥淆，有六朝、唐人俗書之流失，有宋、元、明校槧之羼改，遠徑百出，多岐亡羊，非覃思精勘，深究本原，未易得其正也。〔註2〕

就此可知，古書訛誤衍脫等致誤之因，錯綜複雜。所以在整理與研究之前，必以糾正錯誤、探究本原，精思校勘為先行步驟。由是，《全文》纂輯方法之開跑以校勘為要，其次目錄、版本，以及綜羅文獻、廣納史書之徵引。以下略舉說明：

（一）運用校勘學，分析異同

　　古人徵引圖書，態度有嚴謹疏略之分，如楊慎《升菴集》記載古人引書之法：

> 凡傳中引古典，必曰「《書》云」、「《詩》云」者，正也。《左傳》中最多。又有變例，如「子產答子皮云：『子於鄭國，棟也。棟折榱崩，僑將壓焉。』」此乃引《周易》「棟橈兇」之義，而不明言《易》。魯穆叔論伯有不敬曰：「濟澤之阿，行潦之蘋藻，寘諸宗室，季蘭尸之，敬也。」此乃引「有齊季女」全詩之義，而不明言《詩》，蓋一法也。……〔註3〕

據楊氏所見，古人引書，有正例、變例；正例即按原典書文，忠實徵引，無所刪節、改易。然變例之體有三，一是省字；二是轉引其義，不注出處；三是引申書文之義，並兼引書文。進言之，嚴氏在輯錄《全文》，為求資料徵引的真確，且須兼顧全書體例，對於甄錄之篇文，必須先行校勘梳理。對此該說，可參見〈典論敘〉，其說：

> 《隋志·儒家》：「《典論》五卷，魏文帝撰」。舊、新《唐志》同；〈本

〔註2〕〔清〕孫詒讓；梁運華點校：〈自序〉，《札迻》（北京：中華書局，2006年12月），頁4。

〔註3〕〔明〕楊慎：〈古文引用〉，《升菴集》（臺北：臺灣商務印書館，影印《文淵閣四庫全書》第1270冊，1983年），卷52，頁445～446。

紀：「帝好文學，以著述為務，所勒成垂百篇。」五卷未必有百篇，
疑兼文集所論說計之。明帝時刊石，詳《搜神記》。又〈齊王芳紀〉
注「臣松之昔從征，西至洛陽，見《典論》石在太學者尚存。」《御
覽》五百八十九引戴延之《西征記》：「《典論》六碑，今四存二敗。」
《隋志・小學類》有〈一字石經典論〉一卷。唐時石本亡，至宋而
寫本亦亡，世所習見，僅〈本紀〉注之帝〈自敘〉及《文選》之〈論
文〉而已。亡友瀋陽孫馮翼字鳳卿，嘗有輯本，罣漏甚多。又如采
《北堂書鈔》十五之〈洽和萬國〉，以《典略》為《典論》，若斯之
類，概宜覈正。今蒐輯群書，寫出數十百事，合併複重，補改闕誤，
定著一卷。其次第依《意林》，而遺文散句無所繫屬者列于後，繕寫
而為之〈敘錄〉。〔註4〕

嚴氏在輯校《典論》時，以檢視各書志之記載為先務，及查核卷數，並輔以
石經、雜史《西征記》；其次，采用類書《北堂書鈔》校勘現今傳本；之後，
進而蒐輯群書，錄載數百事之異文，補改闕誤，希冀作到遺文散句無所漏失。
顯見，校補闕誤，當為首要之務。覆查各書加以徵引，過程中可發現一文分
別被載錄在不同典籍，文字內容出現繁簡不一的情形。如《全晉文・傅玄》
之作者部分，嚴氏據前人收載，出現同文異稱之條文，經此校定並加以增補，
將其編入該集中：

案張溥本有〈諸官病奏〉一篇，出《通典》十九，驗即〈陳要務疏〉
之第一段，不煩重出。張本又有〈馬鈞序〉及〈白帢婦人服〉，皆傅
子文，今別輯《傅子》四卷，附後。〔註5〕

依上文所言，嚴氏考定前人錄文之重出，如張溥〈諸官病奏〉一篇出自《通
典》，為傅玄（217～278）〈陳要務疏〉第一段文，故不重覆收錄；二是增收
〈馬鈞序〉及〈白帢婦人服〉兩篇，附於《傅子》之後，補其漏遺。

（二）徵引目錄，考其流變

自《漢書・藝文志》將歷代流傳古籍，整理編目成冊。之後，清人則利
用公私藏書書目、類書及各種史傳材料，將簡陋不全、斷簡殘缺之書冊，加
以考證補齊。誠如王鳴盛（1722～1797）說：「目錄之學，學中第一緊要事，
必從此問塗，方能得其門而入，然此事非苦學精究，質之良師，未易明也。」

〔註4〕〔清〕嚴可均：〈典論敘〉，《嚴可均集・文類四》，卷6，頁186。
〔註5〕〔清〕嚴可均：《全晉文・傅玄》，卷45，冊4，頁455。

〔註6〕清人為學之根柢首以目錄入手為要，加上苦學精進、以及良師之指引，方能得其門而入寶山。洪亮吉（1746～1809）認為未通目錄版本之學，就不能在學術上有所成就。其云：

> 書家有數等：得一書必推求本原，是正缺失，是謂考訂家，如錢少詹大昕、戴吉士震諸人是也。次則辨其版片，注其錯訛，是謂校讎家，如盧學士文弨、翁閣學方綱諸人是也。次則搜采異本，上則補石室金匱之遺亡，下可備通人博士之瀏覽，是謂收藏家，如鄞縣范氏之天一閣、錢塘吳氏之瓶花齋、昆山徐氏之傳是樓諸家是也。次則第求精本，獨嗜宋刻，作者之旨意縱未盡窺，而刻書之年月最為深悉，是謂賞鑑家，如吳門黃主事丕烈、烏鎮鮑處士廷博諸人是也。又次則於舊家中落者，賤售其所藏，富室嗜書者，要求其善價，眼別真實，心知古今，閩本蜀本，一不得欺，宋槧、元槧見而即識，是謂掠販家，如吳門之錢景開、陶五柳、湖州之施漢英諸書估是也。〔註7〕

洪氏之說，具體提及目錄學於輯佚之貢獻，一是推究一書之源流；二是采收異本，可補歷代典籍遺亡之憾；且能廣聚群籍，以資其博觀。依此，舉凡治學者，無不藉目錄著載，進而求取善本、校讎異同及辨章源流，達到博覽群籍之目的。就《全文》纂輯方法來看，頻用歷代書目，使之辨別佚文出處，並同參古書卷數、訂校文字異同，以查核原典資料為著眼處。例如唐以前舊籍，僅見單行別集有六家，阮籍、嵇康、陸雲、陶潛、鮑照、江淹等。其餘二十七家皆從明人刻本纂輯，罣漏甚多，已非舊籍原貌了。然纂輯出處，則首當以各代目錄著載為參酌之要點。如〈司馬長卿集敘〉言：

> 《可馬長卿集》，《隋志》、《唐志》皆二卷。今世所見有明汪士賢、呂兆禧二本，蓋從《史記》、《漢書》、《文選》、《古文苑》新輯者。又有張溥本增多〈答盛擘問〉、〈報卓文君書〉，餘同汪、呂。按，《長卿集》魏晉時早有散亡，隋、唐之二卷當是六朝重輯，其多出於今本者僅僅耳，何以明之？《漢志》：「《長卿賦》二十九篇。今存〈子虛〉、〈上林〉、〈哀秦二世〉、〈大人〉、〈長門〉、〈美人〉六賦。遍索

〔註6〕〔清〕王鳴盛；黃曙輝點校：〈史記集解〉，《十七史商榷》（上海：上海書店，2005 年 12 月），卷 1，頁 1。

〔註7〕〔清〕洪亮吉：《江北詩話》（北京：中華書局，收入《洪亮吉集》第 5 冊，2011 年 4 月），卷 3，頁 2271。

群書，惟得〈魏都賦〉張載注引〈梨賦〉一句。《北堂書鈔》引〈魚
葅賦〉有題無文，餘二十一賦莫考。其諸體軼篇遺句絕無引見者，
足證隋唐本非魏晉以前舊籍。如謂不然，二十九賦加雜文并〈遺平
陵侯書〉、〈與五公子相難〉〈草木書〉不當四、五卷乎？今彙聚群書
所載，重加編次，仍為二卷。《凡將篇》專行，久亡，僅存五事，亦
附集末。校讎牾定，而為之〈敘錄〉。〔註8〕

該文指出，嚴氏利用歷代書志著錄，觀其流通脈絡。由是，得知《司馬長卿
集》在隋、唐記載的二卷本，已非原舊籍了。該書在魏晉時早已亡佚，現今
傳本乃為明人輯本。此外，查核《漢志》，《長卿賦》本有二十九篇，於今僅
見六賦。單就篇數言，落差甚大。對此，僅能循察各籍所載相關舊文，校讎
牾定，重而編次，定為二卷。亦如《鶡子》為典型的利用歷代書志記載，核
其卷數差異；進而觀察各目錄的分類歸納現象，見其學術源流。尤其《漢志》、
《新唐書》等書志，將其納入道家類，據此嚴氏認定該書疑似後人依託。

（三）考訂版刻，審其優劣

從事研究時，面對繁雜的圖書，輒有各項問題，如前人著作各有若干傳
本？又或者以何者為善？讀書校書宜求精善之本，故所言近實，訛謬較少。
一般來說，古本舊版的史料價值比近世傳鈔之大眾本要高出許多。張之洞對
此也曾言：「讀書不知要領，勞而無功；知某書宜讀而不得精校精注本，事倍
功半。」〔註9〕此外，孫德謙論及善本對讀書之重要性：「讀書貴得善本，若
讀書而不得其善者，所讀之書，倘以為善本，則所失匪淺，將有誤讀而誤解，
為人嗤鄙者矣。」〔註10〕唐以前無所謂版刻，未見有各種異本的著錄；直至
五代以後，雕版印刷興起，頻見一書多刻，至此書目兼言版本。於是，辨識
古籍之優劣完闕，將可藉此而探悉。誠如劉師兆祐先生所言：

目錄之功用有：一是明治學之途徑；二是考典籍之存佚；三是辨古
籍之真偽；四是考典籍之篇卷；五是審一書之性質；六是知佚籍之
梗概；七是知典籍之版刻；八是考學術之源流。此八項中，多與版
本學之知識有關，因此治目錄學者，為能實踐目錄學之功用，不能

〔註8〕〔清〕嚴可均：〈司馬長卿集敘〉，《嚴可均集・文類四》，卷6，頁213～214。
〔註9〕〔清〕張之洞，范希增補；徐揚杰訂：〈書目答問略例〉，《書目答問補訂》（武
漢：湖北人民出版社，2011年5月），頁1。
〔註10〕孫德謙；黃曙輝整理：《古書讀法略例》（桂林：廣西師範大學出版社，2006
年3月），頁152。

不具備版本學之知識。〔註11〕

該文雖以目錄學角度來看待版本學之功用，然治學途徑當以版本來奠立基礎，是無庸置疑。因之，圖書是否殘闕，勢必講究版本；又一書是否有異文訛誤，也須從歷代版刻傳本來檢視。由是觀之，清代校勘學家多特重版本之學，且廣備眾本，精擇善本為底本，作為校書的首要條件。嚴氏在蒐羅資料時，也必定關注每種書籍之流傳經過，包括寫本、抄本、刻本、活字本等，以及研究每一傳本之初寫、初刻、傳鈔、傳刻、修補、遞藏情況。可惜今人在研究《全文》所收載錄文之版本，是否優劣，均未能進一步說明。所以在校勘古籍時，並不以《全文》為一個重要參考本，因此出現一些原可避免之錯誤。如中華書局在點校《魏書》時，未能參校《全後魏文》因而暴露一些問題。〔註12〕乾隆五十九年（1793）嚴氏校正《商君書》，寫成《商君書新校正》一書，序中指出現有通行本「舊刻多舛誤，不可讀」；所以「余參稽眾本，又旁搜群籍，勘正其紕繆，而疑其不可考者，然後焉馬魯魚十去三四。乃繕寫一編，歸諸插架」。〔註13〕單就參稽眾本，嚴氏就使用諸多版本來進行校訂，其說：

> 《商子》五卷，孫鳳卿所刊，其據校者程榮本、鄭審本、吳勉學本、朱蔚然本、施氏《先秦諸子》本凡五家，各取其長。余復據元版本、明范欽本、葉林宗從秦四麟所藏舊刻勘正本，及魏徵《群書治要》、馬總《意林》等書，重加校定。補得〈立法〉一篇，又增刪改正五百餘字。〔註14〕

《商子》舊稱《商書》，為商鞅（前 390～前 338）著作。該書嚴氏據元刊本為底，取代明刊范欽本、秦四麟本校正。由是，該新校本可說彌足珍貴，後之浙江書局《二十二子》、上海鴻文書局 1893 年輯印《二十五子匯函》、上海五鳳樓 1920 年輯印《四部備要》都取此本重刊。可見嚴氏在收錄、校定篇文時，皆在考定版刻，審其優劣之後，才加以輯錄。對此，《商君書》大抵有完整傳本，未予載收，僅收取佚篇〈六法〉編入《全文・商鞅》文之下。又舉凡收載錄文出處於《後周書》，則參校價值等同之精校善本。因之，該書所校

〔註11〕劉兆祐：〈目錄學與版本學〉，《中國目錄學》（臺北：五南圖書出版社，2002年 3 月），頁 417。
〔註12〕校點者：〈點校前言〉，《全上古三代秦漢三國六朝文》，頁 8。
〔註13〕〔清〕嚴可均：〈商君書新校正序〉，《嚴可均集・附錄》，頁 409。
〔註14〕〔清〕嚴可均：〈商子五卷序〉，《嚴可均集・附錄》，頁 413。

錄為宋元刊本，其說：

> 右《周書》，蓋宋監本，大板厚紙，有漫漶損缺處，非余所愛重者。
> 偶檢〈賀蘭詳傳〉，其篇末多出今本六十餘字，〈杜杲傳「遷溫州」
> 下八字，今本僅「刺史賜」三字。「史賜」中間蓋有加銜，以難臆補，
> 輒擠接之。全部余未通檢，僅檢兩傳而勝處已如此。書貴宋元本者，
> 非但古色古香，閱之爽心豁目也。即使爛壞不全，魯魚彌望，亦仍
> 有絕佳處，略讀始能知之。〔註15〕

嚴氏舉列現今傳本與宋監本對比，今本出現脫字嚴重現象。就此，知微見著，
嚴氏收載錄文必先審其優劣版刻，擇優汰換。

（四）辨明真偽，探求本義

考據學中的辨偽是指古籍整理中對古書的鑑別，考訂真偽、辨明虛實等
工作。古書常有張冠李戴之現況，或者託古以自重而造偽。對此，後人治學
必考究所憑材料之真偽，否則徒勞而無功。余嘉錫（1884～1995）曾論說古
書考校之重要及態度：

> 學者考校古書，自當實事求是，多聞闕疑。要作到「揆之於本書而
> 協，驗之於羣籍而通。」「若意雖以為未安，而事卻不可盡考，則姑
> 云未詳，以待論定。」這種治學的審慎態度，對研究和整理古籍非
> 常重要。前人每每好論古書的真偽，或以不偽為偽，既厚誣古人，
> 又貽誤後學，實為不審慎之過。〔註16〕

依此上言，乃針對古書流傳提出時間的距離，與產生的問題相成正比。如古
書的真偽、作者誰屬、作者時代、書的篇目編次、卷帙多寡及存佚，書中有
無後人增益或刪削等等問題，種種不一。然卻也是從事考校者，勢必面對解
決的議題，所以考校之前，作者必須博覽羣書，凡有定論，皆以憑證為據。
前人雖有考訂成論，亦有得有失，不能成據，究其因由，當以考校精核與否
而論。古舊籍在流傳過程中，所造成的誤鈔、漫漶、衍文等訛誤問題，幾乎
是不可避免。梁啟超認為：「『好古』為中國人特性之一，什麼事都覺得今人
不及古人，因此出口動筆，都喜歡藉古人以自重。此實為偽書發達之總原因。」
〔註17〕遠在清初以及《四庫全書》的編纂，沿襲著傳統古籍整理的方法，皆

〔註15〕〔清〕嚴可均：〈書宋本後周書後〉，《嚴可均集・文類六》，卷8，頁268。
〔註16〕余嘉錫：〈前言〉，《古書通例》（臺北：丹青圖書公司，1986年5月），頁2。
〔註17〕梁啟超：《中國近三百年學術史》，頁279。

以圍繞儒家經典為重心，重視古本文化之風潮。當時的仕人除篤力於古書之
辨偽外，又以搜羅佚失的古籍為志，於當時以古求真的風尚，相與之並進。
因之，一切學問研究之始，當以輯佚之法入手。如嚴氏於陸景（249～280）《典
語》一書之收載，做了一個簡要說明：

> 《隋志·儒家》注：「《典語》十卷，《典語別》二卷，竝吳中夏督陸
> 景撰，亡。」《舊唐志》有《典語》，無《典語別》，《新唐志》作《典
> 訓》，皆十卷。《吳志》：「陸抗子五，晏、景、玄、機、雲。景，字
> 士仁，澡身好學，著書數十篇。王濬東下，景及兄晏俱遇害。」其
> 書宋不著錄，三年前有孫觀察星衍之族子枉的者，言紹興人王理堂
> 游幕山左，攜有宋寫殘本二卷。其言信否，無以知之。今僅從《羣
> 書治要》寫出七段，益以各書所載，定著一卷。倘王理堂果得殘本，
> 他日與余書合訂之，以廣其傳，豈非美事？古書佚而復出，如《大
> 唐郊祀錄》之類十餘種，非三十年前人所得見，而余尤希冀者。閻
> 百詩校《困學紀聞》，引傅山子云：「謝承《後漢書》，永樂中有刻本
> 傳。」不謬言也。楊用修、《王元美集》屢引《修文殿御覽》，錢受
> 之《書目》亦載之，邢佺山語余云：「漢中府張姓有藏本。」邢不謬
> 言也。附紀于此，以告同志。〔註18〕

該文指出《典語》早已亡佚，僅能從旁搜佚而得知此宋殘本，以及漢中張氏
家有藏本。在有限資源下，嚴氏據《羣書治要》錄出七段，並從他書增益為
一卷。綜合上述所論，顯證嚴氏考究學問的徵實精神，以親眼所見而驗證為
憑，來看待舊籍傳本。

二、考據法之探析

清代考據學之所以取得豐碩的學術成果，除了由小學通經明道的宗旨，
及實事求是的治學精神外（詳見第二節之精神特徵及第三節學術宗旨），還是
得力於舉證科學之方法，且以經學為根基，細密的查驗原始資料作為佐證。
梁啟超指出：「和近世科學的研究法極相似。」〔註19〕胡適（1891～1962）則
認為：「中國舊有的學術，只有清代的樸學確有科學的精神。」〔註20〕然樸學

〔註18〕〔清〕嚴可均：〈典語敘〉，《嚴可均集·文類四》，卷6，頁190～191。
〔註19〕梁啟超：《中國近三百年學術史》，頁22。
〔註20〕胡適著；汪學群編：〈清代學者的治學方法〉，《清代學問的門徑》（北京：中
　　　　華書局，2009年11月），頁313。

的根源仍在於道問學之內在理路，以考據之姿假以義理明道為念。究其原因，仍著眼於詮釋經學為其核心價值，並透過「枚舉」法、「類比推理」法二途，統轄出不同的思考，凸顯了乾嘉考據方法有別其他學術風氣。於此，鄭吉雄在〈乾嘉學者治經方法與體系舉例試釋〉一文，大致說明其內涵：

　　1、向內反求經典，以本經、他經，以及其傳、注、疏，為範疇，以貫串《六經》、發明本義、闡釋聖賢道理為務，所用的方法以「本證」為主，在邏輯學上為「歸納法」；

　　2、以本經、他經，以及傳、注、疏為中心，向外發展，進而至於以經證史、以經義闡發思想觀念、以經義批判社會政治，所用的方法以「推衍」為主，在邏輯學上為「演繹法」。〔註21〕

所謂「歸納」法，蓋是舉列各種證據，將其分類歸納，發明經說本義為上。其次「推衍」法，仍以《六經》及傳、注、疏為中心，闡釋經學思想為主軸，延伸出批判社會政治之依據。依此觀之，經學乃可說是考據學之基礎，而《全文》的考證依據，則以「枚舉」法將所得資料加以歸納；而「類比推理」法，則著重在推衍各書所載，以理校來訂正文字之差異。

（一）以經學為基礎

　　乾嘉學者，反對明末以來空談心性之流弊，而欲以古訓舊注求周公、孔孟聖賢之微言大義。將訓詁視為通經之階，對此可說清代漢學家的共同主張也。換言之，考據學的內容非常廣泛，其核心著眼於治經，而小學乃經學之根柢，所以強調詮釋義理當以小處著手，大處著眼。因之，「不求諸前古賢聖之言與事，則無從探其心於千載下。是故由六書、九數、制度、名物，能通乎其詞，然後以心相遇。」〔註22〕又「則知一字之義，當貫羣經，本六書，然後為定」。〔註23〕在考據學者眼中經學為理學之源頭活水，以字通其詞，由詞通其道為是終點。換言之，嚴氏經學著作以治《說文》為先，然後接續校勘《唐石經校文》，符合當時學術風潮。由是，在〈說文翼敘〉提及《說文》乃經典入門之基礎：

　　夫《說文》者，經典之總龜也。孔子寫《六經》，河間得先秦古書，

〔註21〕鄭吉雄：〈乾嘉學者治經方法與體系舉例試釋〉，蔣秋華主編《乾嘉學者的治經方法》，頁109～110。

〔註22〕〔清〕戴震；趙玉新點校：〈鄭學齋記〉，《戴震文集》，卷11，頁177。

〔註23〕〔清〕戴震；趙玉新點校：〈與是仲明論學書〉，《戴震文集》，卷9，頁140。

皆古文。經師不盡識，故屬讀不同，誤釋亦不少。諸儒漸次是正，
其敘論具見於《說文》，而非觀其會通不得也，何者？《說文》皆本
字，經典多假借，且以隸寫古籀，而古籀相沿，又多疑文惑體，軼
出《說文》外十常二三。淺儒昧於形聲，未極古籀之變，涇守本字，
失其假借，以此治經，扞格牴牾，在所不免。……〔註24〕

該文指出《說文》保留許多古籀文字，與現今通行以隸代籀之《六經》是有
差異。據此，主張治經當以《說文》為初始，才能會通經學義理而詮釋無礙。
就此，在收錄佚文時，特別運用文字、訓詁、聲韻之素養，來校定內文異同。
如《全上古三代·鬻熊》之〈鬻子〉，將「暵暵」二字，註明「《御覽》引注
云：『音，嘆』」〔註25〕又如《全上古三代文·闕名》之〈秦鐘銘〉將「竈」
註明「灶，借為『造』，舊釋『奄』，非」；「匐」當「借為『溥』」，〔註26〕其
他如〈齊鐘銘〉等亦有校字、釋音等案語。此外，嚴氏在收錄《司馬相如集》
時，從群書徵引中找到《凡將篇》五個片段，附在集末，可見司馬相如除在
辭賦的成就外，還有經學造詣之一面，後人很少關注，反映出嚴氏重視經學
的思想。

（二）枚舉列證歸納法

郭康松說：「清代考據學者旁證博引的方法，基本上是枚舉歸納法。」
〔註27〕如戴震〈《爾雅注疏箋補》序〉古書傳寫發生訛誤之因，經典之難讀主
因在於字義不清。由是，戴震通過不同材料，將「鬩」的用法解釋，以枚舉
列證進行歸納。將「鬩」之考釋，以「恨」解之：

外此轉寫譌舛，漢人傳注，足為據證。如〈釋言：「鬩，恨也。」郭
氏云：「相怨恨。」毛公傳〈小雅「兄弟鬩於牆」；「鬩，很也。」鄭
康成注〈曲禮「很毋求勝」；「很，鬩也」。兩字轉注，義出爾雅。……
凡此，遽數不能終其物，用是知《經》之難明，《爾雅》亦不易讀
矣。〔註28〕

據此，戴氏將「鬩」訓為「恨」的結論，肇端於蒐集歷代對該字之義解，郭

〔註24〕〔清〕嚴可均：〈說文翼敘〉，《嚴可均集·文類三》，卷5，頁163。
〔註25〕〔清〕嚴可均：〈鬻子〉，《全上古三代文·鬻熊》，卷9，冊1，頁116。
〔註26〕〔清〕嚴可均：〈秦鐘銘〉，《全上古三代文·鬻熊》，卷12，冊1，頁165。
〔註27〕郭康松：〈清代考據學的考據方法〉，《清代考據學研究》（武漢：崇文書局，
　　　　2003年5月），頁138。
〔註28〕〔清〕戴震：〈《爾雅注疏箋補》序〉，《戴震文集》，卷3，頁45。

璞（276～324）《爾雅‧釋言》注、毛公傳〈小雅〉、鄭康成注〈曲禮〉等加
以排比，用歸納方法來分析、運用訓詁來解釋，進而找出依據。繼此，枚舉
舉證法的運用，普遍為乾嘉學者所接受。他們對要考證的某字、詞的相關材
料，無所不用其極，找出確切意義，呼應「孤證不立」的宗旨。據此，《全文》
在校訂別字、異文時均可見其相同手法。如《全後漢文‧闕名》之〈戚伯著
碑〉，嚴氏分別舉《隸釋》解之，將「近」訓為「沛」；「考」訓「斤」；「柒」
同「七」，《隸釋》誤為「才」；「伊唯唅」訓「伯著缺」。〔註29〕由上所論，乃
是嚴氏考證字義之方法。若能與〈戚伯著碑敘〉一文，相互對應，則可知其
考證通則，當以枚舉歸納法而提出定論之依據

> 此碑《集古錄》、《集古目錄》、《金石錄》、《天下碑錄》、《隸釋》、
> 《隸續》、《字原》皆列其目。《隸釋》載有全文，與此本對校，頗多
> 互異。碑云：「而為姓焉」，《釋》作「性焉」；「調窘近土」《釋》作
> 「沛土」；「考卜周營」，《釋》作「叔卜」；……「伊惟」，《釋》作「伯
> 著」，顯屬洪氏之誤。又「□」乃「功」字，「捐爾」即「捐囍」，「而
> 乎」即「天乎」。洪氏亦未及言，足見真蹟為可貴。碑石久佚，今世
> 收藏家無著于錄者，恐海內未必有第二本。因盡日之力，手自雙鉤，
> 以待後古者重刻，以廣其傳。〔註30〕

據悉，嚴氏透過各種書錄，將碑文中所有相異文字，逐一與洪适（1117～1184）
《隸釋》對比，將異字或者異文部分舉出，在以古證今的準則下，舉列出洪
氏《隸釋》之各種訛誤，並進一步加以訂正。可見，枚舉歸納法與現今數據
量化分析法似乎有雷同之處。其他亦如《全後漢文‧桓譚》之〈桓子新論（中）〉
「王莽（本書作『王翁』，微事者輒變其詞）」〔註31〕

（三）類比推理

　　清人在考據論證時，除應用歸納推理之外，還根據兩種屬性相同，或者
是相似的原理，加以並舉列出，從而找出根據。例如汪中（1745～1794）曾
用推衍法進行論證，如是以三段式推證，來證明《大學》非孔子之作，當為
典型一例：

> 門人記孔之言，必稱「子曰」、「子言之」、「孔子曰」、「夫子之言曰」

〔註29〕〔清〕嚴可均：〈戚伯著碑〉〉，《全後漢文‧闕名》，卷106，冊2，頁982。
〔註30〕〔清〕嚴可均：〈戚伯著碑〉，《嚴可均集‧文類七》，卷9，頁290。
〔註31〕〔清〕嚴可均：〈桓子新論（中）〉，《全後漢文‧桓譚》，卷14，冊2，頁141。

以顯之。今《大學》不著何人之言，以為孔子，必無所據。〔註32〕
汪中首提出「門人記孔之言」為據，有「子曰」、「子言之」、「孔子曰」、「夫
子之言曰」等，從而推論《大學》非孔子所作。嚴氏也常依文內相似理論，
推衍苻子思想屬道家範疇。其言：

> 道家祖黃老，蓋三皇之道也，變而為列禦寇、莊周，則楊朱之為我
> 也，又變而為房中術、而金丹、而符籙、而齋醮，每降益下。於是
> 秦漢以來，未有著書象《鶡子》、《管子》、《老子》、《文子》者。其
> 象《列子》、《莊子》，僅有苻朗。苻朗者，秦苻堅之從兄也。隋、唐
> 《志》：「《苻子》三十卷，宋不著錄。」《路史》徵引皆取諸類書，
> 非有舊本流傳。余從類書寫出八十一事，省併複重，得五十事，定
> 著一卷。就中有云：「至人之道也如鏡，有明有照，有引有致。」又
> 云：「為道者日損而月章，為名者日章而月損。」又云：「木生蠍，
> 蠍盛而不枯；石生金，金曜而石流。」三復其言，具有名理。本傳
> 稱老、莊之流，非過許也。〔註33〕

據此上文，嚴氏所輯苻朗（？～389）著作為《苻子》三十卷，約在唐末已亡
佚。目前僅見類書收載，非舊刻原籍。基此，首以類書為輯錄對象，刪重合
併為五十條。然就內文審之，有三則「至人之道也如鏡，有明有照，有引有
致。」；「為道者日損而月章，為名者日章而月損。」；「木生蠍，蠍盛而不枯；
石生金，金曜而石流。」，當與莊子「至人無己」〔註34〕、老子「為道日損」
〔註35〕等思想類似，從而斷此為道家一脈。又《全後漢文·闕名》之〈成陽
靈臺碑〉取自《隸釋》，嚴氏聚采多種刻本相與對照，以此類推「枹」字，蓋
是借為「飽」。其說：

> 右〈成陽靈臺碑〉，黃小松司馬雙鉤本。校《隸釋》，多出「不積哀
> 平刑茲詠奏未」九字。「莫不被德」，「被」字微泐，翁覃谿閣學據是
> 碑「德被」、「廣被」皆書為「彼」，審此字形，恐是「枹」字。若然，

〔註32〕〔清〕汪中著；李金松校箋：《述學補遺·大學平議》（北京：中華書局，收
　　　　入《述學校箋》冊下，2014年7月），頁489。
〔註33〕〔清〕嚴可均：〈苻子敘〉，《嚴可均集·文類四》，卷6，頁198。
〔註34〕〔清〕王先謙；王雲五主編：〈逍遙遊第一〉，《莊子集解》（上海：上海商務
　　　　印書館，收入《萬有文庫簡編》第21冊，1939年），頁3。
〔註35〕〔魏〕王弼注；王雲五主編：《老子道德經第四十八章》（臺北：臺灣商務印
　　　　書館，收入《叢書集成簡編》第34冊，1965年12月），頁45。

「枹」借為「飽」，其說較長，惜未獲原本覆審之。〔註36〕

據此，嚴氏以黃小松司馬雙鉤本與錄文出處《隸釋》對勘，找出《隸釋》脫九字。此外，針對訛字「被」，對比翁方綱（1733～1818）以「彼」書之，因而推測可能為形誤之由，所以認為是「枹」字。然仍未能定論「惜未獲原本覆審之」可見，嚴氏所憑以目驗為據，符合當時學風「無徵不信」之精神。

三、結語

漢魏諸家經書多亡佚不存，散見各處，故非經殘蒐舉列、加工排比，是不易窺見梗概原貌，輯佚古書因而風行遍野，肇端於此。誠如盧文弨言：「不識古訓」，則不能通六藝之文而求其意，欲識古訓，當於年代相近者求之。」〔註37〕該文指出漢儒舊注去聖未遠，是以可見聖人之遺流脈緒。初端於漢人治經師、家法的相互傳承，在家學淵源、以及層層傳遞下，古籍學說較能貼近原貌。所以訓詁經義如何入門，當以蒐求時間相近之古籍舊注為前提。依此，乾嘉考據學者首以蒐錄佚文為先，當為研究古學之初步要務，是在以古為證的準則下產生的一種研究方法。如嚴氏在〈凡例〉所言：「文有煩簡完闕雅俗，或寫刻承訛，或宋以前依託，畢登無所去取。」〔註38〕蓋是符合清人從事輯佚之法則，以求其全備為最終極致。相對地，在輯佚過程中，必然發現同一篇文分別被不同典籍收載，而亦出現文字各有差異。其癥結在於古人徵引古注時，僅撮引其意居多，而非特重文字。所以為何考證之前，必先以蒐羅文獻為主，顯證其根由。於此，《全文》纂輯方法以重視綜羅文獻為首務，其二，由博返約，學貴精審為其確切希望。

（一）廣求綜羅文獻

佚文蒐求必然珠玉雜陳，且未必能得聖人立說真義，以及漢人經旨要義。於此，輯佚學者均以為錄文缺失，如上所述，並不足以害於考證，反因此可得互參對校之功能。王謨曾言：

> 凡經說之純且精者，故當遵而奉之，以廁於聖賢經傳之末。及其說
> 之不必精且純者，亦何妨並載於冊，瞭若指掌，俾讀者得以考其純

〔註36〕〔清〕嚴可均：〈成陽靈臺碑〉，《嚴可均集・文類七》，卷9，頁293。
〔註37〕〔清〕盧文弨：《抱經堂文集》（北京：中華書局，1990年6月），卷5，頁83。
〔註38〕〔清〕嚴可均：〈凡例〉，《全上古三代秦漢三國六朝文》冊1，頁20。

　　　　駁精犒，離合異同之致。〔註39〕

該文指出其為學之道，並非出於原典則就不取裁，若能博取兼收則可見其
「離合異同之致」由是，蒐文方式則可從「六朝以前，通人纂箸史傳而外，
文集間存，苟於經術有裨，不廢采，求散佚。」〔註40〕就此觀之，等同於嚴
氏〈總敘〉：

　　　　廣蒐三分書，與夫收藏家祕笈、金石文字、遠而九譯，旁及釋道鬼

　　　　神。起上古，迄隋，鴻裁鉅製，片語單詞，罔弗綜錄。〔註41〕

嚴氏著眼於「全」，陳氏則直陳搜佚是有益於經學，以「苟於經術有裨，不廢
采，求散佚。」為範圍，雖對象不同，如出一言，皆以全備為宗鑰。

（二）由博返約，學貴精審

　　所謂「由博返約」，即是舉列各載錄之資料，分析歸納，相互對比，得出
研究依據；而「學貴精審」，則是先貴擴充，後務精審，由博洽而後深邃。此
因，學問之道如積薪，積少成多，在廣覽博涉基礎上，汲取菁華，剔除糟粕，
由博返約，才能後出轉精，超越前人。戴震常言道：「淺者求先生於一名一物
一字一句之間。」據此可知，戴氏治學態度須從深與廣度兩面著手，由淺入
深，循序漸進才能「增益」其「智」。所以凡讀書，必深究每一字之義；而「凡
故訓、音聲、算數、天文、地理、制度、名物、人事之善惡是非，以及陰陽、
氣化。道德、性命，莫不究乎其實。」〔註42〕博涉廣覽，志在聞道而學在貫
通。讀書貴在證據，而所涉略領域之廣，世人共知。

　　淺深之間，一體兩面，皆在尋求字義之考覈，所以才謂「余竊謂儒者治
經，宜自《爾雅》始。取而讀之，殫心於十年。」〔註43〕其次，廣博涉略難
免易陷於蕪雜，如何摘抉爬梳資料，使之精核貫通呢？大致而言，先查覈諸
家載文開始，相互考證，去除誤輯誤闕者，注明來源出處，離合異同之文，
作為研究依據。嚴氏於《全文》纂輯，因襲乾嘉治學方法，可說無一字出於
心得之外，任何舉證皆不輕易提出結論。如《全三國文·恒範》之〈世要論〉，

〔註39〕〔清〕王謨：〈漢魏遺書鈔序〉，《漢魏遺書鈔》（北京：北京圖書館出版社，
　　　　收入《古籍叢殘彙編》第3冊，清嘉慶三年金溪王氏自刊本，2001年），頁9。
〔註40〕〔清〕陳壽祺：〈經郛條例〉，《左海文集》，《續修四庫全書》第1496冊，卷4，
　　　　頁142。
〔註41〕〔清〕嚴可均：〈總敘〉，《全上古三代秦漢三國六朝文》，冊1，頁18。
〔註42〕〔清〕段玉裁；趙玉新點校：〈戴東原集序〉，《戴震文集》，頁1。
〔註43〕〔清〕戴震；趙玉新點校：〈《爾雅》文自考序〉，《戴震文集》，卷3，頁44。

其輯錄的步驟有二，一是先徵引各書，二是采互證方式，補改闕遺，而釘著一卷。其說：

> 《隋志・法家》:「《世要論》十二卷，魏大司農恒範撰。」梁有十二卷，亡。《新唐志》與《隋》同，《舊唐志》作《代要論》十卷。各書徵引，或稱《政要論》、或稱《恒範要集》。互證之，止是一書。宋不著錄，《群書治要》載有《政要論》十四篇。據各書徵引，補改闕誤，凡十六篇，定著一卷，而遺文散段附于後。範，字元則，以不附司馬氏夷三族。……距今千六百年佚書復出，與濟之《萬機論》比竝，有過之無不及。〔註44〕

桓範（？～249）三國曹魏人，據此載錄次序有二，一初始博洽，廣涉歷代書目，《隋志》、新、舊《唐志》各有不同稱名，經此證出該書僅是同文異稱。其二，繼而精審，徵覽各收載之古籍，細審各書所載錄文如《群書治要》，剔除訛誤闕漏及校改文字，摘抉為一卷。顯然，該書纂輯過程，與乾嘉考據學風如出一轍，「由博返約，學貴精審」從而錄出千百年來佚籍。其他亦如許慎〈說文解字敘〉、〈說文解字後敘〉；許慎，子許沖〈上書進《說文》〉等篇。

第二節　《全文》編纂之精神特徵

考據學派主張「實事求是」的旗幟者有錢大昕、王中、阮元等人。尤以錢大昕的高揚口號得到廣泛的迴響。其言：「惟有實事求是，護惜古人之苦心，可與海內共白。」〔註45〕汪中進一步指出考據不可依循舊說：「為考古之學，惟實事求是，不尚墨守。」〔註46〕所謂「實事求是」，《漢書・劉德列傳》:「河間獻王德以孝景前二年立，修學好古，實事求是。」〔註47〕，以古舊文獻為前提，據以求真。顏師古（581～645）注解為：「務得事實，每求真是也。」可說是很貼切解釋。如何能夠求得真確之理據呢？阮元提出不受注疏之學的

〔註44〕〔清〕嚴可均：〈恒氏世要論敘〉，《嚴可均集・文類四》，卷6，頁188～189。

〔註45〕〔清〕錢大昕：〈二十二史考異序〉，《二十二史考異》（臺北：中文出版社，1980年），頁1。

〔註46〕〔清〕汪中著；李金松校箋：〈與巡撫畢侍郎書〉，《述學校箋・述學別錄》，頁743。

〔註47〕〔漢〕班固撰；〔唐〕顏師古注：《漢書・劉德列傳》，卷53，冊8，頁2410。
〔唐〕嚴師古注：「務得事實，每求真是也。今流俗書本云求長長老，以是從人得善書，蓋妄加之耳。」

牽制，直往古籍真貌求得義理，由是其說更能突顯乾嘉治學之精神：

> 竊謂士人讀書當從經學始，經學當從注疏始。空疏之士、高明之徒
> 讀注疏不終卷，而思臥者是不能潛心覃索，終身不知有聖賢、諸
> 儒、經傳之學矣。至於注疏諸義，亦有是有非。我朝經學最盛，諸
> 儒論之甚詳。是又在好學深思實事求是之士，由注疏而推求尋覽之
> 也。〔註48〕

依此，阮氏提出讀書當以經學為首則，其次不相信注疏能得古人之聖義，尚須進一步考究真實原貌。由是，實事求是的精神貫徹於考據學任何領域；於校勘典籍、考訂史籍遍見其事例，為求史實之是非為核心，以蒐輯佚書求得古籍本來真貌等等……。單就以不輕易相信注疏之本一說來看，茲已初步建立在考據精神的層面上了；有懷疑才有深究探求的動力，進而找出事證，加以判別是非。總言之，以批判精神作為考據的緣起動機，從而拋棄成見，以言必有據為終極目標，充分體現其基本精神「實事求是」。

一、懷疑精神

　　顧頡剛（1893～1980）在〈清代漢學家治學精神與方法〉一文中指出漢學家治學兩大精神，一是懷疑，二是徵實。〔註49〕單就懷疑精神，可說是做學問的第一步，即是「求是」的開端。由是，陳垣（1880～1971）指出：「考證貴能疑，疑而後能致其思，思而後能得其理。」；又說：「考證為史學方法之一，欲實事求是，非考證不可」〔註50〕顯然反映了考證之學，實由懷疑而起，由思而後得理，層層相扣。所謂得其理，則需依恃在所持的證據是否充分？今此，嚴氏的《全文》編纂，實可當以時代精神為代表。面對眾多的文獻資料，絕不貿然采錄摘取，必求得所以然之原故而作罷。例如：李尤《全後漢文·李尤》之〈薰爐銘〉：

> 上似蓬萊，吐氣委蛇。芳煙布寫，化白為香。（《北堂書鈔》一百三
> 十五。案。銘末有誤。陳禹謨改作「芳煙布繞。遙沖紫微」。張溥《百

〔註48〕〔清〕阮元：〈江西校刻宋本十三經注疏書後〉，《揅經室三集》（上海：上海
　　　　古籍出版社，《續修四庫全書》第1479冊，1995年），卷2，頁204。
〔註49〕汪學群編；顧頡剛著：〈清代漢學家治學精神與方法〉，《清代學問的門徑》（北
　　　　京：中華書局，2009年10月），頁334～347。
〔註50〕陳垣著；陳智超主編：〈考證篇第六〉，《通鑒胡注表微》（合肥：安徽大學出
　　　　版社，收入《陳垣全集》第21冊，2009年12月），頁95。

三家集》用之。未詳所據。）〔註51〕

以「芳煙布繞。遙沖紫微」二句為據，錄自明刻陳禹謨《北堂書鈔》，其他如《東漢文紀》、《百三家集》均有收之。據此，嚴氏以前人所遺下的材料，與之對比，提出異同之處。進而指出明人刻書有刪雜現象，並認定陳禹謨本不可信之：

> 北堂者，秘書省之後堂。此書蓋世南在隋為秘書郎時所作。劉禹錫
> 《嘉話錄》曰：「虞公之為秘書，於省後堂集群書中事可為文用者，
> 號為《北堂書鈔》，今北堂猶存，而書鈔盛行於世」云云，是其事也。
> 分八十卷，八百一類。《唐志》作一百七十三卷，晁公武《讀書志》
> 因之。《中興書作》一百六十卷，《宋史·藝文志》因之。今本卷帙
> 與《中興書目》同。其地部至泥沙石而畢，度非完帙，豈原書在宋
> 已有亡佚耶？王應麟《玉海》云：「二館舊闕《書鈔》，惟趙安仁家
> 有本，真宗命內侍取之，手詔褒美。」蓋已甚珍其書矣。此本為明
> 萬曆間常熟陳禹謨所校刻。錢曾《讀書敏求記》云：「世行《北堂書
> 鈔》攪亂增改，無從訂正。向聞嘉禾收藏家有原本，尋訪十餘年而
> 始得。繙閱之，令人心目朗然。」朱彝尊《曝書亭集》亦稱「曾見
> 《大唐類要》百六十卷，反覆觀之，即虞氏《北堂書鈔》。今世所行
> 者出陳禹謨刪補，至以貞觀後事有五代十五國之書雜入其中，盡失
> 其舊。《類要》大略出於書，世未易得」云云。蓋明人好增刪古書，
> 逞臆私改，其庸妄無識，誠有如錢、朱二氏所譏。然今嘉禾舊本及
> 《大唐類要》均已不可得見，獨禹謨此本猶存。其增加各條，幸皆
> 註明補字，猶有蹤跡可尋。存什一於千百，亦未始非唐人舊籍所籍
> 以留貽者也。惟其所改所刪，遂竟不可考。是則刊刻之功不贖其竄
> 亂之過矣。〔註52〕

《四庫總目》指出陳禹謨本有明顯的舛誤之處，一是摻亂增改，無從訂正；二是明人常以好增刪古書，以己臆私改舊籍為惡名。然而，為何加以收載？

〔註51〕〔清〕嚴可均：〈薰爐銘〉，《全後漢文·李尤》，卷50，冊2，頁492；「芳煙
布繞。遙沖紫微」二句均見於《北堂書鈔》，卷135，影印《文淵閣四庫全書》
第889冊，頁679；《東漢文紀》，影印《文淵閣四庫全書》第1397冊，卷14，
頁300；《百三家集》，影印《文淵閣四庫全書》第1412冊，卷15，頁362。
對此，未知嚴氏「芳煙布寫，化白為香」所據何來？

〔註52〕〔清〕紀昀：《四庫全書總目·子部》，卷135，冊上，頁1141。

著眼於該書具有「其增加各條，幸皆註明補字，猶有蹤跡可尋」，及「刊刻之
功不贖其竄亂之過矣」等因由。對此，《全文》則以「未詳所據」作結，說明
陳禹謨刊本不可盡信，進而找出舊本原貌「芳煙布寫，化白為香。」

　　再者，考證學的終極目標是為了還原古書之初貌，以考證做為檢視義
理的方法，以及把將考證所得是否準確，作為義理詮釋精當的最終裁定者。
〔註53〕由是，「義理是否正確」之懷疑精神，則可視為考述古學之動機來源。
《全文》考訂古學之具體呈現，常見於錄文之注明出處，並陳列各方異說。
如《全上古三代文‧古逸》之〈歸藏初經〉：

　　　初坤，初乾，初離，初坎，初兌，初艮，初釐，初巽。

　　　《路史‧後紀》五，又《發揮》。案《玉海》三十五引作「初乾，初
　　　爽，初艮，初兌，初犖，初離，初釐，初巽。」卦皆六畫。爽即坤，
　　　犖即坎，釐即震。世有《歸藏鏡》，亦作爽、作犖，作釐。〔註54〕

《全文》注明錄文取自於《路史》，並區別各書之文字異同，列載舉出「爽即
坤，犖即坎，釐即震。」藉此即能探究根源，當是以《路史》為最佳解答。
其他亦如〈歸藏齊母經〉，嚴氏後註明：「《爾雅‧釋畜》注，《釋畜》疏云：
『《歸藏齊母經》之文，瞿有，卦名』」〔註55〕就此考訂詞義「瞿有」，為「卦
名」。

二、批判舊說精神

　　當大家把懷疑的精神關注在考訂古書舊籍的部分，必然會對之前流傳的
經書、史書，以及過去發生的歷史事件，重新對應審視。由此，許多前人著
述之作品皆被舉出檢視，並以「糾繆」、「正誤」、「附錄」等題名，再次刊刻
出版。由是，「當對經典進行還原求真的過程成了懷疑批判的過程時，就會直

〔註53〕劉墨：〈考據學的目標〉，《乾嘉學術十論》（北京：三聯書店，2006年11月），
　　　頁254～255。
〔註54〕〔清〕嚴可均：〈歸藏初經〉，《全上古三代文‧古逸》，卷15，冊1，頁199
　　　～200；〔宋〕王應麟：《玉海》（臺北：商務印書館，影印《文淵閣四庫全書》
　　　第944冊，1983年），卷35，頁11；〔宋〕羅泌：《路史‧後紀五》，影印《文
　　　淵閣四庫全書》第383冊，卷14，頁119。
〔註55〕〔清〕嚴可均：〈歸藏齊母經〉，《全上古三代文‧古逸》，卷15，冊1，頁200：
　　　〔晉〕郭璞注；〔宋〕邢昺疏；〔唐〕陸德明音義：〈牛屬〉，《爾雅注疏‧釋畜》
　　　（臺北：臺灣商務印書館，影印《文淵閣四庫全書》第221冊，1983年），卷
　　　11，頁231。

接導致 19 世紀以及 20 世紀初期對儒家經典的懷疑甚至拋棄」，〔註56〕也就是將「真」當作一切的終極目標。因此，手握任何一種原始資料，必注意其真偽；引用他人資料，必檢視是否與原著相符，其闡釋的義理是否得當。如汪中〈《大學》平義〉一文，直陳《大學》非孔子所言，為宋儒藉孔子之名行其說：

> 〈大學〉其文，平正無疵，與〈坊記〉、〈表記〉、〈緇衣〉伯仲，為七十子後學者所記，於孔氏為支流餘裔。師師相傳，不言出自曾子，視〈曾子問〉、〈曾子立事〉諸篇，非其倫也。宋世禪學盛行，士君子入之既深，遂以被諸孔子。是故求之經典，惟《大學》之「格物致知」，可以傅合，而未能暢其旨也。一以為誤，一以為缺，舉平日之所心得者，著之于書，以為本義固然。〔註57〕

該文關鍵有三，從古書的語例觀察，為儒家支流；其次，依師法相承來看，又不似曾子後學之言；其三，該書出於《論語》之前，蓋是無所依據。結合上述幾點，提出宋人假孔子名，變易原意，昭然若揭之顯證。因此，汪中陳指「意者不託之孔子，則其道不遵；而中引曾子，則又不便于事，必如是而後安爾。」〔註58〕對此，乾嘉學者為何要註明資料原始出處，起始於懷疑的治學精神，續而解決他們研究遇到的癥結，以依古辨偽，批判舊說為意識形態。如《全漢文‧劉向》之〈鄧析書錄〉，指出該文非劉歆所作：

> 《鄧析子》明刻本，案此〈敘〉《意林》、《荀子》楊倞注、高似孫《子略》皆作劉向。或據《書錄解題》改屬劉歆，檢《書錄解題》，無此說。〔註59〕

該案語重點在於《鄧析書錄》之作者為誰？或劉向、或劉歆？檢視唐、宋類書、目錄，大抵以劉向之作為是。亦如考辨錄文真偽，〈關尹子書錄〉、〈子華子書錄〉兩篇，嚴氏指出應是依托之文：

> 此〈敘〉及〈關尹子敘〉，疑皆宋人依托，今姑錄之。《於陵子敘》明人作，不錄。〔註60〕

〔註56〕劉墨：〈考據學的目標〉，《乾嘉學術十論》，頁 263～264。

〔註57〕〔清〕汪中；李金松校箋：〈《大學》平義〉，《述學校箋‧述學補遺》，冊下，頁 487。

〔註58〕〔清〕汪中；李金松校箋：〈《大學》平義〉，《述學校箋‧述學補遺》，冊下，頁 489。

〔註59〕〔清〕嚴可均：〈鄧析書錄〉，《全漢文‧劉向》，卷 37，冊 1，頁 602。

〔註60〕〔清〕嚴可均：〈子華子書錄〉，《全漢文‧劉向》，卷 37，冊 1。

《關尹子》一書歷來皆被認為是偽書，以劉向校定〈敘〉及葛洪〈序〉為根據。既然判為是後人依託，嚴氏進而將所收載〈書錄敘文〉，加以甄別概是宋人偽作。於此可見，嚴氏繼《四庫總目》之提示，沿襲前說，從而得此異論。以下為《四庫總目》論及該書來源：

> 考《漢志》有《關尹子》九篇，劉向《列仙傳》作《關令子》，而《隋志》、《唐志》皆不著錄，則其佚久矣。南宋時徐蒇子禮始得本於永嘉孫定家。前有劉向校定序，後有葛洪序。稱：「蓋公授曹參。參薨，書葬。孝武帝時，有方士來，上淮南王秘而不出。向父德，治淮南王事得之。」其說頗誕，與《漢書》所載得淮南鴻寶秘書、言作黃金事者不同，疑即假借此事以附會之。故宋濂《諸子辨》以為文既與向不類，事亦無據，疑即定之所為。然定為南宋人，而《墨莊漫錄》載黃庭堅詩「尋師訪道魚千里」句，已稱用《關尹子》語，則其書未必出於定，或唐、五代間方士解文章者所為也。至濂謂其書多法釋氏及神仙方技家，如變識為智、一息得道、嬰兒蕊女、金樓絳宮、青蛟白虎、寶鼎紅爐、誦咒土偶之類，老聃時皆無是言；又謂其文峻潔，而頗流於巧刻。則所論皆當。要之，其書雖出於依託，而核其詞旨，固遠出《天隱》、《無能》諸子上，不可廢也。此本分一宇、二柱、三極、四符、五鑑、六匕、七釜、八籌、九藥九篇，與濂所記合。俞琰《席上腐談》稱：舊有陳抱一註，又元大德中有杜道聖註，名曰《闡元》，今皆未見云。〔註61〕

據此，《四庫總目》認為該書大抵是「法釋氏及神仙方技家」，從劉向文之語例，以及內容多與事實不符，充斥著荒誕不經，附會傳說。其次，所敘述之事亦無所憑據，因而斷言此書乃非劉向作品。至於〈敘文〉真偽，則無後來之考證。看來，上古所傳古史、諸子說等，大半是後人假造，與顧頡剛之說法暗合。〔註62〕梁啟超曾探討清代「實事求是」的科學精神，以「以不肯妄循古人之成說、一己之臆見，而必力求真是真非之所存」作結，〔註63〕對於《全文》批判舊說之精神，乃為最佳寫照。源於尊古而不迷古，以「是」為

〔註61〕〔清〕永瑢等：《四庫全書總目·子部》，卷146，冊下，頁1244。
〔註62〕汪學群編；顧頡剛：〈清代漢學家治學精神與方法〉，《清代學問的門徑》，頁334～347。
〔註63〕汪學群編；梁啟超：〈近世之學術（起明亡以迄今日）〉，《清代學問的門徑》，頁73。

歸，乃是嚴氏治學能多所創獲之主因。

三、崇尚會通思想

　　《全文》引錄資料，可說是博徵廣察，貫穿歸納，以約制博，加以判斷是非。至此，在方法繁富、靈活運用下，頗與戴震之論點，不謀而合。反對專守一經，一昧尊古、以漢為尊，使之能對古人的說法予以分析裁斷。於此，考據學發展至嘉慶間，已經由聚焦在一字一句、一名一物的論證，進入了會通的階段。所謂的「會通」的精神，以張舜徽（1911～1992）在〈清代揚州學記・序言〉一文推揚揚州學派為「通學」，批評當代吳、皖二派之雜猥、破碎為據，破碎蕪雜對應於通學，可說是一體兩面。其說：

> 清儒專門治經，自惠、戴開其先，天下景從而響和者，無慮皆能盡精微，而不克自致於廣大。至於乾隆之季，其隘已甚，微揚州諸儒，起而恢廓之，則終清之世，士子疲勞盡氣以從事者，雜猥而已耳。末流之弊，不知所屆，庸詎止於不能昌明經訓而已乎？吾之欲表彰揚州之學，意在斯也。〔註64〕

該文前言說「無慮皆能盡精微，而不克自致於廣大。」，意主惠、皖二派之治經，專以博覽廣泛為要。為何日漸狹隘呢？以「末流之弊」而觀之，蓋是著眼於乾嘉後期之末學以古為尊而不知變通所然。張先生繼而說：「承二派以起」始由專精匯為通學，中正無弊，最為近之。」〔註65〕故此則知，會通精神乃為治經基本訴求。簡言之，以全經為基礎，貫通百氏之說，非僅是補綴拾遺而已。對此，《全文》輯纂精神，首以會通百氏之書為核心，是與「廣蒐三分書……罔弗綜錄」同而言之。依如《全後漢文・許慎》之〈《說文解字》敘〉，該文全篇輯錄於《漢書・藝文志》、《書序正義》、《左傳》、《封氏聞見記》、《五經正義》《汗簡略敘》等書，且以徐鍇（920～974）《說文》本為底本校勘，補正疑文脫字。橫跨經、史、子、出土文獻；其次，以文字音韻學，校釋文字。如「視而可識，察而見意。」，嚴氏案語「識，意協韻。」〔註66〕又《全後漢文・崔寔》之〈四民月令〉，嚴氏言及收載始末：

> 《隋志・農家》：「《四人月令》一卷，後漢大尚書崔寔撰。」《舊唐

〔註64〕張舜徽：《清代揚州學記》（揚州：江蘇廣陵出版社，2004年12月），頁2～3。
〔註65〕張舜徽：《清代揚州學記》（揚州：江蘇廣陵出版社，2004年12月），頁2～3。
〔註66〕〔清〕嚴可均：〈《說文解字》敘〉，《全後漢文・許慎》，卷49，冊2，頁466～468。

　　志》同。《新唐志》作「崔湜」，誤。宋不著錄。今人任兆麟、王謨
　　皆有輯本，編次不倫，且多罣漏。王本又誤以《齊人月令》謂即《四
　　民月令》。而所采《齊民要術》有今本所無者六事。其文不類，未知
　　何據？余既輯崔實《政論》二卷，因兼及此書。蒐錄遺佚得二百許
　　事，省併複重，逐月分章為十二章，定著一卷。有注，疑即崔實撰，
　　徵用者都以注為正文，今加注字間閣之，而王本所采《齊民要術》
　　六事附後，俟考。又《齊民月令》一卷，〔唐〕孫思邈撰，《宋志》
　　在「時令類」。本今亡，竝附于後，免與崔實書混。〔註67〕

對此上文，嚴氏以考究該書的作者為主因，詳閱《四人月令》、《齊人月令》、
《四民月令》、《齊民要術》等內容，接而糾正王謨《齊人月令》即是《四
民月令》之誤；其次，將注文、正文區隔。若依博覽的角度觀之，嚴氏會通
經、史、子三部類之書，又參見儒家、農家思想淵源，判別子部農家類著載
情況。

　　夫農為邦本，食為民天，《洪範・八政》一曰「食」。孔子論政，先
　　「足食」。自古及今，未有不知稼穡之艱難而能有國有家者也。惜古
　　書流傳日少，《漢志》農九家，見于《隋志》者僅氾勝之一家，見于
　　《新唐志》者僅尹都尉、氾勝之二家，而多出《漢志》《范子計然》
　　一家。至宋時著錄，乃起《齊民要術》。前此數家，絕無傳本，顧乃
　　增收晚出空疏不適用之書，濫及茶、蟹、花、石不急之務，殊非農
　　家本意。同硯生洪頤煊始輯《范子計然》一卷、《氾勝之書》二卷，
　　及余所輯此書，雖皆殘缺，然而網羅散佚舊聞，竊有力焉。〔註68〕

據悉，《漢志・農家類》僅九家，而嚴氏僅見輯本《范子計然》、《氾勝之書》，
可見子部農家散佚嚴重；此外，《齊民要術》又收載不符農家性質之文，顯然
真偽相雜。合此上下兩文而觀，嚴氏取材出處宏富，多元采錄各種古書；之
外，所收載書籍，跨及四部經、史、子、集，並權衡載文內容是否符合該書
旨要。《四庫總目》對農家〈敘言〉，指出會通百家思想之重點：

　　農家條目，至為蕪雜。諸家著錄，大抵輾轉旁牽。因耕而及《相牛

〔註67〕〔清〕嚴可均：〈崔氏《四民月令》敘〉，《嚴可均集・文類三》，卷5，頁183
　　　　～184。
〔註68〕〔清〕嚴可均：〈崔氏《四民月令》敘〉，《嚴可均集・文類三》，卷5，頁184；
　　　　參見〔清〕嚴可均：《四民月令，《全後漢文・崔寔》，卷47，冊2，頁447～
　　　　452。

經》，因《相牛經》及《相馬經》、《相鶴經》、《鷹經》、《蟹錄》至
於《相貝經》，而《香譜》、《錢譜》相隨入矣。因五穀而及《圃
史》，因《圃史》而及《竹譜》、《荔支譜》、《橘譜》至於《梅譜》、《菊
譜》，而《唐昌玉蕊辨證》、《揚州瓊花譜》相隨入矣。因蠶桑而及《茶
經》，因《茶經》及《酒史》、《糖霜譜》至於《蔬食譜》，而《易牙
遺意》、《飲膳正要》相隨入矣。觸類蔓延，將因《四民月令》而及
《算術》、《天文》，因《田家五行》而及《風角》、《鳥占》，因《救
荒本草》而及《素問》、《靈樞》乎？今逐類汰除，惟存本業。用以
見重農貴粟，其道至大，其義至深，庶幾不失《豳風》、《無逸》之
初旨。〔註69〕

就此之事例，即知舉凡涉及農家類書，均是蕪雜旁及各籍：「觸類蔓延，將因
《四民月令》而及《算術》、《天文》」若不能熟知百氏之書，則無法真確地采
錄輯文。

四、結語

綜合以上所說，可以考見《全文》治學方法，即是乾嘉考據學之法，涵
蓋範圍甚廣，大致可分為四部分，一是文字、二是訓詁、三是校勘學、四是
考訂學。而這幾種方法的根本觀念，皆以「例證」為重點訴求。其根源在
於「言必有據」，使能客觀展現其「通則」性。此就胡適在〈清代學者的治學
方法〉一文中，有很好說明，如何將這根本的觀念貫穿於《全文》之精神特
色上：

根本的觀念可以分開說：
（1）研究古書，並不是不許人有獨立的見解，但是每立一種新見
　　　解，必須有物觀的證據。
（2）科學家的「證據」完全是「例證」。例證就是舉例為證。
（3）舉例作證是歸納法。舉的例不多，便是類推的證法。舉的例多
　　　了，便是正當的歸納法了。類推與歸納，不過是程度的區別，
　　　其實他們的性質是根本相同的。
（4）科學家的歸納手續不是完全被動的，是很能用「假設的」的。
　　　這是他們和朱子大不相同處。他們所以能舉例作證，正因為他

們觀察了一些個體的例之後，腦中先已有了一種假設性的通
則，然後用這通則所包涵的例來證同類的例。……〔註70〕

第三、四項已在第一節〈《全文》纂輯及其考據方法〉討論過，在此不贅述。
第一及二項主要探討「例證」部分，胡氏著眼在「言必有據」的精神上，與
「實事求是」相互呼應。講究的是「名實相符」的客觀事證，來對峙明代憑
空臆測之空疏學風。因此《全文》的纂輯絕不僅在補苴掇拾之所為，而是在
考據的基礎上，以博綜群言，不盲從於舊說。所執持的精神就在「闕疑存異」
的手法接納各說，以及「拋棄成見，言必有據」來表現出裁斷的能力。

（一）闕疑存異

所謂的「闕疑」即是對懷疑的地方，在沒有足夠證據下，暫時不妄下斷
語，留待後人進一步研究，此乃根據錢大昕所論：「儒者之學，貴乎闕疑存異，
而不可專己守殘。」〔註71〕；所謂「存異」是在各種不同的觀點，無法斷定
誰是誰非之時，讓幾種看法並存，留待以後查考。錢大昕在編校《續通志列
傳》時，舉出「存異」之原則，其說：

> 今搜采諸書，詳加折衷，其可徵信者，則增入正文；其當兩存者，
> 則附之分注；若史文舛譌，加以駁正，皆必依據古書，匪敢自逞臆
> 見，仍注於逐條之下，以便省閱。〔註72〕

該文指出兩個重點，其一是遇到訛文校字上，則依據古書為準則；其二是不
可自逞己臆，需逐條注錄下來，以便隨時檢閱。據此可見，在考據學者眼裏，
因之「古之名物制度，不與今同也，古之語，不與今同也，故古之事，不可
盡知也」。〔註73〕於是不可能解決在自己研究的課題裡的所有枝微末節的。對
此，嚴氏在編纂《全文》佚文時，先廣為蒐羅資料，舉凡經、史、子、集四
部，以及金石、輿地、禮制、器物之考訂，且旁引諸書以為佐證。在這薈萃
折衷的過程中，即可看出他的取捨態度。尤其在遇到一時無法解決的問題時，
不強為之解，秉持著「實事求是」的原則，以存疑方式，留待後人進一步考
核。其以不同方式言之：

〔註70〕汪學群編；胡適著：〈清代學者的治學方法〉，《清代學問的門徑》，頁316。
〔註71〕〔清〕錢大昕：〈答問三〉，《潛研堂集》（臺北：臺灣商務印書館，收入《四
部叢刊正編》第89冊，1979年），卷6，頁58。
〔註72〕〔清〕錢大昕：〈續通志列傳總序〉，《潛研堂集》，收入《四部叢刊正編》第
89冊，卷18，頁168。
〔註73〕〔清〕汪中著；李金松校箋：〈釋三九中〉，《述學校箋》，冊上，頁17。

1、以「未定」待考說之：《全陳文・徐陵》之〈禪位陳王璽書〉提及「《陳書・武帝紀》上，今本有陳武帝〈下州郡璽書〉，見《陳書》，未定是徐陵作，宜編入武帝文。」〔註74〕據此，透露兩種訊息，一是參校了通行本及其他不同版刻之《陳書》，發現不同之處；其二是見一書多出陳武帝〈下州郡璽書〉一文，無法判別作者是否為陳陵，僅以「未定」一詞暫列次於陳武帝文內。可見「闕疑」之觀點是建築在「言必有據」的基礎上。其他《全陳文・徐陵》之〈陳文皇帝哀冊文〉等亦是如出。

2、以「疑」待考，如《全陳文・徐伯陽》之〈皇太子釋奠宋〉，嚴案：「《陳書・徐伯陽傳》：『太建十一年，皇太子幸太學，新安王命伯陽為〈辟雍頌〉，疑即此。』」〔註75〕該文取自於《初學記》，又參見了史傳記載〈辟雍頌〉一事，疑似與〈皇太子釋奠宋〉同文異名，以疑待考作結。又如《全後魏文・孝文帝》之〈引武興王楊集始入宴詔劉昶〉，嚴氏從史傳的載事有所出入下，以疑來批判史書傳載錯誤：「《魏書・劉昶傳》，案：『此事《昶傳》列於十七年之前，而《本紀・楊集》始入朝在二十一年四月，疑傳隸事失次也。』」〔註76〕嚴氏以本校法對勘，《本傳》、《本紀》兩者載年不相符，由是以疑一說來評斷史傳著錄之誤。

3、以「闕名」類暫且錄入，嚴氏在面對無法確認作者之下，則以「闕名」類，暫且編入。如《全後魏文・闕名》之〈祝曲文〉，嚴案：「《齊民要術》七，按此文不知時代，姑編入魏文。」〔註77〕

這種闕疑存異的態度，與宋明理學以主觀定是非，以臆測妄下斷語的作法，形成鮮明的對比，是一種實事求是的治學精神。一時解決不了的問題，隨著新材料的發現，或者新的研究方法，將問題擱置起來，留待後人是一種科學和審慎的思考面向。

（二）拋棄成見，言必有據

考據學是一種積累性的研究，每有突破性的觀點都是在前人研究的基礎上所取得。依此，在對待前人成果這一問題上，提出了反對抄襲、引用前人的成果時，必須注明出處。「凡述古人之言，必當引其立言之人。古人又述古

〔註74〕〔清〕嚴可均：〈禪位陳王璽書〉，《全陳文・徐陵》，卷6，冊8，頁63。
〔註75〕〔清〕嚴可均：〈皇太子釋奠頌〉，《全陳文・徐伯陽》，卷12，冊8，頁119。
〔註76〕〔清〕嚴可均：〈引武興王楊集始入宴詔劉昶〉，《全後魏文・孝文帝》，卷6，冊8，頁256。
〔註77〕〔清〕嚴可均：〈祝曲文〉，《全後魏文・闕名》，卷58，冊8，頁710。

人之言，則兩引之，不可襲以為己說也。」〔註78〕此外，在不攘人之美的道德規範下，必以引用原文，不作隨意增刪為準則。總結以上兩點，只有通過對文獻材料進行分析，客觀的求證，才能與宋明理學有所根本的區別。從而形成一種考據學共同論證規範，每有一種新觀點，無不以大量的文獻資料作依據，不可曲立己說。猶如顧炎武所主張：「史書之文中有悞字，要當旁證以求其是，不必曲為之說。」〔註79〕考證誤字，須尋求多方證例，既不妄改、亦不歪曲附會。基此，對於其他學術問題亦是如此，反復參考，援古證今。就此可見，「無徵不信」，「言必有據」與正確答案與否，彼此相互對應。至此，《全文》的采錄出處、考據的成果，均以此規範為著眼處。不以己見，主以確鑿的證據為要務，從而得此亮眼成就，以及備受世人的肯定。如《全晉文·袁準》之〈袁子正論〉：

> 《隋志·儒家》：「袁子《正論》十九卷，袁準撰。」梁又有袁子《正書》二十五卷，袁準撰，亡。《舊唐志·儒家》：「《政論》二十卷、《正書》二十五卷，袁準撰。」《新唐志》作《正論》，作袁準，卷數與舊同。各書或稱袁淮、或稱袁准，蓋隸俗變准為准，止是一人。《正論》、《正書》亦止一書。……〔註80〕

上述敘文可分三部分說明：一是考定該錄文之作者生平事蹟及著作，有袁准、袁淮、袁準不同稱名，繼而遍尋各代書志目錄，得此結論。作者袁準，《政論》、《正書》僅是同書異名。二是以大量文獻資料，析出錄文出處，有《晉書》、《齊王芳紀》、《魏志》、《隋志》《北堂書鈔》、《初學記》、《藝文類據》、《御覽》、《通典》《群書治要》等。透過各種材料分析，以及異說整併，其言可證：「今輯各書所引《正論》三十三事，省併複重，得二十六事。《群書治要》載十七篇，皆有篇名。」三是不敢曲為己立說，其言：

> 各書引《正書》無篇名者三十事，省併複重，得二十事。又但引《袁子》審是《正書》文者，省併複重，得五事，依隋、唐《志》，依《正論》，次《正書》，各編為一卷。備『子類』、『儒家』二種。〔註81〕

〔註78〕〔清〕顧炎武：〈述古〉，《日知錄》，影印《文淵閣四庫全書》第 858 冊，卷 20，頁 849。

〔註79〕〔清〕顧炎武：〈漢書注〉，《日知錄》，影印《文淵閣四庫全書》第 858 冊，卷 27，頁 1009。

〔註80〕〔清〕嚴可均：〈袁子正論正書敘〉，《嚴可均集·文類四》，卷 6，頁 193～194。

〔註81〕〔清〕嚴可均：〈袁子正論正書敘〉，《嚴可均集·文類四》，卷 6，頁 194。

舉凡有篇名與否,皆引據大量資料,先後編次二書,依此性質而分類。《正論》列為儒家之屬「論五經滯義,聖人之微言也」,《正書》為子部之屬「論治世之務」。

第三節 《全文》呈現學術宗旨

乾嘉的漢學是這一學術思潮與流派的名稱,從不同角度與側面觀察,又有各種名異實同的稱謂。就其治學的內容來看,他們的研究範圍大都以經學為中心,而旁及小學、音韻、歷史、地理、天文、曆算、金石、校勘、輯佚、辨偽等。在研究的特徵上,強調「無徵不信」重視考證,且不以孤證為自足,必取之博證。乾嘉漢學的發展,固然有所承襲,特別是明末清初的考據成果和方法上奠定基礎,把考據學發揚光大形成更為獨立的學派。初始以治經為中心,在研治過程中發現典籍的亡佚殘缺、顛倒訛誤;再者,又須破除當時宋學心性之虛妄,當返求原典為對治方法。因此,透過訓詁註解,版本鑑定、文字校勘、辨偽輯佚等手法,對兩千年來的文化典籍進行大規模的整理。於此,首先反映在對儒家經典的注疏整理方面,嚴氏在編纂《全文》前,以治《說文》《校唐石經》《孝經鄭注考》為顯世。為了與整理經書相為聯繫,為了注解經書中的文字、音讀、釋解,學者在文字、音韻、訓詁學方面尤下功夫,層層推演之下,造就今日所見的乾嘉學術宗旨,一是由小學通經明道為先河,二是樹立博證、孤證不立的信念,三是以實事求是為宗。其突出的成果當以編纂《全文》最具代表性。

一、建立小學通經明道為途徑

自戴震反覆倡言由小學以通經明道之後,這一思想在學術界產生巨大的影響,《四庫總目》將其列入〈凡例〉之中,可視為當代學術之要點:

> 劉勰有言,意翻空而易奇,詞徵實而難巧。儒者說經論史,其理亦然。故說經主於明義理,然不得其文字之訓詁,則義理何自而推。
> 〔註82〕

以劉勰提及語言因時空距離而有所變遷,以此觀點推衍於經、史、論等範疇。導致研治經學當以義理通明為著眼處,須以訓詁為入門之途徑。由是,四庫館臣將此思想貫穿於任何經籍著述,作為一切學術價值的取向。嚴氏曾在〈寄

〔註82〕〔清〕永瑢等:《四庫全書總目‧凡例》,卷首三,冊上,頁18。

高郵夏味堂書〉一文中，認為小學為不朽之偉功：

> 蓋自《爾雅》、《方言》、《廣雅》、《小爾雅》而外，凡經史諸子、字
> 書故訓之言，皆理而董之。擇其尤雅者為《拾雅》，次為《拾廣》，
> 又次為《拾遺》。摭羅賅備，別白謹嚴。洵小學之淵源，不朽之偉觀
> 也。或言芸臺部既為《經籍籑詁》，足下據其成業，踵事者易為功，
> 此大不然也。《籑詁》藉手眾力，建草創之勳。大著卓爾體裁，兼述
> 作之美。兩書相輔相成，闕一不可。〔註83〕

據此上文，可以想見當時《爾雅》、《方言》注疏等訓詁學之盛，以及推崇夏
味堂《拾雅》一書為藝林之瑰寶。此外，兼論當代阮元《經籍籑詁》以箋注
為底，蒐錄通代之載文，堪稱古籍訓詁資料之總集。顯然，嚴氏極力推崇學
問根基，當以訓詁小學為通經明道之心鑰。而嚴氏也依此觀念，貫徹在其任
何著作。如《全三國文·鍾會》之〈移蜀將吏士民檄〉，該文分為二段，取自
《魏志·鍾會傳》及《文選》。〔註84〕其中第二段有「蜀相牡見禽於秦」一句，
嚴氏云：

> 益州先主以命世英才，興兵朔野，困躓荊、徐之郊，制命紹、布之
> 手，太祖拯而濟之，與隆大好。中更背違，棄同即異，諸葛孔明仍
> 規秦川，姜伯約屢出隴右，勞動我邊境，侵擾我氐、羌，方國家多
> 故，未遑脩九伐之征也。今邊境乂清，方內無事，畜力待時，并兵
> 一向，而巴蜀一州之眾，分張守備，難以禦天下之師。段谷、侯和
> 沮傷之氣，難以敵堂堂之陳。比年以來，曾無寧歲，征夫勤瘁，難
> 以當子來之民。此皆諸賢所親見也。蜀相牡見禽於秦，（蜀相牡，
> 《文選》作「蜀侯」。案：《史記索隱》言：「蜀王開」今此作相牡
> 者。《戰國策》「史陳莊相蜀。」牡與莊形近，疑陳莊相蜀，遂據
> 蜀，後見禽于秦也。《史記》及《華陽國志》皆不言，未知其審
> 也）……〔註85〕

單就「蜀相牡」一詞，嚴氏舉列了《戰國策》、《史記索隱》、《史記》、《華陽

〔註83〕〔清〕嚴可均：〈寄高郵夏味堂書〉，《嚴可均集·文類一》，卷3，頁112。

〔註84〕〔清〕嚴可均：〈移蜀將吏士民檄〉，《全三國文·鍾會》，卷25，冊3，頁249；
〔梁〕蕭統編；〔唐〕李善注：〈移蜀文〉，《文選》，卷44，冊下，頁1115～
1117。

〔註85〕〔魏〕陳壽撰；〔劉宋〕裴松之注：《三國志·魏志》，卷28，冊3，頁788～
789；〔梁〕蕭統編；〔唐〕李善注：《文選》，卷44，頁1117。

國志》等有關陳莊相蜀一事，據理推究蓋是「蜀相莊」。「牡與莊形近」之故。
該文考證形近訛字之誤，其校理之法當如陳垣所謂「書證」之。〔註86〕又如
《全梁文・闕名》之〈甘露寺鐵鑊〉，嚴云：「張邦基《墨莊漫錄》云：『京口
北固山甘露寺有二大鐵鑊，梁天監中鑄。』案仏即佛字。」〔註87〕該文未注
明出處，據宋時《墨莊漫錄》有載錄此文，而《釋文紀》反著錄較為詳實。
從末一句「案仏即佛字」，想必嚴氏重點即在此，「通訓詁以明道」為要，兼
及考訂古籍文物。就此而言，最能明確表達清代學術最終極理想即在此：

> 先生之治經，凡故訓、音聲、算數、天文、地理、制度、名物、人
> 事之善惡是非，以及陰陽氣化、道德性命，莫不究乎其實，蓋以考
> 核以通乎性與天道。既通乎性與天道矣，而考核益精，文章益盛，
> 用則施政利民，舍則垂世立教而無弊，淺則乃求先生一名一物一字
> 一句之間，惑矣。〔註88〕

在段氏眼中，戴震之考據目的在於通「性與天道」，一切以「戴道」之說為終
極目標。戴道之途徑就在考「一名一物一字一句」為起始。後之學者如王念
孫等人皆起而力行，解說與訓詁都從「實事」為出發，《全文》可說其考據訓
詁之學術總和體。

二、樹立博證、孤證不立之信念

經書史籍所載「聖人之道」與之對比於已發生的歷史事實，需要證據
確鑿不可有任何出入。近人劉師培（1884～1919）在〈近代漢學變遷論〉提
到說：

> 次為徵實派。康雍之間，為士者雖崇實學，然多逞空辯，與實事求
> 是者不同。及江、戴之學興于徽歙，所學長于比勘，博徵其材，約
> 守其例，悉以心得為憑。且觀其治學之次第，莫不先立科條，使綱
> 舉目張，同條共貫，可謂無徵不信矣。即嘉定三錢（引者按：指大
> 昕、塘、坫）于地與天算各擅專長，博極群書，于一言一事，必求

〔註86〕 陳垣著；陳智超主編：〈考證篇第六〉，《通鑑胡注表微》（合肥：安徽大學出
版社，收入《陳垣全集》第 21 冊，2009 年 12 月），頁 96。

〔註87〕 〔清〕嚴可均：〈甘露寺鐵鑊〉，《全梁文・闕名》，卷 69，冊 7，頁 723；〔宋〕
張邦基：《墨莊漫錄》（臺北：臺灣商務印書館，影印《文淵閣四庫全書》第
864 冊，1983 年），卷 7，頁 66；《釋文紀》，影印《文淵閣四庫全書》第 1401
冊，卷 20，頁 180～181。

〔註88〕 〔清〕戴震；趙玉新點校：〈戴東原集序〉，《戴震文集》，頁 1。

其徵。而段、王之學溯源戴君，尤長訓故，于史書諸子，轉相證明，
或觸類而長，所到冰釋。〔註89〕

就劉氏之言可見，乾嘉時期主流戴震、錢大昕、王念孫等人治學特點，以博
覽群籍為底，依次條列證據、歸納條貫。以「于一言一事，必求其證」為宗
旨，凡訓詁、子史、百家諸子皆「轉相證明」。據此，「同條共貫」與「觸類
旁通」相對；「一言一事，必求其證」與「無徵不信」對舉；「博極群書」與
「轉相證明」雷同。上述所說，指出僅有證據是不夠的，涉及到材料的鑑別與
詮釋義理，彼此之間是互為因果，兩者皆佔有極大的重要性。至此，全面地蒐
集有關的材料，經過分析，去偽存真，才能從中反映了實質的證據以證成其
說。嚴氏在〈孫氏孔子集語敘〉一文中，提及孫星衍纂輯該書時的過程：

嘉慶辛未歲，觀察引疾歸田。惜儒書之闕失，乃博蒐群籍，綜覈異
同，增多薛書六七倍，而仍名之為《孔子集語》者，識所緣起也。
其纂輯大例：《易十翼》、《禮小戴記》、《春秋左氏傳》、《孝經》、《論
語》、《孟子》，舉世誦習，不載；《家語》、《孔叢子》，有成書專行，
不載；《史記‧孔子世家》、《弟子傳》，易檢，亦不載。其餘群經傳
注、祕緯、諸史、諸子以及唐宋人類書，鉅篇隻句畢登，無所去取，
皆明言出處、篇卷。或疑文脫句，酌加按語。或一事而彼此互見，
且五六見，得失短長，可互證得之。〔註90〕

觀此上文可知，孫氏《孔子家語》為輯佚書之屬，從「群經傳注……可互證
得之」等語，幾可說為《全文》之縮影。如《全文‧凡例》「各篇之末，注明
見某書某卷。或再見、數十見，亦皆注明，以待覆檢」〔註91〕該書「博蒐群
籍」、「綜覆異同」二語均為「博證」之先決條件；其次，「一事而彼此互見，
且五六見，得失短長，可互證得之」之語，為樹立「孤證不立」必要手法。
由是，《全文》收載錄文秉持這「博證、孤證不立」的宗旨，窮盡一切來蒐羅
證據，以案語行文注明出處，以及求證其真偽。如《全梁文‧武帝》之〈定
梁律詔〉，「《隋書‧刑法志》，案：《梁書‧武帝紀》中云：『詔中書監王瑩等
八人參定律令』」〔註92〕該文為天監元年八月之詔書，指出訂定梁律之原由。

〔註89〕汪學群編；劉師陪著：〈近代漢學變遷論〉，《清代學問的門徑》，頁158。
〔註90〕〔清〕嚴可均：〈孫氏孔子集語敘〉，《嚴可均集‧文類三》，卷5，頁171。
〔註91〕〔清〕嚴可均：〈凡例〉，《全上古三代秦漢三國六朝文》，冊1，頁20。
〔註92〕〔清〕嚴可均：〈定梁律詔〉，《全梁文‧武帝》，卷2，冊7，頁15；《隋書‧
刑法志》，卷25，冊3，頁697；《南史‧梁本紀‧武帝》，卷6，冊1，頁186。

嚴氏又從《梁書‧武帝紀》紀載，稽考史書加以求證，謂及該事件之來龍去脈。該律令所參與者有八人，可說符合「孤證不立」之法則。又如《全梁文‧顧憲之》之〈牛埭稅格議〉，嚴氏云：

> 《南齊書‧陸慧曉傳》：「永明六年，憲之為隋王東中郎長史，行會稽郡太守，時西陵戍主杜元懿啟牛埭稅格，乞為官領攝。世祖敕示會稽郡『此詎是事宜？』可訪察即啟。」憲之議，並從之。又見《南史》三十五，咸淳《臨安志》八十九。〔註93〕

觀其案語，舉列三書分別記載顧憲之該議，然載文繁簡不一，當以《南齊書‧陸慧曉傳》最為詳細，致使嚴氏以「又見」《南史》、《咸淳臨安志》區別之。顯見，以「博證、孤證不立」之原則來體現乾嘉學術宗旨。其他亦如《全梁文‧沈約》之〈封梁公詔〉、〈策梁公九錫文〉等皆以相同舉證方式陳列。

　　《全文》的特點是不僅注重論據的全面性，更注意證據的可信度。特別是研究與自然界、器物等相關議題之學者，很注重用調查、觀察的方法獲取資料，證成其說。《全文》的錄文涵蓋碑文、地志，研究的範圍勢必要旁及金石之學，可說是以金石之學開啟研究歷史之先河。將調查所得與文獻記載結合一起，如《全後魏文‧闕名》之〈龍驤將軍營州刺史高貞碑〉，高貞史傳無名，該碑為孫星衍所藏。嚴氏就此碑所載而補足史傳之不足，其言：

> 右〈高貞碑〉，金石家未著于錄。孫伯淵觀察始得知衛河第三屯，逐樹德州學宮。《魏書》無高貞名，《通典》八十二：「延昌三年七月，司徒平原郡宮高肇兄子，太子洗馬貞卒。」今《魏書‧禮志四》「貞卒」二字作「員外亡」，傳寫之誤也。碑云：「祖左光錄大夫、渤海敬公式，誕文昭皇太后，視為世宗武皇帝之外祖。」按，《魏書‧外戚傳》：「高肇父颺，颺女是為文昭皇后，生世宗。景名初，贈左光錄大夫，賜爵渤海公，諡曰敬，則貞祖即颺也。」碑又云……。
>
> 碑文完善，僅蝕十五字，就中「戴□」之「弄」、「同頮」之「頮」，同輩未識。余謂「戴□」，即《小雅》「戴弄」。魏孝文〈弔比干墓碑〉「執垂益而談□兮」，與此碑同。《玉篇》「唪」作「□」，偏旁從此。……德州新出土有高氏三碑，此其一。〈高湛墓志〉為田氏所藏，

〔註93〕〔清〕嚴可均：〈牛埭稅格議〉，《全梁文‧顧憲之》，卷40，冊7，頁403；《南齊書‧陸慧曉傳》，卷46，冊3，頁807～809；參見《南史：顧憲之傳》，卷35，冊3，頁922～924；〔宋〕潛說友：《咸淳臨安志》（臺北：臺灣商務印書館，影印《文淵閣四庫全書》第490冊），卷89，頁945。

植即貞之從父昆弟，惠政有聲，見于史。〈高湛墓志〉為封氏所藏，
湛不見于史。〔註94〕

顯然，嚴氏考究碑刻文獻，善於以傳世文本如史傳、類書、字書，相互校勘。
不僅附加考證錄文中之名物、記傳，由此對校其異文訛字。羅列各種參校典
籍《魏書》、《通典》《玉篇》、《金石錄》、《釋文》、《論語》，將高貞家族，明
確條貫的繫聯出來。以本書對校、他書對校，旁其經史諸籍，典型呈現清代
學術「博證，孤證不立」之旨要。

三、以實事求是為宗

考據學派的實事求是與我們現代所認知的實事求是的意旨有很大的不同。
郭康松在《清代考據學研究》一書中，有明確的說法：

> 實事：指以儒家經典為主的古代典籍；求是：是求得經典等典籍的
> 原貌本義。這樣就限定了他們「求是」的範圍主要是在古代的儒家
> 經典和其他典籍之內，不僅如此，而且是以古代典籍中可以求其實
> 的內容，即小學、典章制度、歷算等實證性很強的學科作為主要的
> 研究課題。〔註95〕

依此所說，若以儒家典籍為考究的範疇，在一定程度上限制了他們「求實」
的研究。如《詩經》一書，可研究的議題豐富多彩，若僅依戴震的思考模式，
進行這樣的考證解義，於「求實」的成果是有限的，其言：

> 今就全詩，考其名物字義於各章之下，不以作詩之意衍其說。蓋名
> 物字義，前人或失之者，可以詳覈而知。古籍具在，有明證也。作
> 詩之意，前人既失其傳者，非論其世，知其人，固難以臆見定也。
> 姑以夫子之斷夫三百者，各推而論之，用附於篇題後。〔註96〕

戴氏以《毛詩補傳》為例，意指作者於《詩》作的旨意，因《傳》的散佚而
難以知人論世。就此而言，戴氏忽略了史書、方志、氏族相關的記載。因此
陳垣提出以他書考證本經之方式，謀求「實事求是」之依據。例如在《通鑒
胡注表微》之〈考證篇〉言：

> 建武十四年，大中大夫梁統疏：「丞相王嘉，輕為穿鑿，虧除先帝舊

〔註94〕〔清〕嚴可均：〈贈營州刺史高貞碑〉，《嚴可均集・文類七》，卷9，頁301～
302。
〔註95〕郭康松：〈清代考據學的治學精神〉，《清代考據學研究》，頁135。
〔註96〕〔清〕戴震著；趙玉新點校；〈毛詩補傳序〉，《戴震文集》，頁147。

約成律。」

注曰：「按〈嘉傳〉及〈刑法志〉，並無其事。統與嘉時代相接，所引固不妄矣，但班固略而不載也。」

史略不載，即以梁統疏為證，並可以補史之略也。〔註97〕

陳垣以史例，探討實事須以他書相佐，導之證成。在某種程度上觀察，儒學已失其權威性。然而，透過懷疑及批判舊說的思維，務得事實，以為能求真為核心價值。如《全三國文・華歆》之〈奏討孫吳〉，嚴云：「《吳志・吳主權傳》注引《魏略》載魏三公奏。案：『此事在黃初三年，時三公乃華歆、賈詡、楊彪也。』」〔註98〕錄文出處於《吳志》注之引錄《魏略》，指出三公奏議。嚴氏據而考其三公名為華歆（157～232）、賈詡、楊彪（142～225）。此可謂在「求實」為核心價值下，凸顯考證在細微末節之處，仍不可省略而過。又如《全文》在引錄該文時，除注明出處時，往往會據事件始末，加以說明，其中以收載史傳類為多。如《全陳文・沈文阿》之〈大行俠御服重議〉：

檢晉、宋《山陵儀》：「靈輿梓宮降殿，各侍中奏。」又《成服儀》稱「靈輿梓宮容俠御及香燈。」又檢《靈輿宮進止儀》稱：「直靈俠御吉服，在吉鹵薄中。」又云：「梓宮俠御縗服，在凶鹵薄中。」是則在殿吉凶兩俠御也。

（《陳書・劉師知傳》：高祖崩，六日成服，朝臣共議大行皇帝靈座俠御人所服衣服吉凶之制。博士沈文阿議，宜服吉服。師知議云：「既稱成服，本備喪禮，靈筵服物，皆悉縞素。……」須服縗斬，蔡景歷、江德藻、謝岐等並同師知議，文阿重議。）〔註99〕

該文載錄於《陳書・劉師知傳》，為能符合實事之旨，嚴氏將其該文〈重議〉始末原委簡略敘述出來。起因於陳武帝（503～559）駕崩，如何服喪之爭議。之外，史書將其列載於劉師知傳記裡，包括《陳文紀・劉師知》之（沈文阿重議）。嚴氏將其析出，列在沈文阿之屬文，可說較符合「實事求是」之

〔註97〕陳垣著；陳智超主編：〈考證篇第六〉，《通鑑胡注表微》，收入《陳垣全集》第 21 冊，頁 98。

〔註98〕〔清〕嚴可均：〈奏討孫吳〉，《全三國文・華歆》，卷 22，冊 3，頁 217；〔魏〕陳壽撰；〔劉宋〕裴松之注：《三國志・吳書》，卷 2，冊 5，頁 1126。

〔註99〕〔清〕嚴可均：〈大行俠御服重議〉，《全陳文・沈文阿》，卷 12，冊 8，頁 124；〔唐〕李延壽：《南史・劉師知傳》，卷 68，冊 6，頁 1667；〔唐〕姚思廉：《陳書・劉師知傳》（北京：中華書局，1972 年 3 月），卷 16，冊 1，頁 229。

準則。

　　至於「求是」之法旨，可區分為二來說之，一是如上述論及，找出該文出處，將其返歸其適當的類屬。如《全梁文・何遜》之〈為衡山侯與婦書〉，嚴案言：

> 前明張紞所刻集本有〈七召〉，張溥本從之。《七召》出《文苑英華》三百五十二，在簡文帝〈七勵〉之後，無名氏前，不言何遜所作。葉紹泰編入《昭明集》，皆無所據也，今入梁闕名類。〔註100〕

又《全梁文・闕名》之〈七召〉

> 《文苑英華》三百五十二。案此編在簡文帝〈七勵〉之後，無名氏前。明葉紹泰勘入《昭明集》，張紞及張溥又編入《何遜集》不知何據。昭明自有〈七契〉，此當入闕名類。〔註101〕

合上兩文觀之，首先，嚴氏探討〈七召〉之作者非何遜（480～520），又該篇名本於《文苑英華》簡文帝〈七勵〉文之後。至此，清人葉紹泰直入《昭明集》，兩者皆無所據。由此，嚴氏秉持「求實」觀，則編列在闕名類。其二，在「由小學通經明道」原則下，不曲臆為說，以考訂名物、字義、典章制度為真。如《全三國文・文帝》之〈賜桓階詔〉：

> 昔子文清儉，朝不謀夕而有脯糧之秩；宣子守約，簞食魚飱而有加梁之賜。況光大魏，富有四海，棟宇之大臣而有蔬食，非吾所以禮賢之意也。其賜射鹿師二人，并給媒。（《御覽》二百六十二引〈桓階別傳，又引本注，齊人謂曲糵為媒。）〔註102〕

該文出處注為《御覽》之《桓階別傳》，末字「媒」，嚴氏特舉其解為「曲糵」。又如《全陳文・袁泌》，《陳書》有袁泌傳；嚴氏考其歷代著錄情況，不一而足，加減陳述，與《陳書》較之，更為清晰通曉。《陳書・袁泌傳》記載：

> 泌字文洋，清正有幹局，容體魁岸，志行修謹。仕梁歷諸王府佐。侯景之亂，泌兄君正為吳郡太守，梁簡文帝在東宮，板泌為東宮領

〔註100〕〔清〕嚴可均：〈為衡山侯與婦書〉，《全梁文・闕名》，卷59，冊7，頁608；唐〕歐陽詢撰；王紹楹校：《藝文類聚》，卷32，冊2，頁572；〔明〕張溥：《漢魏百三家集》，影印《文淵閣四庫全書》第1415冊，卷100，頁415。

〔註101〕〔清〕嚴可均：〈七召〉，《全梁文・闕名》，卷69，冊7，頁723；《文苑英華》，卷352；〔明〕張溥：《漢魏百三家集》，影印《文淵閣四庫全書》第1415冊，卷100，頁415。

〔註102〕〔清〕嚴可均：〈賜桓階詔〉，《全三國文・文帝》，卷5，冊3，頁53；〔宋〕李昉：《太平御覽》，卷262，冊2，頁1357。

直，令往吳中，召募士卒。及景圍臺城，泌率所領赴援。城陷，依
鄱陽嗣王範。範卒，泌降景。景平，王僧辯表泌為富春太守，兼丹
陽尹。貞陽侯明僭位，以為侍中，使於齊。陳武帝受禪，泌自齊從
梁永嘉王莊往王琳所。及莊稱尊號，以泌為侍中、丞相長史。琳敗，
眾皆散，唯泌輕舟送達于北境，屬莊於御史中丞劉仲威，然後拜辭
歸陳請罪，文帝深義之。累遷通直散騎常侍，兼侍中，聘周。及宣
帝入輔，以泌為司徒左長史，卒于官。臨終戒其子芳華曰：「吾於朝
廷素無功績，瞑目之後，斂手足旋葬，無得受贈諡。」其子述泌遺
意，朝廷不許，贈金紫光祿大夫，諡曰質。〔註103〕

又《全陳文》敘述袁泌生平，其說：

泌字文洋，陳郡陽夏人。梁司空昂子。為員外散騎侍郎，歷諸王府
屬。太清中為東宮領直。臺城陷，依鄱陽王範。範卒，降侯景。景
平，王僧辯表為富春太守，兼丹陽尹。貞陽侯即位，奉使於齊。而
貞陽侯廢，永嘉王建號，仍為侍中，兼丞相王琳長史。元嘉元年（本
傳作「二年」，誤）兵敗來降，授寧遠始興王府法曹參軍，轉諮議參
軍，除通直散騎常侍，兼侍中，領豫州大中正、聘周還，授散騎常
侍、御史中丞。廢帝即位，除雲旗將軍，司徒左長史。光大元年卒。
贈金紫光祿大夫，諡曰質。〔註104〕

兩文同載一人，內容各有所長，而《全陳文》的敘述顯然較有簡潔條理。其
次，在實事求實的基礎上，嚴氏又考證作者歷官年份有誤，且加以補正本傳
之誤，以「元嘉元年」為是。

四、結語

　　洪邁曾言：「經典義理之說，最為無窮，以故解釋傳疏，自漢至今，不可
槩舉，至有一字而數說者……用是知好奇者欲穿鑿附會，固各有說云。」〔註105〕
提及古今變革，傳疏注解不可勝數，亦各有不同詮釋說法。由是，強調訓詁
名物的重要性，主張通過客觀地對字義字音的探求來闡發經典本身的義理、
聖道，可說是清代考據學之學術通旨。就此影響學者治經，也影響到清人研

〔註103〕〔唐〕姚思廉：《陳書・袁泌傳》，卷26，冊2，頁721～722。
〔註104〕〔清〕嚴可均：《全陳文・沈文阿》，卷13，冊8，頁127。
〔註105〕〔宋〕洪邁：〈義理之說無窮〉，《容齋續筆》（臺北：臺灣商務印書館，影印
　　　　《文淵閣四庫全書》第851冊），卷2，頁417～418。

究古代歷史、地理、天算、子學等相關學科。其次，經學本身是一個包容哲學、史學、文學、天算等學科之綜合體。對經書有關問題的探討，不得不從經典的同時代、或者相近時代的子書、史書中尋找材料作為事證。從而間接推動對子書、史書的研究。對此，王鳴盛〈十七史商榷序〉一文有很清楚論述，由小學通經明道之下的影響，顯見一斑。

> 始悟讀史之法，與讀經小異而大同。何以言之，經以明道，而求道
> 者不必空執義理以求之也。但當正文字、辨音讀、釋訓詁、通傳注，
> 則義理自見，而道在其中矣。譬若人欲食甘，操錢入市，問物有名
> 肝者乎？無有⋯⋯。讀史者不必以議論求法戒，而但當考其典制
> 之實，不必以褒貶為與奪，而但當考其事迹之實，亦猶是也。固曰
> 同。〔註106〕

依此上文，王氏所強調治經以小學、訓詁之法則，可通用於治史；舉凡名物史實、典章制度的源流變遷、地理沿革、使之考證史文、注文的訛誤、脫漏、衍文，甚至對史籍糾繆、滯礙等，都能清楚條貫，解決典籍詮釋之問題。《全文》於載文的考證皆以案語形式說明，有見於上述舉例事證，特別在求實求是的研究上，嚴氏的輯佚成就超越前人之處，充分體現考據學的客觀性及科學性上。

〔註106〕〔清〕王鳴盛：〈十七史商榷序〉，《十七史商榷》（上海：上海書店，2005年12月），頁1～2。

第八章 《全文》缺失研究

　　《全文》的價值是備受肯定的，它保存上古三代以及先唐前的藝文資料，其中有一些作家的別集或者作品，目前已經亡佚，均是時人在進行校勘、輯錄、考訂所採納的重要依據，富有極大的學術價值。然而，在其肯定的同時，不可否認仍存有各種問題，如日本學人森野繁夫在〈嚴可均《全晉宋文》補遺〉中提出兩大要點，一是資料出處不注載；二是嚴氏失收之作品。雖以《全晉文》、《全宋文》為例，仍可與《全文》多相連結。又如林曉筠〈嚴可均之輯佚學初探——以《全上古三代秦漢三國六朝文》為中心〉，則列舉六類為謬誤之內容，也是《全文》較為明顯的缺點；甚至河北教育出版社在《全上古三代秦漢三國六朝文‧校點前言》也舉列重大編輯失誤有十一項之多，之後又另行補充說明第九項「校文字訛脫衍舛」問題較多之外，其他方面所佔比例甚少。總言之，該書的編纂覈訂大致完善，出現的缺失在所難免，瑕不掩瑜。就此，筆者認為在時空背景的局限下，有必要做一個總檢討，失誤之因在哪？使之能提供給後人一個經驗，彌補其闕失之處，展望未來的出版者，能後出轉精。

第一節 《全文》謬誤之成因（編輯條件侷限性）

　　輯佚的第一要務就是先行廣泛蒐集佚文，博采相關資料，希冀能網羅一盡，備求齊全。然如《全文》這樣大規模的輯佚工作，雖用力至勤，仍很難做到精善盡美的程度。尤以佚文失考，遺漏甚多為主因，可見網羅工作的不易。如梁啟超所言：「集部之名，起於六朝，故考古者無所用其極。然蒐集逸

文，其工作之繁重亦正相等。」〔註1〕據此，面對古籍在流傳的過程中以脫佚
嚴重可為最大之難題，至於如何能輯校脫佚、輯拾漏佚，可說是困難重重。
對此，從而凸顯出《全文》繆誤的成因即在此。如俞正燮在〈全上古三迨至
隋文目錄不全本識語〉中舉出數種佚文，可增補嚴氏《全文》，顯見輯佚漏拾
的現象隨時可見，難以避免。

> 然《文選》〈顏延年·侍宴曲阿〉、〈後湖詩注、〉、〈七命注〉並引
> 《越絕書》；伍子胥《水戰兵法》，《內經》有〈大翼艘〉、〈中翼
> 艘〉、〈小翼艘〉，廣長丈尺之文應補入周伍子胥文。又多引《莊
> 子》為今書所無。應彙尋《莊子》逸語補入《周莊周》文。《太平廣
> 記》載《異聞記》任升之藏〈鍾山壙銘〉，見《唐書·儒學部·郭欽
> 悅傳》言：「梁大同四年七月十二日己巳，任昉得銘為東漢建武四
> 年三月十日庚寅葬。閱五百十二年六千三百十二月十八萬六千四百
> 二十日而墮。」其文奇譎似《左傳·絳老人》，應補入東漢闕名；
> 《抱朴子》內外篇成書，此例不收，其自序則收之；……〔註2〕

據此，嚴氏在《全文》編纂大致完備時，當時人已注意該書漏拾缺失的部分，
如伍子胥《水戰兵法》、《內經》等著作，尚有脫佚未輯及待後人校勘訂定之
文，可見當時，原書舊籍仍保持完善，通行當世。若與他書所注引之文相與
對勘，則顯而易見其脫簡、缺句等狀況。所謂「輯校脫佚文」，就是將所脫的
簡文、所缺的文句，逐一輯出並獨立成篇。〔註3〕此外，如「輯拾漏佚」，即
是將注文見引《莊子》逸語，補足《莊子》一書。繼而拓展至以全集性的詩
文總集、別集之漏佚為對象的輯佚活動。全面將斷代、通代詩文總集，或者
個人別集漏收、棄收，以及未能成集者的散佚之詩文，逐一摘出。以單獨別
行方式集結成冊，或附錄於舊集。〔註4〕由是，《全文》的蒐文過程確實有其
侷限性，觀其致誤之因，大抵可分為兩種，一是未能即時收載，二是應收未
收之誤。

〔註1〕梁啟超：〈輯佚書〉，《中國近三百年學術史》，頁301。
〔註2〕〔清〕俞正燮：〈全上古至隋文目錄不全本識語〉，《癸巳存稿》，《續修四庫全
　　　書》第1160冊，卷12，頁136。
〔註3〕曹書杰：〈緒論〉，《中國古籍輯佚學論稿》，頁10。
〔註4〕曹書杰：〈緒論〉，《中國古籍輯佚學論稿》，頁10。

一、未能即時收載之失

　　嚴氏於《全文》的編纂共花了二十七年時間,「肆力九年,草創粗定。又肆歷十八年拾遺補闕,抽換之,整齊之,畫一之,已于事而竣」。〔註5〕觀此,可知補遺拾闕之功夫比編纂草定所耗費功夫更顯繁雜矣。以收載《抱朴子》內外篇佚文為例,可見一斑:

> 今世見存《抱朴子》,以《道藏》本為差善,起「疲」字號六,迄「志」字號七。《內篇》十四冊,凡二十篇,為二十卷。《外篇》十九冊,凡五十二篇,為五十卷。徧問收藏家,都無宋刊本。孫觀察星衍收得舊人校本,係照天一閣所藏刊本,用硃筆塗改者,驗與《道藏本》大同。〔註6〕

據此可知,《抱朴子》乃是嚴氏利用為繼昌(1791～1849)校書之便,所收載之成果。《內篇》由孫星衍及顧廣圻(1770～1839)共同校訂,繼昌出資刊行;嘉慶二十二年(1817)繼昌復請嚴氏校訂《外篇》,繼而覆校《內篇》,其云:

> 《內篇》神仙家言,應驗與否,所未敢知。《外篇》駁難通釋,稽古正今,于持身接物之宜,言富而理濟,又頗通達治體,為政者當置座右。刻《內篇》而不刻《外篇》,猶登山者未陟其顛也。乃以九月二十七日始,據盧舜治本,以《道藏》本及照校天一閣藏本,顧秀才所藏舊寫本,并《意林》、《群書治要》,首自改正,刪補千餘字。又據《北堂書鈔》補足〈酒醴篇〉三十四字。浹旬牆畢,發工寫樣。越翌日,自嫌校此殊草草也,更取《外篇》并往年所刻之《內篇》重校之。廣搜群書所引見,考覈異同,擇其精善,別為〈校勘記〉一卷。凡《內篇》二百二十五條,《外篇》三十一條,尚多不可通者,闕疑未敢臆定。……〔註7〕

細數該文說明,共分別校定《抱朴子》兩次;重點指出內外篇之異同,《內篇》為神仙瑣談之異聞,《外篇》概屬外王治事之道;又言,利用十天間除校《外篇》,也一併重新考核《內篇》。首以臚列群書所引述注文為先,並旁搜不同

〔註5〕〔清〕嚴可均:《全上古三代秦漢三國六朝文・總敘》,冊1,頁8。

〔註6〕〔清〕嚴可均:〈代繼蓮龕為抱朴子敘〉,《嚴可均集・文類四》,卷6,頁194～196。

〔註7〕〔清〕嚴可均:〈代繼蓮龕為抱朴子敘〉,《嚴可均集・文類四》,卷6,頁194～196。

刻本，加以選定底本。採錄範圍旁及唐以前類書如《意林》、《群書治要》，據此改正刪補，考訂闕疑存。易言之，將歷來所刊載《抱朴子》相關文獻，統合整理，錄收的成績可說是超越初校刊本。之後，又不滿足於現況，自認考訂草率，將內外等篇重而校之，繼而勘訂了《內篇》達二百餘條、《外篇》有三十餘條。自此，時而檢視，仍費力於未臆定之憾事。於此，又敘及現前所見傳本、舊寫本、天一閣藏本、道藏本等，對比歷代書目所著錄，顯見突破前人輯佚成果良多。其說明云：

> 是書久殘缺，以《隋志》視梁《七錄》，則《外篇》少二十一卷；以《新唐志》視《隋志》，則《內篇》少十一卷，《外篇》少十卷；以《郡齋讀書志》視《新唐志》，則《外篇》複少十卷。今本《內篇》之十五六，《外篇》之十三四。《晉書》本傳載洪自敘，大凡內外一百一十六篇，今本內、外七十二篇，往往有短篇，僅二三百字，或百數十字，亦篇各為卷。……古書亡者極多，《抱朴》僅存而殘缺如此，甚可惋惜。乃剌取群書引見而今本所無者，省并複重，得百四十五條，為《內篇佚文》、《外篇佚文》各一卷，略存隋、唐本梗概焉。〔註8〕

上文所述，指出今校本的輯錄補逸本，超越歷代史志的記載。尤以第三次的校勘成績最為可觀。進而言之，若能從群書所引部分加以裁決甄別，則仍可發現尚多條文未見諸於世。在此基礎上，將其結集內外篇各一卷。顯見，利用歷代書目來進行整理文獻，乃是不容忽視之一環；所以，有關輯佚一事，務以搜佚補文為下手處，仍不可輕言廢絕。因之、每校一次，或多或少定能找出闕疑漏遺之現成證據。

> 既又念所據《道藏》等四本，所引證僅《意林》及《群書治要》所載之五篇，而于他書未及偏檢，心闕然也。因復取《外篇》并囊所刻《內篇》統校之，以《道藏》本及藏本、官本《意林》、舊寫本《北堂書鈔》、眾本《藝文類聚》、宋本《初學記》、明本《白孔六帖》、……計是役也，檢書二千許卷，逐條審正，至再至三，不二十日而事竣，非故速也。自念身任旬宣，非可在破書堆中曠日持久作不急之務者。既從事焉，宜甚勤，勤故速成，而罣漏或不能無，尚

〔註8〕〔清〕嚴可均：〈代繼蓮龕為抱朴子敘〉，《嚴可均集·文類四》，卷6，頁194～196。

望海內同志指余所未逮也。〔註9〕

於此，古籍校定是一件永續不可停歇之學術工作。所以才說「罣漏或不能無」，其後，嚴氏將《抱朴子》內外篇佚文刊行，並說：

> 余手校《抱朴子》，因繙檢群書所引見，往往有今本所無，隨見隨錄，省并複重，得百四十五事。輒依本書大例，以其言神仙黃白事為《內篇佚文》，其餘駁難通釋為《外篇佚文》，各一卷。〔註10〕

收載方式是隨見隨錄，省并複重又得一百四十五則，條理體例，將其收入在《全晉文》卷一一七。可見，嚴氏利用為友人校書工作機會，同時也在進行《全文》的編纂。據悉，在《抱朴子外篇》刊成後，嚴氏又覆校審視，繼而糾出校審之繆，以及增置兩條佚文。其說：

> 蓮龕方伯手校《抱朴子外篇》，并取五年前所刻《內篇》重校之。為《校勘記》一卷，《佚文》二卷。刻既成，以示其同年嚴可均。可均受而讀之，具見方伯用力之勤，搜羅之備，持擇之精，而猶歉然謂罣漏不能無也。因為之復審再三，《外篇・博喻》之九葉後十行「雖出幽谷」，《北堂書鈔》寫本一百二十一作「雖出自于幽谷」，此脫「自」字。〈廣譬〉之九葉後一行「不願為蜣蜋之穢飽」，《御覽》九百四十六作「不羨」兩通。……右五事似可補采，其他罣漏實鮮，世間《抱朴子》必以此為最善本。〔註11〕

嚴氏據《北堂書鈔》、《御覽》、〈安貧篇〉校正了三處之誤；之外，又找出《內篇》佚文二則，另一則不敢臆定是否為內外篇之屬。依新見二條佚文，顯然未能及時收入在《全晉文》裡。可見，《全文》編纂之難有二，一是古籍散亡嚴重，久已殘缺之古書，雖以隨見隨錄之手法，仍有「罣漏不能無」之遺憾，二是若要論及輯校脫佚文之缺失，概是以疏漏遺漏，未能及時收載之成因。又如《全漢文・揚雄》之〈蜀王本紀〉，嚴氏輯校二十六條，列入《揚雄集》。大抵是記載蜀先王來歷、定都、性格好色等軼事。《四庫總目》提及其源流：

〔註9〕　〔清〕嚴可均：〈代繼蓮龕敘抱朴子校勘記〉，《嚴可均集・文類四》，卷6，頁196～197。

〔註10〕　〔清〕嚴可均：〈代繼蓮龕為抱朴子佚文〉，《嚴可均集・文類四》，卷6，頁197。

〔註11〕　楊明照：《抱朴子外篇校箋・附錄》（北京：中華書局，1991年12月），冊下，頁768～769。

《揚子雲集》六卷，〔漢〕揚雄撰。案《漢書‧藝文志》、《隋書‧經籍志》、《唐書‧藝文志》皆載雄集五卷，其本久佚。宋譚愈始取《漢書》及《古文苑》所載四十餘篇，仍輯為五卷，已非舊本。明萬歷中，遂州鄭樸又取所撰《太玄》、《法言》、《方言》三書及類書所引《蜀王本紀》、《琴清英》諸條，與諸文賦合編之，釐為六卷，而以逸篇之目附卷末，即此本也。〔註12〕

依此，《揚雄集》散佚嚴重，歷來諸家皆不著錄《蜀王本紀》，初見明代鄭樸所言，僅三條。〔註13〕其後之《西漢文紀》、《百三家集》也未能見其收載一二，由此可見，嚴氏《蜀王本紀》之輯本，乃為增併《揚雄集》開路之先鋒。據張峰屹在〈嚴可均輯校《蜀王本紀》之誤漏舉要〉一文，提及漏輯兩條佚文：

望帝禪位鱉靈，靈稱叢帝，號方通。〔註14〕

鱉靈死，其屍逆江而流至蜀，王杜宇以為相。宇自以德不及靈，傳位而去。其魄化為鳥，因名此亦曰杜鵑，即望帝也。〔註15〕

觀此二文，顯然要將古籍搜羅殆盡，僅是輯佚者一種希冀，難見其全。易言之，若要細數嚴氏漏載之因，大抵是因未能及時收載之故。對此，前有鄭樸粗略的輯校，後有嚴氏加以補佚，從文獻價值的角度察之，仍可說是厥功至偉。嚴氏以一人之力成書八百餘卷，可謂用功至勤。誠上述所舉《抱朴子》內外篇之輯校，共覆校重核三次，至於稽考旁校各書異本，將之彼此互證，更是難計其數。所以，文廷式（1856～1904）評論《全文》為例，可見嚴氏漏收之因由，蓋因出土文獻日多，而未能見之。「為編輯既富，遺漏亦多，加以出土之金石、佚存之書籍，鐵橋所未見者，不知凡幾。」〔註16〕誠如程章燦在〈石刻文獻與古代文學研究雛論〉一文，直接點出《全文》成書面臨遺珠之憾事，包括後來陸續出版文學總集，皆是難以避免該狀況的發生。

〔註12〕〔清〕永瑢等撰：《四庫全書總目‧集部》，卷48，冊下，頁1271。

〔註13〕張峰屹：〈嚴可均輯校《蜀王本紀》之誤漏舉要〉，《文學文獻》2013 年第 4 期，頁16～24。

〔註14〕〔宋〕高承：《事物紀原》（臺北：臺灣商務印書館，影印《文淵閣四庫全書》第920 冊，1983 年），卷1，頁21～22。

〔註15〕〔宋〕高承：《事物紀原》，影印《文淵閣四庫全書》第920 冊，卷10，頁290～291。

〔註16〕〔清〕文廷式：《純常子枝語》（上海：上海古籍出版社，《續修四庫全書本》第1165 冊，1995 年），卷10，頁140。

明清以來，學者們在重新編撰前代文人別集以及收集一代詩文文獻
的過程中，普遍意識到石刻文獻是一座極為豐富的礦藏，絕對不可
忽視。以先唐詩文總集為例，清代嚴可均校輯的《全上古三代秦漢
三國六朝文》和今人逯欽立校輯的《先秦漢魏晉南北朝詩》，都已經
注意使用石刻文獻，顯示了較為寬廣的史料視野。但另一方面，也
有一些石刻文獻材料嚴可均和逯欽立未曾寓目，另有一些石刻文獻
則在他們身後才出土或被發現。因此，在今天看來，二書在利用石
刻文獻輯佚方面，仍不免有遺珠之憾。嚴可均由於成書較早，這一
方面的問題就更為突出一些。以墓誌這一文體為例，1992 年，天津
古籍出版社出版了趙超編著的《漢魏南北朝墓誌彙編》。此書在趙萬
里《漢魏南北朝墓誌集釋》及北京圖書館和北京大學圖書館所藏拓
片的基礎上，補充收集了 1949 年到 1986 年間各地新出土的先唐墓
誌。該書補充的這一部分內容，基本上是《全上古三代秦漢三國六
朝文》所缺輯的，可以看做是嚴可均書的補編。〔註17〕

觀此論述，雖以《全文》為討論中心，實則可連結其他相關之著作。就此也
可看出嚴氏編纂之侷限性，以及漏遺失收之最大緣故，在於出土文獻不斷翻
新補充，《全文》後續為何仍有補佚校輯一事，顯見一斑。

二、應收未收之誤

通觀《全文》造成「輯校脫佚之文」及「輯拾漏佚」兩者之誤，除上述
所論「未能及時收載」之缺失外，另有「應收未收」之失。如《闕子》一篇，
有〈敘錄〉當同收入《全上古三代文》，至於為何未能收入《全文》呢？仍須
進一步探討，因與本題無關，暫不贅述。如《黃帝占》三卷，作〈黃帝占敘〉，
其言：

> 《黃帝占》世無傳本，《開元占經》徵引甚多。余始寫出，以《乾象
> 通鑑》校補，疑者闕之，凡二萬□千□百□十□字，分為三卷，而
> 為之敘錄曰：古者以太陰紀年，至王莽用《三統曆》，始以太歲紀年。
> 余嚮為《太初元年甲寅丙子說》，既考之詳矣。此書占八穀，有太陰
> 乘寅、乘卯、乘辰等占，而又別有太歲，多非後世語。其占少微有

〔註17〕程章燦：〈石刻文獻與古代文學研究雜論〉，《文獻學研究的回顧與展望——第
二屆中國文獻學學術研討會論文集》（臺北：臺灣學生書局，2002 年 3 月），
頁 504。

「聞如孔子，巧如魯般」二語，知譔書人在孔子後，蓋六國時依託
也。近代無私習天文之禁，推步精于古人，而占侯之術，古人亦或
驗而不驗，今不甚信行，故古書多不傳，傳亦置不省覽。……隋、
唐《志》有《黃帝五星占》一卷。如謂此書即一卷本，則卷太大，
疑隋、唐時有別本合《雜子氣》彙錄之者。今故不題《五星占》，依
《占經》題《黃帝占》焉。〔註18〕

該文闡述重點有二，一是取資於《開元占經》，並以《乾象通鑑》校補得約二
萬餘字，三卷。其二，以歷來書目著錄的卷數、篇數觀之，疑似彙錄他書《雜
子氣》合為一卷，稱為《黃帝五星占》，實已非古籍《黃帝占》原貌。由是，
依襲《開元占經》題名，以《黃帝占》名之。就此收佚三卷，分別為：

《黃帝占》卷上

日 月 五星總 歲星 營惑 填星 太白

《黃帝占》卷中

辰星 二十八宿 眾星

《黃帝占》卷下

流星 客星 妖星 風 雨 虹 霧 濛 八穀 飛鳥〔註19〕

依《全文》體例，當應收入在《全上古三代文》中，只見〈黃帝敘〉載錄在
《鐵橋漫稿》裡。為何失收則不得其解。其他如金石碑刻，常見《鐵橋漫稿》
記載其碑況源流，《全文》則應收而未收。如北齊之〈崔頠墓志銘〉，其敘言：

右〈崔頠墓銘，益都新出土。損左下角，缺五字，又缺兩半字。文
云：「尚書僕射貞烈公之孫，涇州使君第二子。」按：《魏・崔亮
傳》：「遷尚書右僕射，轉尚書僕射加散騎常侍，正光二年卒，諡曰
貞烈。」亮三子，次士和，拜冠軍將軍、中散大夫、西道行臺元脩
義左丞，行涇州事，則頠祖即亮，父即士和也。文云：「年廿六，武
定六年卒。」計頠之生在正光四年，亮先二年卒，士和奉使，為莫
折念生所害在正光五年。頠以孤子早世，宦未達，故史無其名。然
片石如新，譔書精麗，名門遺跡，故自不凡。而余最先靚，有餘快
也。〔註20〕

〔註18〕〔清〕嚴可均：〈黃帝占敘〉，《嚴可均集・文類三》，卷5，頁177～178。
〔註19〕〔清〕嚴可均：〈黃帝占敘〉，《嚴可均集・文類三》，卷5，頁178。
〔註20〕〔清〕嚴可均：〈崔頠墓志銘〉，《嚴可均集・文類七》，卷9，頁303。

從上文觀之，嚴氏利用了碑文記載，加以《魏書》佐證，理出崔頤之生平事蹟。若以「片石如新」一語來看，該墓志銘因可詳載收入在《全北齊文》，不知何故應收而未收？又如北齊之〈陽阿故縣村造像記〉，僅見〈敘〉言：

> 右碑在山西鳳臺，故漢陽阿縣也。「邉」與「遍」同，又作「遍」，或作「邊」，皆北朝俗字。或釋為「邊」，非也。〔註21〕

該文僅見校字異同之論，未見任何有關內容的記載。顯見，嚴氏應收入《全北齊文》，卻將其漏遺。凡此舉列，大抵是以石碑刻文出現比例為多，可能皆已收入其《平津館金石萃編》，才不贅錄，此議題仍須進一步查證。

綜觀《全文》繆誤之成因，乃由於新出土文獻，以及新資料的不斷出現，造成嚴氏未能及時收載。如文廷式所述及《黃帝占》仍可輯錄四五十卷數；另外，則常見應收而未收的失誤，大抵是嚴氏對所校輯的對象仍存有不確定性，才未能收入《全文》之故。

（一）新資料的出現

《全文》收載資料，舉凡古書經籍、金石碑刻等皆為收錄範圍，然仍未能盡極之。此因出土金石，存佚書籍不知凡幾，人人不可能全然靚之。單就《全上古三代文》為例，文廷式則補輯許多：

> 余嘗欲輯而補之，尚可四五十卷，匆匆未有暇也。今姑就三代以前略舉其遺漏者：《太平御覽》七十九引《歸藏》內有〈女媧占辭〉，應補入伏羲後；又鐵橋錄〈神農占〉，而《續漢志》注及《開元占經》所引〈黃帝占〉凡數百條皆為鈔輯；既錄〈黃帝道言〉，而《列子》所引〈黃帝書〉何以遺之；〈黃帝出軍訣〉，鐵橋所錄一條，而《御覽》三百二十五、三百四十九所引四條悉未采錄；……若近時所出齊鎛、克鼎之類，並三代金文鉅製尤不當煙沒者矣。（又《歸藏・啟筮》、《山海經・大荒・南經》注所引，鐵橋亦失載）〔註22〕

據此，文氏舉出單以《全上古三代文》視之，嚴氏尚有許多待補遺拾漏之處。然最末一語則點出世人皆面臨之問題，「若近時所出齊鎛、克鼎之類，並三代金文鉅製，尤不當煙沒者矣」。新近出土古器齊鎛、鼎銘、金文等，以及新發

〔註21〕〔清〕嚴可均：〈陽阿故縣村造像記〉，《嚴可均集・文類七》，卷9，頁305；參見〔清〕洪頤煊：《平津讀碑記・北齊》（上海：上海古籍出版社，《續修四庫全書》第905冊，1995年），卷3，頁30。

〔註22〕〔清〕文廷式：《純常子枝語》，《續修四庫全書本》第1165冊，卷10，頁140～141。

現的文獻資料，仍須隨時關注掌握，否則就易於遺漏失錄，造成難以齊全之
主因。誠如錢鍾書（1910～1998）在《管錐篇》就提出一百四十條《全文》
漏遺繆誤之處，且舉出當代人對其拾遺正誤之指教。其說：

> 俞氏〈識語〉已增補嚴書缺漏數事，後來平步青《樵隱昔寱》卷四
> 〈與汪荔牆書〉，文廷式《純常子枝語》卷四、卷十，楊守敬《晦明
> 軒稿》第二冊〈補嚴氏古文存序〉等各為補遺正誤。擷摭未盡，餘
> 地尚多。〔註23〕

錢氏之語，舉出二事。一是當代如俞正燮、平步青（1832～1896）、楊守敬
（1839～1915）等人，已逐步發現其缺漏部分而加以補正；其二是道盡了《全
文》為何不能盡全之功，在於文獻資料常遇無法解決之難題，「擷摭未盡，餘
地尚多。」猶如《全後魏文・孝文帝》之〈為馮太后造塔記〉，再三覆核，仍
可發現其編纂之誤。其說明：

> 《魏書・文成文明馮后傳》案：「《續高僧法上傳》及《辯正論》并
> 載齊文宣天保二年詔云：『仰惟慈明，輯寧四海，欲報之德，正覺是
> 馮，諸鷙鳥傷生之類，宜放于山林，即以此地為太皇太后經始寶
> 塔，廢鷹師曹為報德寺。』此與詔同。梅禹金據《北齊書》天保初
> 尊母婁后為皇太后，濟南王即位，始尊為太皇太后。文宣時安得有
> 此稱謂？當以《魏書》為正。余覆案良然，于所編《北齊文》刪去
> 此詔。」〔註24〕

該文取自《魏書・文成文明馮皇后傳》，且與梅鼎祚《北齊文紀》之錄文對勘，
當有所懷疑；其次，在考核其他文獻《續高僧法上傳》及《辯正論》齊文宣
天保二年（511）錄載之詔書，進而佐證，當是梅氏誤編入北齊文。「余覆案良
然，于所編《北齊文》刪去此詔」一語，可說是嚴氏對文獻覆核之感慨，再
三審核才敢刪除此詔之誤編。

（二）未能臆定之故

嚴氏在重編《蔡中郎集》時提及「《蔡邕急》宋時得殘本，重加編次，餘
無存者。」〔註25〕之後，又云：「《蔡邕集》十卷，《外傳》一卷。『一、明初
九行仿北宋刻本；一、明錫山重刻本；一、影寫蘭雪堂活字本；一、明徐子

〔註23〕錢鍾書：〈《全上古三代秦漢六朝文》總敘〉，《管錐篇》第3冊，頁854。
〔註24〕〔清〕嚴可均：〈為馮太后造塔詔〉，《全後魏文・孝文帝》，卷3，冊8，頁218。
〔註25〕〔清〕嚴可均：〈凡例〉，《全上古三代秦漢三國六朝文》，冊1，頁19。

器六卷本；一、陳留六卷本。』」〔註 26〕誠上兩言，《蔡邕集》乃從明代所見
存的版刻輯錄為集，並寫《敘錄》一篇，言及收載經過及其校輯始末。然觀
其卷數、錄文，〈敘錄〉所載與《全後漢文》有兩處不相符，李士彪、吳雨晴
認為蓋是「《全上古三代秦漢三國六朝文》草稿已成，未及修訂」。〔註 27〕經
此，筆者細加審視，認為有必要探討不符之因，才能客觀說明嚴氏內在理路，
以及筆法：

> 漢魏六朝文集傳于今世者，多近代新輯。其舊本僅稽康、阮籍、陸
> 雲、陶潛、鮑照、江淹六家，《蔡邕集》則舊本殘缺，北宋增補，前
> 明又屢增補者也。……
>
> 今統鈔六朝、唐、宋各書所載，以校勘明刻本，正其譌誤，補其闕
> 疑，得百四十六篇。重加編次為十四卷、錄一卷，卷數少於梁、唐，
> 篇數溢于本傳。皆注明出處，以便覆覈。其注稱本集者，明初小板
> 本也，本集有而各書未引見者二十五篇，或當是舊本，其中或雜以
> 他人之文，既無顯據，宜仍其舊。張溥本有〈琴贊〉，俟考出處。《說
> 郛》載〈月令問答〉、〈明堂月令〉、〈月令篇名〉，皆《月令章句》之
> 文，其書久亡，明刻本入集，今亦附集末。東漢學問文章，首推班、
> 張、崔、蔡，實則蔡在崔上。蔡之《月令章句》、《靈紀》、《十意》、
> 四十二列傳不存，集雖存而殘闕不全，收聚散亡，尚見古本崖。蔡
> 文不盡此，而盡於此。〔註 28〕

依〈敘錄〉所言，《蔡邕集》散佚嚴重，在宋以前已是殘缺不全。嚴氏以明代
多種刻本補之，仍未能盡全。該敘所論及的卷數，與《全後漢文》相互對比，
顯然出現一些差異；一是敘文記載十四卷，《全後漢文》僅輯錄十二卷；其二，
《全後漢文》未收錄〈獨斷〉、〈琴贊〉二篇。對此，筆者從敘文記載指出：

> 按《後漢》本傳所著詩、賦、碑、誄、銘、讚、連珠、箴、弔、論、
> 議，〈獨斷〉、〈勸學〉、〈釋誨〉、〈敘樂〉、〈大訓〉（疑作〈女訓〉）、〈篆
> 勢〉、祝文、章、表、書、記凡百四篇，是晉宋古本〈獨斷〉在集中，
> 《隋志》無〈獨斷〉入集，故不載。〔註 29〕

〔註 26〕〔清〕嚴可均：〈附見存漢魏六朝文集板刻本目錄〉，《全上古三代秦漢三國六
朝文》，冊 1，頁 21。
〔註 27〕李士彪；吳雨晴：《輯佚大家──嚴可均傳》，頁 191。
〔註 28〕〔清〕嚴可均：〈重編蔡中郎集敘〉，《嚴可均集・文類四》，卷 6，頁 216～217。
〔註 29〕〔清〕嚴可均：〈重編蔡中郎集敘〉，《嚴可均集・文類四》，卷 6，頁 216。

嚴氏以《後漢書》本傳之記載，晉宋時仍可見〈獨斷〉，隋代已亡佚「故不載」。
又言「張溥本有〈琴贊〉，俟考出處。」由兩文合而觀之，肇端於闕疑，導致
《全文》以不收載而董理之。亦如輯校《王孫子》一卷，並作〈敘錄〉，《全
文》均未收錄。其言：

> 《漢志・儒家》：《王孫子》一篇，一曰《巧心》。《隋志》一卷，《意
> 林》意一卷，僅有目錄。而所載《王孫子》，文爛脫校。《意林》者
> 乃割《莊子・雜篇》以充之也。《唐志》不著錄。今從《北堂書鈔》
> 等書采出二十四事，省并複重，僅得五事．愛是先秦古書，繕寫為
> 之敘曰。……〔註30〕

依此，該書在唐以亡佚了，今僅見五事、三百九十九字，文爛脫校。蓋是闕
疑之處甚多，所以不被收載於《全文》。其他如漢代陸賈《新語》，嚴氏〈敘
言〉提及：

> 其詞皆協韻，流傳久遠，轉寫多訛。今據明各本，以《群書治要》
> 之八篇及《文選注》、《意林》等書改正刪補，疑者闕之。間有管見
> 一二，輒附案語，不敢臆定。後之覽者，或有取乎此。〔註31〕

由此可見，凡闕疑、無法臆定之處，《全文》將以不收載而待之，以備後人能
取之參酌。

三、結語

對此，近人常以《全文》為藍本，加以輯校，舉其漏疑之處而非議之。
然而，觀其漏遺失載之因，確實有其疏誤之處；由於能力所及，僅將所見與
《鐵橋漫稿》粗略勘比，就得出數種為何不能收入《全文》之因由。由是，
筆者認為若能將嚴氏《鐵橋漫稿》、《平津館金石萃編》等著述，重新相互審
視對照，許多《全文》失收漏載之誤，將可迎刃而解。曹先生曾言及蒐集佚
文的基本文獻，舉凡石窟秘藏、出土佚書、海外保存的佚書，對舊有的詩、
文總集而言，它們都具有輯補漏佚的作用。又考古的新發現而刊載於雜考之
書，對現今通行別集、總集、殘缺之書而言，它們更是輯拾漏佚、輯匯散佚、
輯補缺佚的珍貴資料。〔註32〕如《全上古三代文・景差》之〈大招〉，嚴氏案
語指出作者非屈原，以洪興祖（1090～1155）之說為是：

〔註30〕〔清〕嚴可均：〈王孫子敘〉，《嚴可均集・文類三》，卷5，頁173。
〔註31〕〔清〕嚴可均：〈新語敘〉，《嚴可均集・文類三》，卷5，頁180。
〔註32〕曹書杰：〈佚文獻的搜輯〉，《中國古籍輯佚學論稿》，頁341～342。

《楚辭・王逸敘》曰：「〈大招〉屈原之所作也。或曰景差，疑不能明也。」洪興祖以為非屈原作。今按《漢志》：「《屈原賦》二十五篇，謂〈離騷〉一篇，〈九歌〉十一篇，〈天問〉一篇，〈九章〉九篇，〈遠遊〉、〈卜居〉、〈漁父〉各一篇，凡二十五篇，洪說是也。」〔註33〕

又從王逸〈《楚辭章句》敘〉考證〈大招〉之背景：

〈大招〉者，屈原之所作也。或曰景差，疑不能明也。屈原放流九年，憂思煩亂，精神越散，與形離別，恐命將終，所行不遂，故憤然大招其魂，盛稱楚國之樂，崇懷、襄之德，以比三王，能任用賢，公卿明察，能見舉人，宜輔佐之，以興至治，因以諷諫，達己之志也。〔註34〕

合上兩篇觀之，指出二處論點，一嚴氏依據洪興祖舉證《漢書・藝文志》未載錄〈大招〉，而以為非屈原所作。其次，參閱王逸〈《楚辭章句》敘〉，認為屈原借助〈大招〉闡述憤然懷憂之思。單就作者部分，兩者論點互有違和，可見文獻資料會隨著時間，迭有新創。換言之，文獻的蒐錄是件力窮而無盡之路途，所以《全文》才有反覆裁鑄，花十八年時間之說。

此外，章學誠在〈記與戴東原論修志〉中指說：

……考沿革者，取資載籍；載籍具在，人人得而考之。雖我今日有失，後人猶得而更正也。若夫一方文獻，及時不與搜羅，編次不得其法，去取或失其宜，則他日將有放失難稽，湮末無聞者矣。……然則如余所見，考古固宜詳慎，不得已而勢不兩全，無寧重文獻而輕沿革。〔註35〕

章氏雖以修志的看法，謂及方志當重地理沿革，顯然為考證觀點。若持史學之角度，同理來看待文獻的搜羅，則能理解客觀環境，容易造成考證疏漏。因之，知識本身是一個永無止境的路程，所以才說：「雖我今日有失，後人猶得而更正也。」又說，考古須持審慎的態度，以文獻資料為重，尤以古今通變的眼光，聚焦在文獻資料的保存，提出「無寧重文獻而輕沿革」。於此，即可作為最佳的註解，為何會有《全文》之補輯漏佚，蓋是資料源的新發現所致。

〔註33〕〔清〕嚴可均：〈大招〉，《全上古三代文・景差》，卷10，冊1，頁138。
〔註34〕〔清〕嚴可均：〈《楚辭章句》敘〉，《全後漢文・王逸》，卷57，冊2，頁554。
〔註35〕〔清〕章學誠；葉瑛校注：〈記與戴東原論修志〉，《文史通義校注》（北京：中華書局，2011年3月），卷8，冊下，頁869。

第二節　校讎綴合不當

　　由於佚書的類型、所得佚文的情況不同，相對於編排成書的方法也有所不同。嚴氏以一人之力完成《全文》一書，限於種種因素，缺陷與不足在所難免。然而，浩瀚古籍如何辨章學術、考鏡源流？後續的辨證工作，終究是必須進一步檢析的。由於關係著從事研究者必須具備的內在意識，如何站在前人肩膀才能超越前者？《全文》自問世以來，一直是研究唐以前文學和文獻的必備參考書。至於此書的缺陷，如重出、誤收、校勘不精、文章順序編次不當等，所占比例僅是少數，甚至只是個別現象。如無注明出處，在《全上古三代文》僅出現一次，《荀卿》之〈禮賦〉、〈知賦〉、〈雲賦〉、〈蠶賦〉四篇；或《全陳文‧虞荔》之《鼎錄》序〉。猶如〈校點前言〉指出，《全文》的問題，只有校文字的訛脫衍舛失誤處出現較多外，其他問題所占比例很小。一部巨著的產生，難免存在些許的問題，何況是嚴氏一人之力。〔註36〕因此，筆者在分析《全文》錄文形式中發現，嚴氏在綴合錄文時常以己意取捨，又不加注出處，於無徵不信的信條下，實不可取。就此，筆者將進一步說明《全文》重大缺失有二，一是校文字訛脫衍舛之失；二是綴合法之不當。

一、校文字訛脫衍舛之失

　　所謂佚文獻的考究，即是對佚書、佚文、佚篇的考證與研究。考證的面向是甚麼呢？大抵是針對佚文獻的疑惑、舛誤，提出解惑、校釋。換言之，則是以資料為始，「異者考之，疑者辨之，惑者釋之，誤者正之。或改正，或補綴，或校記，或按語，方式方法有異，而考究之理法則同，最終要落實到文字上，寫在輯本上」。〔註37〕依此上言，與〈校點前言〉所述及《全文》的缺失，當是與校文字之訛脫衍舛之過失，頗多暗合。對此，加以合併討論之：以下所據，乃以河北教育出版社之《全文》為例。〔註38〕

（一）節引不當

　　陳垣曾說：「有詔答、有面答、有表謝、有面謝。節引史書、宜細分析，

〔註36〕陳廷嘉等校點主編：〈校點前言〉，《全上古三代秦漢三國六朝文》，冊 1，頁 13。

〔註37〕曹書杰：〈佚文獻的考究〉，《中國古籍輯佚學論稿》，頁 348。

〔註38〕該書在陳廷嘉等校點主編：〈校點前言〉，《全上古三代秦漢三國六朝文》，冊 1，頁 9，指出中華書局於 1958 年 12 月出版《全上古三代秦漢三國六朝文》為底本，校其文字異同辨，正訛誤。以此以下簡稱河北教育版《全文》。

不得混而無別，此示初學以引書之法則耳。」〔註39〕該言指陳之要點，在於節引錄文時，須注意語例，自出何處？例如《全上古三代文・黃帝》之〈道言〉第四條：

> 帝無常處也。有處者，乃無處也。以言不刑蹇。（《呂氏春秋・圜道》）〔註40〕

河北教育版《全文》校文認為末句「以言不刑蹇」釋語，非黃帝語。「此篇作者釋語，不應作黃帝語引錄。」又《全上古三代文・王滿生》之〈藉筆牘書教周公〉：

> 社稷且危，傅之於膺。
>
> （《說苑・指武》：「齊人王滿生見周公，周公曰：『先生何以教之？』王滿生藉筆牘書之，曰云云。周公仰視，見書，曰：『唯唯，謹聞命矣。』明日，誅管、蔡。」）〔註41〕

《呂氏春秋・指武》原文始末：

> 齊人王滿生見周公，周公出見之，曰：「先生遠辱，何以教之？」王滿生曰：「言內事者於內，言外事者於外，今言內事乎？言外事乎？」周公導入。王滿生曰：「敬從。」布席，周公不導坐。王滿生曰：「言大事者坐，言小事者倚。今言大事乎？言小事乎？」周公導坐。王滿生坐。周公曰：「先生何以教之？」王滿生曰：「臣聞聖人不言而知，非聖人者雖言不知。今欲言乎？無言乎？」周公俛念，有頃，不對。王滿生藉筆牘書之曰：「社稷且危，傅之於膺。」周公仰視見書曰：「唯！唯！謹聞命矣。」明日誅管、蔡。〔註42〕

王滿生為當時賢達之士，因而受到周公禮遇。藉著王滿生見周公之過程，顯示周公禮賢下士之德。文本重點在「內事」、「外事」，「大事」、「小事」隱喻

〔註39〕陳垣著；陳智超主編：〈考證篇第六〉，《通鑑胡注表微》，收入《陳垣全集》第 21 冊，頁 102。

〔註40〕參見〔清〕嚴可均：〈道言〉，《全上古三代文・黃帝》，卷1，冊1，頁6；〔秦〕呂不韋撰；〔漢〕高誘註：《呂氏春秋・圜道》，影印《文淵閣四庫全書》第848冊，卷3，頁300。

〔註41〕〔清〕嚴可均：〈藉筆牘書教周公〉，《全上古三代文・王滿生》，卷21，冊1，頁36；〔漢〕劉向：《說苑・指武》（臺北：臺灣商務印書館，影印《文淵閣四庫全書》第696冊，1989年），卷15，頁137。

〔註42〕〔漢〕劉向：《說苑・指武》，影印《文淵閣四庫全書》第696冊，卷15，頁137。

中，一步一趨，藉由筆牘之書提出諫言：「社稷且危，傅之於脣」。此處據河北教育版《全文》校文認為末後句「傅之於脣」非王滿生語宜刪。其言：

> 此文原為王滿生藉筆牘書之曰：「社稷且危。傅之於脣。」末四字非
> 王滿生語而誤作其語引錄，當刪。〔註43〕

由此，嚴氏節引之繆誤，大抵是未能觀其語之所出自，混而無別。又如《全上古三代文·程本》之〈子華子〉第三則：

> 子華子曰：「王者樂其所以王，亡者亦樂其所以亡。故烹獸不足以盡
> 獸，嗜其脯則幾矣。」然則王者有嗜乎理義也，亡者亦有嗜乎暴慢
> 也。所嗜不同，故其禍福亦不同。(《呂氏春秋·誣徒》)〔註44〕

此文中心在於勸學為要，取自《呂氏春秋》之〈誣徒〉篇。依河北教育版《全文》考究「然則」以下直至「故其禍福亦不同」末四語，似非子華子言，所以不應錄此該語。據此而論之，河北教育版《全文》之考證，常遇引錄不當而需刪除之校語，可見《全文》缺失之誤，有文字脫衍訛誤之失外，當以節引不當為多。

（二）文字訛脫衍舛之失

　　古籍文獻在長期輾轉的傳鈔、刊刻過程中，文字、語句難免會產生各種的差異舛誤，嚴重者可能影響了文獻訓釋的可靠性，或說準確性。於是校勘之學乃成為古籍整理的首任要務。《全文》的部帙浩大，輯錄的過程也耗費長時，相較一般古籍的整理，顯然是複雜許多。校出謬誤之處不少，相對地也有校勘出錯之狀況。由是，河北教育版《全文》曾舉出：

> 如《全晉文》卷七十八阮种〈泰始七年舉賢良對策〉：「雖三州覆敗，
> 牧守不反。」出《晉書·阮种傳》。據《晉書·武帝本紀》及〈胡奮
> 附胡烈傳〉，「三」當作「二」。〔註45〕

據此，即以本書前後互證，指出嚴氏誤把「二」當作「三」。又如《全宋文·武帝》之〈下劉遵考詔〉：

> 「遵考服屬之親，國戚未遠，宗室無多，宜蒙寵爵。可〔封〕營浦
> 縣侯，食邑五百戶。」以本號為彭城、沛〔二〕郡太守。

〔註43〕〔清〕嚴可均：〈借筆牘書教周公〉，《全上古三代文·王滿生》，卷21，冊1，
　　　　頁36。
〔註44〕〔秦〕呂不韋撰；〔漢〕高誘註：《呂氏春秋·誣徒》，影印《文淵閣四庫全書》
　　　　第848冊，卷4，頁305。
〔註45〕〔清〕嚴可均：〈校點前言〉，《全上古三代秦漢三國六朝文》，冊1，頁12。

（《宋書‧劉遵考傳》：「高祖初即位下詔。」）〔註46〕

據中華本《宋書》〔註47〕，指出該文有二處之誤，一是脫「封」字當補，二是「三」當作「二」訛字之失。古籍傳鈔常有數字寫誤，並造成史事與後來材料無法對照之誤差。猶如陳垣所言：「考史當注意數字，數字有不實，則當稽其不實之由。」〔註48〕明確地指出數字之差，將不能貫通文義，反使閱讀者不能深思其訓解而失其原由。基於此例，可知《全文》常見有脫、衍、倒、誤等校勘文字之失，以下分別說明：

1、脫文：抄刻時脫漏文字或文句，如《全宋文‧武帝》之〈封佐命功臣徐羨之等詔〉，據中華本《宋書》對勘，《全文》脫文十五字。

> 散騎常侍、尚書僕射、鎮軍將軍、丹陽尹徐羨之，監江州〔豫州之西陽新蔡諸軍事、撫軍將軍〕、江州刺史華容侯王弘，散騎常侍、護軍將軍作唐男檀道濟，中書令、領太子詹事傅亮，侍中、中領軍謝晦，前左將軍、江州刺史宜陽侯檀韶，使持節、雍梁南北秦四州荊州之河北諸軍事、後將軍、雍州刺史關中侯趙倫之，使持節、督北徐兗青三州諸軍事、征虜將軍、北徐州刺史南城男劉懷慎，散騎常侍、領太子左衛率新淦侯王仲德，前冠軍將軍、北青州刺史安南男向彌，左衛將軍灄陽男劉粹，使持節、南蠻校尉佷山子到彥之，西中郎司馬南郡〔相〕宜陽侯張〔邵〕，參西中郎將軍事、建威將軍、河東太守資中侯沈林子等，或忠規遠謀，扶讚洪業；或肆勤樹績，弘濟艱難。經始圖終，勳烈惟茂，並宜與國同休，饗茲大賚。羨之可封南昌縣公，弘可華容縣公，道濟可改封永脩縣公，亮可建城縣公，晦可武昌縣公，食邑各二千戶；韶可更增邑二千五百戶，仲德可增邑二千二百戶；懷慎、彥之各進爵為侯，粹改封建安縣侯，並增邑為千戶；倫之可封霄城縣侯，食邑千戶；邵可封臨沮縣伯，林子可封漢壽縣伯，食邑六百戶。開國之制，率遵舊章。（《宋書‧徐羨之傳》：「上初即位，思佐命之功，下詔」）〔註49〕

〔註46〕〔清〕嚴可均：〈下劉遵考詔〉，《全宋文‧武帝》，卷1，冊6，頁5；〔梁〕沈約；《宋書‧劉遵考傳》，卷51，冊5，頁1481。

〔註47〕北京中華書局出版《二十四史》，簡稱中華本。

〔註48〕陳垣著；陳智超主編：〈考證篇第六〉，《通鑒胡注表微》，收入《陳垣全集》第21冊，頁99。

〔註49〕〔清〕嚴可均：〈封佐命功臣徐羨之等詔〉，《全宋文‧武帝》，卷1，冊6，頁5～6；〔梁〕沈約；《宋書‧徐羨之傳》，卷43，冊5，頁1330～1331。

據中華本《宋書》，河北教育版《全文》指出三點有異，一是「江州」以下脫文十四字「豫州之西陽新蔡諸軍事、撫軍將軍」；二是「司馬南郡相」，脫「相」字；其三，「宜陽侯張劭」之「劭」當改「邵」字。

　　2、衍文：嚴氏在鈔纂時，衍生增多文字、文句。《全文》常出現一大段脫文情況，反之衍文出錯的比例則甚少。如《全宋文・文帝》之〈答沮渠茂虔詔〉：

> 〔故〕使持節、侍中、都督秦河沙涼四州諸軍事、車騎大將軍、開府儀同三司、領護匈奴中郎將、西夷校尉、涼州牧河西王蒙遜，才兼文武，勳濟西服，爰自萬里，款誠夙著，方伏忠果，翼宣遠略，奄至薨隕，悽悼于懷。便遣使弔祭，并加顯諡。嗣子茂虔，纂戎前軌，乃心彌彰，宜蒙寵授，紹茲蕃業。可持節、散騎常侍、都督涼秦河沙四州諸軍事、征西大將軍、領護匈奴中郎將、西夷校尉、涼州刺史、河西王。(《宋書・氐胡大且渠蒙傳》)〔註50〕

據中華本《宋書》僅「詔曰『使持節……』」，「故」乃為衍字。又《全宋文・孝武帝》之〈沙汰沙門詔〉：

> 佛法訛替，沙門混雜，未足扶濟鴻教，而專成逋藪。①加〔頃〕姦心頻發，凶狀屢聞，②敗道亂俗，人神交怨。可付所在，③〔與寺者長〕，精加沙汰，後有違犯，嚴加誅坐。④主者詳為條格，速施行。
>
> (《宋書・天竺迦毗黎國傳》：「大明二年，有曇標道人與羌人高闍謀反，上因是下詔。」又《初學記》二十三，《廣弘明》六又二十七)〔註51〕

該文節引《宋書》、《初學記》、《廣弘明》三書，以《宋書》收載最為完整。據中華本《宋書》對勘，①「加頃姦心頻發」之「頃」為衍字，當刪；②「敗道亂俗」，中華本《宋書》為「敗亂風俗」，嚴氏依從《廣弘明集》文有異同；③「與寺者長」，中華本《宋書》無此句，嚴氏據《廣弘明集》、《初學記》引

〔註50〕〔清〕嚴可均：〈答沮渠茂虔詔〉，《全宋文・文帝》，卷3，冊6，頁32～33；〔梁〕沈約：《宋書・氐胡・大且渠蒙遜傳》，卷98，冊8，頁2416。

〔註51〕〔清〕嚴可均：〈莎汰沙門詔〉，《全宋文・孝武帝》，卷5，冊6，頁61～62；〔梁〕沈約：《宋書・夷蠻・天竺迦毗黎國傳》，卷97，冊8，頁2386～2387；〔唐〕釋道宣：《廣弘明集》，影印《文淵閣四庫全書》第1048冊，卷24，頁614；〔唐〕徐堅：《初學記》，卷23，冊3，頁558。

載；④「主者詳為條格，速施行。」中華本《宋書》無此句，嚴氏據《廣弘明》引載。《全文》輯錄而產生的衍字狀況，據河北教育版《全文》補正注語察之，所佔比例甚小。蓋因錄文乃與他書合而整併之，從而產生文字彼此間之差異，此亦是另一議題，待後段討論。

3、倒文：即是在抄刻時，整句文詞的位置相互顛倒。尤見以上下兩字的顛倒為多。如《全宋文‧江夏王義恭》之〈劾蔡宗興表〉：

> 臣聞慎節言語，大易有規，銓序九流，無取裁□。若乃結黨連羣，
> 譏訴互起，街談巷議，罔顧聽聞，乃撤實憲制所宜禁經之巨蠹。待
> 中祕書監臣或自表父疾，必求侍養，聖旨矜體，特順所陳，改授臣
> 府元僚，兼帶軍郡。雖臣駑劣，府任非輕，准之前人，不為屈後。
> 京郡本以為祿，不計戶之少多，遇便用，無關高下。撫軍長史莊滯
> 府累朝，每陳危苦，內職外守，稱未堪依。唯王球昔比，賜以優養，
> 恩慈之厚，不近於薄。前新除吳郡太守興宗，前居選曹，多不平允，
> 鴻渥含宥，恕其不閑，改任大都，寵均阿輔，仍苦請益州，雅違成
> 命。伏尋揚州刺史子尚、吳興太守休若，並國之茂戚，魯、衛攸在，
> 猶牧守東山，竭誠撫莅，而辭擇適情，起自庶族，逮佐北藩，尤無
> 欣荷。御史中丞永，昔歲餘怨，從恩今授。光祿勳臣淹，雖曰代臣，
> 累經降黜，後效未申，以何取進。司徒左長史孔覬，前除右衛，尋
> 徙今職，回換之宜，不為乃少。竊外談謂或等咸為失分，又聞興宗
> 躬自怨懟，與尚書右僕射師伯疏，辭旨甚苦，臣雖不見，所聞不虛。
> 臣以凡才，不應機務，謬自幸會，受任三朝，進無古人舉賢之美，
> 退無在下獻替之績，致茲紛紜，伏增慚悚。然此源不塞，此風弗變，
> 將虧正道，塵穢盛猷。伏願聖聰，賜垂覽察。〔註52〕

河北教育版《全文》指出該文有二處差異，一是「乃撤實憲制所宜禁經之巨蠹」句中有訛奪現象，待解之；其二，「而辭擇適情，起自庶族」兩句互倒，據李慈銘在〈宋書札記〉言及：「此當作『而興宗起自庶族，辭擇適情』，兩句互倒，又脫興宗二字耳。」〔註53〕

4、訛文：即是在鈔纂古書時，常有寫錯之誤，又稱為誤字、訛字之意。

〔註52〕〔清〕嚴可均：〈劾蔡興宗表〉，《全宋文‧江夏王義恭》，卷11，冊6，頁122
　　　～123；〔梁〕沈約；《宋書‧蔡興宗傳》，卷57，冊5，頁1576～1577。
〔註53〕〔清〕李慈銘：〈宋書札記〉，《越縵堂讀史札記全編》（北京：北京圖書館出
　　　版社，2003年9月），冊下，頁753。

歸納分析《全文》訛文之主因，大抵以形近致訛為常態。如《全宋文·前廢帝》之〈即位詔〉：

> 朕以眇身，夙紹洪業，敬御天威，欽對靈命。仰遵凝緒，日鑒前圖，實可以拱默守成，詒風長世。而寶位告始，萬宇改屬，惟德弗明，昧于大道。思宣睿範，引茲簡恤，可具詢執事，詳訪民隱。凡曲令密文，繁而〔作〕治，關市傲稅，事施一時，而姦吏舞文，妄興威福，加以氣緯舛〔玄〕，偏頗滋甚。宜其寬徭輕憲，以救民切。御府諸署，事不須廣，雕文篆刻，無施於今。悉宜并省，以酬氓願。藩王貿貨，壹皆禁斷。外便具條以聞。(《宋書·前廢帝紀》)〔註54〕

該文依據河北教育版《全文》指出有二異，一是「繁而作治」，以《冊府元龜》為據「作」當改為「傷」字；又「加以氣緯舛玄」，以中華本《宋書》為據，「玄」當改為「互」，乃因形近訛誤所致。又如《全宋文·明帝》之〈求賢才詔〉：

> 〔矢〕機詢政，立教之攸本；舉賢聘逸，弘化之所基。故負鼎進策，殷代以康；釋釣作輔，周祚斯乂。朕甫承大業，訓道未敷，雖側席忠規，竚夢巖築，而良圖莫薦，奇士弗聞，永鑒通古，無忘宵寐。今藩隅克晏，敷化維始，屢懷存治，實望箴闕。王公卿尹，羣僚庶官，其有嘉謀直獻，匡俗濟時，咸切事陳奏，無或依隱。若乃林澤貞栖，丘園耿潔，博洽古今，敦崇孝讓，四方在任，可明書搜揚，具即以聞，隨就襃立。(《宋書·明帝紀》)〔註55〕

依首句「矢機詢政」，河北教育版《全文》認為，「矢」當據中華本《宋書》改補為「夫秉」。

二、綴合法之不當

嚴氏在輯錄篇文時，常將散佚於群書之數文、數句、斷簡殘語，各自刪節，合而定之，成其完篇。對此，近來已陸續有評議其得失之論文。簡言之，《全文》的缺失成因均在併合錄文時，未能進一步說明取決標準。所謂「成

〔註54〕〔清〕嚴可均：〈即位詔〉，《全宋文·前廢帝》，卷7，冊6，頁79；〔梁〕沈約：《宋書·前廢帝紀》，卷7，冊1，頁142；〔宋〕王欽若等撰：《冊府元龜》，影印《文淵閣四庫全書》第905冊，卷191，頁405。

〔註55〕〔清〕嚴可均：〈求賢才詔〉，《全宋文·明帝》，卷7，冊6，頁87；〔梁〕沈約：《宋書·明帝紀》，卷8，冊1，頁159。

也在綴合，敗也在綴合」，近人對此有正反意見，來稱陀衡量。如評論以己意綴合篇文，筆者認為當以〈校點前言〉的說法較為公允：

> 有一種情況則值得注意：嚴氏依自說己的理解將不同版本的文字加以取捨，合成一文，而他又不加注，這樣在《全文》中出現的文字，既不與出處甲的文字全同，又不與出處乙的文字全同。嚴可均這樣做，大概是想恢復古籍的原貌，用心良苦，耗費了許多精力，也取得了某些成績。但這種做法從原則上不可取，從整體效果上也不理想。〔註56〕

又曾聖益曾言，嚴氏鈔纂錄文時，常不能一一注明出處，致有不當。其言：

> 《全文》所輯，實包含經史諸子，經部如《歸藏》、《夏書》、鄭玄《六藝論》；史部如《古文周書》、劉向《別錄》；子部如曹丕《典論》等。甚至釋氏之文，亦頗有收錄。然真偽莫辨，各類文體夾雜，張冠李戴者，不時可見。而且其輯文見於他家輯本，多與其相同，如《別錄》、《六藝論》、《典論》等，當出於洪頤煊、孫馮翼等所輯，嚴氏未為說明，一不可取。〔註57〕

合兩篇上文觀之，指陳《全文》在錄文行式之重大缺失，其一，以己意併錄篇文；其次，將散佚之文，合而定之，卻不能注明取材出處。顯見兩者評論皆肇因於嚴氏未能具體陳述整併綴合成篇之因由，以致互有得失。

（一）以己意併合之失

所謂併合法，也就是綴合法，即各家徵引之文，均有脫漏、刪節，但可依據上下文義將幾家保存的佚文綴合為一。如《全齊文·高帝》之〈敕柳世隆〉，該文分為三段，同載錄在《南齊書》：

> 歷陽城大，恐不可卒治，正宜斷隔之，深為保固。處分百姓，若不將家守城，單身亦難可委信也。（《南齊書·柳世隆傳》）

> 吾更歷陽外城，若有賊至，勒百姓守之，故應勝割棄也。（同上）

> 比思江西蕭索，二豫兩辦為難。議者多云省一足一，於事為便。吾謂非乃乖謬。卿以為云何？可具以聞。（同上：「垣崇祖既破虜，上

〔註56〕〔清〕嚴可均：〈校點前言〉，《全上古三代秦漢三國六朝文》，冊1，頁12～13。
〔註57〕曾聖益：〈乾嘉時期之輯佚書與輯佚學淺論〉，蔣秋華主編《乾嘉學者的治經方法》，冊上，頁41。

　　　　欲罷并二豫，敕世隆」。）〔註58〕

該錄文取自《南齊書‧柳世隆傳》在建元二年（480），高帝敕柳世隆詔言。
觀史書記載，實因不同事件，分別敕詔。以下為《南齊書》之記載：

　　①建元二年，進號安南將軍。是時虜寇壽陽，上敕世隆曰：「歷陽城
　　大，恐不可卒治，正宜斷隔之，深為保固。處分百姓，若不將家守
　　城，單身亦難可委信也。」②尋又敕曰：「吾更歷陽外城，若有賊
　　至，即勒百姓守之，故應勝割棄也。」③垣崇祖既破虜，上欲罷併
　　二豫，敕世隆曰：「比思江西蕭索，二豫兩辦為難。議者多云省一足
　　一，於事為便。吾謂非乃乖謬。卿以為云何？可具以聞。」尋授後
　　將軍、尚書右僕射，不拜。世隆性愛涉獵，啟太祖借祕閣書，上給
　　二千卷。〔註59〕

依上文所述，①封柳世隆（442～491）為安南將軍，因虜寇壽陽一事而面敕
柳世隆，指出歷陽城不易整治，執意守城保全百姓；②不久又針對該城之持
守，特面敕柳氏，不可棄城；③針對垣崇祖（440～483）破虜後，上奏建議
將二豫合併一事，高帝（427～482）認為不恰當，所以親詔柳氏，想聽其意
見。由此言之，何為嚴氏將其三事合錄為一篇，只能解讀為三篇均是皇帝敕
柳世隆之詔言。顯然則以己意併合之篇文，與史傳不相符合。又如《全後漢
文‧養奮》之〈賢良方正對策〉，嚴氏收載三條，分別為《續漢‧五行志》注
引之《廣州先賢傳》、《續漢‧五行志》注引〈養份對策〉、《續漢‧五行志》
之注引〈袁山松書〉。

　　①和帝時策問陰陽不和，或水或旱，方正鬱林布衣養奮，字叔高，
　　對曰：「天有陰陽，陰陽有四時，四時有政令。春夏則予惠布施
　　寬仁，秋冬則剛猛盛威行刑。賞罰殺生各應其時，則陰陽和，四時
　　調，風雨時，五穀升。今則不然，長吏多不奉行時令，為政舉事干
　　逆天氣，上不卹下，下不忠上，百姓困乏而不卹哀，眾怨鬱積，故
　　陰陽不和，風雨不時，災害緣類。水者陰盛，小人居位，依公營
　　私，讒言誦上。雨漫溢者，五穀有不升而賦稅不為減，百姓虛竭，
　　家有愁心也。」（《續漢‧五行志》三注補引《廣州先賢傳》）

〔註58〕〔清〕嚴可均：〈敕柳世隆〉，《全齊文‧高帝》，卷27，冊6，頁631；〔梁〕
　　　　蕭子顯：《南齊書‧柳世隆傳》，卷24，冊2，頁451。
〔註59〕〔梁〕蕭子顯：《南齊書‧柳世隆傳》，卷24，冊2，頁451。

②倭邪以不正食祿饗所致。（《續漢・五行志》三注補引〈養奮對策〉）

③當溫而寒，刑罰慘也。（《續漢・五行志》三注補引〈袁山松書〉）

　　〔註60〕

嚴氏載錄三則均以《後漢書・五行志》為取錄之處。細察該三則條文，嚴氏以己意併合之失，灼然可知。其一，據《後漢書》紀載，該文乃養奮回應漢和帝（79～106）陰陽不和一事，篇題自行稱為「賢良方正對策」，與旨要不合；其二，該三則錄文，分載在不同紀年，①和帝十二年（99）針對穎洲水災，穀稼不收一事之回應。②桓帝延熹元年（158），養奮對應蝗害一事之看法。③獻帝初平四年（1193），養奮從災異之象，提出國朝幾近敗亡之看法。換言之，整併後之錄文，若不從原典考究，反而錯認其原意，與史傳記載不合；其三，取材出處不一一注錄。如①引自《後漢書・五行志》之注文，另有《萬姓統譜》卷八十六、《玉海》卷114均有著錄，嚴氏卻未詳注。（該項將於下段討論）〔註61〕對此，可說嚴氏以臆併合之錄文，存在著文本改造之危機，然仍有其輯佚之價值，須待後來進一步探討。

（二）注明出處失於簡要

　　古人徵引圖書，往往隨意刪節或改竄，又各家的徵引、轉引、刪節等自不相同。造成在傳鈔、刊刻中又增新誤。所以同一條佚文，或見於二種以上之圖書，甚至見於同一本書，前後徵引者。其文字或略有差異、或長短不一，文句內容或差異甚大。由是，《全文》以案語形式，將其取資出處，加以注明。反觀《全文》，許多收載的錄文僅注明舉世聞名書類，次要或者其他小書則略而不言。如上文提示養奮之〈賢良方正對策〉一文，第一則略錄《萬姓統譜》、《玉海》等類書。第二則「倭邪以不正食祿饗所致」，略注馬端臨《文獻通考》卷三一四；又第三則「溫而寒，刑罰慘也」，失載姚之駰之《後漢書補逸・六月寒》卷十七。〔註62〕於此，後人認為《全文》怠忽詳實，不及備載之誤。

〔註60〕〔清〕嚴可均：〈賢良方正對策〉，《全後漢文・養奮》，卷49，冊2，頁469；〔晉〕司馬彪：《後漢書・五行志三》，冊11，頁3308；《後漢書・五行志三》，冊11，頁3319；《後漢書・五行志三》，冊11，頁3313。

〔註61〕〔明〕凌迪知：《萬姓統譜》（臺北：臺灣商務印書館，影印《文淵閣四庫全書》第957冊，1983年），卷86，頁273；〔宋〕王應麟：《玉海》臺北：臺灣商務印書館，影印《文淵閣四庫全書》第946冊，1983年），卷114，頁84。

〔註62〕參見〔元〕馬端臨：《文獻通考》，影印《文淵閣四庫全書》第616冊，卷314，頁228；〔清〕姚之駰：《後漢書補逸》（臺北：臺灣商務印書館，影印《文淵閣四庫全書》第402冊，1983年），卷17，頁546。

如《後漢書・李尤》之〈東觀賦〉：

①臣雖頑鹵，慕《小雅・斯干》嘆詠之美。（《文選・劉楨》〈贈五官
中郎將詩〉注）②敷華實於雍堂，集幹質于東觀，東觀之藝，犖犖
洋洋，上承重閣，下屬周廊，步西蕃以徙倚，好綠樹之成行，歷東
厓之敞坐，庇蔽芾之甘棠，前望雲臺，後匝德陽，道無隱而不顯，
書無闕而不陳，覽三代而采宜，包郁郁之周文。（《藝文類聚》六十
三）〔註63〕

觀上文，①出自《文選》注文；②部分則取自《藝文類聚》卷六十三。檢閱
《四庫全書》，則有張溥《百三家集》、陳元龍（1652～1736）《御定歷代賦彙》、
王士禎（1634～1711）《御定淵鑑類函》。〔註64〕嚴氏僅著錄《藝文類聚》，其
他明清二代之書，均略而不著。又如《全後漢文・繁欽》之〈硯頌〉，出自《初
學記》。

有般倕之妙匠兮，睆詭異於遐都。稽山川之神瑞兮，識王輪璇之內
敷。遂縈繩於規矩兮，假卞氏之遺模。擬渾靈之筆制兮，效羲和之
毀隅。鈞三趾於夏鼎兮，象辰宿之相扶。供無窮之秘用兮，御几筵
而優遊。〔註65〕

《全文》取自《初學記》，錄文完整，然考察《四庫全書》之收載，有宋代
《文房四譜》、《硯箋》、《墨池編》；清代《御定淵鑑類函》、《佩文韻府》、《六
藝之一錄》。〔註66〕對此，為何僅著載一書，而其他卻未能一一注明，實有探

〔註63〕〔清〕嚴可均：〈東觀賦〉，《全後漢文・李尤》，卷50，冊2，頁479；〔梁〕
　　　　蕭統；〔唐〕李善注：《文選》，卷23，冊上，頁608；〔唐〕歐陽詢；汪紹楹
　　　　校：《藝文類聚》，卷63，冊3，頁1134～1135。

〔註64〕〔明〕張溥：《漢魏六朝百三家集》，影印《文淵閣四庫全書》第1412冊，卷
　　　　15，頁355；〔清〕陳元龍等編：《御定歷代賦彙》（臺北：臺灣商務印書館，
　　　　影印《文淵閣四庫全書》第1420冊，1983年），卷74，頁634；〔清〕王士禎：
　　　　《御定淵鑑類函》（臺北：臺灣商務印書館，影印《文淵閣四庫全書》第991
　　　　冊，1983年），卷343，頁240。

〔註65〕〔清〕嚴可均：〈硯頌〉，《全後漢文・繁欽》，卷93，冊2，頁875；〔唐〕徐
　　　　堅：《初學記》，卷21，冊3，頁519。

〔註66〕〔宋〕蘇易簡：《文房四譜》（臺北：臺灣商務印書館，影印《文淵閣四庫全
　　　　書》第843冊，1983年），卷3，頁37；〔宋〕朱長文：《墨池編》（臺北：臺
　　　　灣商務印書館，影印《文淵閣四庫全書》第812冊，1983年），卷6，頁921；
　　　　〔宋〕高似孫：《硯箋》（臺北：臺灣商務印書館，影印《文淵閣四庫全書》
　　　　第843冊，1983年），卷4，頁131；〔清〕陳廷敬：《佩文韻府》（臺北：臺灣
　　　　商務印書館，影印《文淵閣四庫全書》第1014冊，1983年），卷16之11，

討空間。

三、結語

　　《全文》錄文的收載，為何有節引不當、校文不當等問題，乃是取決於當時客觀環境，而靠著輯佚者的知識累積、讀書閱歷。誠如文廷式所言，以《補晉書藝文志》為例，偶有張冠李戴之誤、誤編、未熟悉古人稱名等之失。其說：

> 嚴鐵橋編《全上古三代秦漢三國晉南北朝文》，網羅極博，審定極精，洵奇作也。然亦有偶誤者，余補《晉書藝文志》曾細檢之，有晉人而誤錄宋人者，三人：一孔璠之，鐵橋云「爵里未詳，疑是琳之兄弟。」余案《類聚》八十二引璠之〈艾賦〉、〈艾贊〉，不題時代。《隋書・經籍志》晉人集中有古軍參軍《孔璠集》二卷，《唐志》作孔璠之，「璠之」可單稱「璠」，猶劉簡之「之」可單稱劉簡，何謹之之可單稱何謹也。六朝人多此例；一張委。鐵橋云：「爵里未詳。」案，《御覽》列於顏延之後、殷琰前，知是宋人。余案《隋志》晉人中有秘書郎《張委集》五卷，即其人也。鐵橋失檢也。……〔註67〕

文氏檢討《全文》缺失之主由，大抵以失檢為較大疏失。如考證作者，張委之時代；其次則是未能通識古人稱名之慣例，孔璠之可單名為「孔璠」。統而言之，最大的癥結在於資料未能及時補載，或是未能見之，造成失檢之過患。

　　之外，一一注明取材出處，刪繁就簡之誤，可從兩個面向觀察，一是如上所敘及，便宜行事。其二，貴古賤今之觀念使然。如《全漢文・賈誼》之〈過秦論〉指出共三篇，與《史記》相異，「《史記》但為一篇，而次第全異，文亦小異，最為古本，今據錄之」。〔註68〕也曾說：「書貴宋元本者，非但古色古香，閱之爽心豁目也。即使爛壞不全，魯魚彌望，亦仍有絕佳處，略讀始能知之。」〔註69〕又從〈唐石經校文敘〉一文得知，嚴氏治學之方法，當

　　　頁356；〔清〕王士禛：《御定淵鑑類函》，影印《文淵閣四庫全書》第987冊，卷204，頁344；〔清〕倪濤：《六藝之一錄》臺北：臺灣商務印書館，影印《文淵閣四庫全書》第836冊，1983年），卷308，頁511。
〔註67〕〔清〕文廷式：《純常子枝語》，《續修四庫全書》第1165冊，卷4，頁65～66。
〔註68〕〔清〕嚴可均：〈過秦論〉《全漢文・賈誼》，卷16，冊1，頁419。
〔註69〕〔清〕嚴可均：〈書宋本後周書〉，《嚴可均集・文類六》，卷8，頁286。

以古本通校今本，可視為校勘通則。誠〈唐石經校文敘〉言：「凡八閱月，十二經與《五經文字》、《九經字樣》校皆再過，乃益審知今本遜宋版本，宋版本遜石經，而石經又非善之善者，人為之，亦時為之也。」〔註70〕

第三節　《全文》纂輯之違例

　　《全文》編輯體例，可區分為三個重點，一是分代的編次，再依作者的身分地位列次，帝、后、諸王宗室、國初群雄、諸臣、宦官、烈女、闕名、外國、釋氏、仙道、鬼神；二是作者列朝編次，首以各朝分冊，開國之君居首，諸臣則依始仕之年，別其先後；三若遇逆臣、叛賊等之錄文，不以生年為序，列在末次；四是文體的編次。在《全文》編纂體例中，我們可以發現有許多的篇章，其區分並非〈凡例〉所提示的準則。就本篇論文中，筆者試把這些變例區分成兩種情況說明：一為正統觀，嚴氏承襲《漢書》編纂體例，於叛臣、流賊等編入「闕名」類之後。如王莽（前 45～23），《漢書・列傳》編在最末，不以始仕之年來排序。等同於黃巾、叛臣等層次，亦如《舊唐書》、《新唐書》之〈安祿山列傳〉。由是，沿襲歷來各史傳的正統價值觀，將「僭逆如王莽、桓玄等，則先表疏、後詔令，變例以別之」。〔註71〕二為錄文收載，應將〈敘文〉編入《全文》，何以有些失載呢？《全文》篇章約二萬，若是一一比對，則能發現有些不合理卻無法解釋的地方，例如〈慎子敘〉，為何未能收入《全文》，若非詳細考證，實不宜妄下論斷。

一、編次之違例

　　據《全文》之體例，舉凡作者、文體之編列體式，均有一定的通則。一般而言，各依生卒年、仕宦之年為據；收載之文體則依循《文選》編輯理念。觀其通例，有些別有安排，似《全文》另有深意，即為違例之體。以下分別討論：

（一）文體之編次

　　編輯《全文》收載的篇文，文體分為七十類，賦、騷、制、誥、詔、敕、璽書、下書、賜書、冊、策命、策問、令、教、誓、盟文、對策、對詔、章、表、封事、疏、上書、上言、奏、議、駁、檄、移、符、牒、判、啟、箋、

〔註70〕〔清〕嚴可均：〈唐石經校文敘〉，《嚴可均集・文類三》，卷5，頁159。
〔註71〕〔清〕嚴可均：〈凡例〉，《全上古三代秦漢三國六朝文》，冊1，頁19。

奏記、書、答、對問、設論、設、難、釋難、辨、考、七、記、序、頌、贊、連珠、箴、銘、誠、傳、敘傳、別傳、約、券、誄、哀、冊、哀辭、墓志銘、碑、靈表、行狀、吊文、祭文、祝文、題後、雜著。據此，收編篇文先以作者身分為縱，以《文選》編輯次序為橫（請參考第五章第二節文體編次之原則）。如《全上古三代文・闕名》之〈離別相去詞〉，提及先賦、次騷：

> 案，是編起上古三代，迄隋各家為集。各集分類先賦、次騷、次詔
> 冊。今此離別相去之詞是騷賦體，故編於闕名之首。〔註72〕

該文為軍士即將離鄉，與父兄相互道別之詞，故稱〈離別相去詞〉，以騷體寫之，列於各體之首。《全漢文・王莽》之輯文，則先列諸臣之上言、上書、奏記共23篇，再列王莽之詔、下書。就此可見，嚴氏特意編纂次序，以彰顯對篡臣之貶斥。此依文體之編次而觀其違例，進可察其正統思想之跡象。

（二）叛賊、逆臣之編列

各朝所列作者，叛賊、逆臣有別於一般諸臣宗室，當統一列入各朝「闕名」類之後。然《全三國文・許靖》則似乎違反常理：

> 靖，字文休，汝南平輿人。靈帝時舉計吏，察孝廉，除尚書郎，典選舉。董卓秉政，遷御史中丞。後懼誅出奔，輾轉孔伷、陳禕、許貢、王朗間。孫策渡江，又奔士燮。後入蜀，劉章以為巴蜀廣漢太守，轉蜀郡太守。先主定蜀，以為左將軍長史。及即漢中王位，以為太傅，章武元年進司徒，明年卒。有《集》二卷。〔註73〕

依據上文，許靖歷經漢末、孫吳、蜀漢等三國時代，中間輾轉出奔，雖不至將其編入逆臣之列，以其行事作為衡之，當屬佞臣之類。《全文》乃編入《全三國文・蜀漢》諸臣之屬，顯然違背嚴氏編輯體例之常例。

（三）偽託暫行編入

今人對《全上古三代文》有所非議，乃是依托偽文在沒有確切的證據，仍編入相應之朝代。如釋氏之文，嚴氏認為佛教始於周，所傳釋家的文字，也屬古印度外國文，由是編入上古三代文。如《全上古三代文・梵志女》，作者未詳，也不著錄：

> 以上從《釋藏》眾經錄出敕令書表十九首。迦葉佛，前乎佛者也；

〔註72〕〔清〕嚴可均：《全上古三代文・闕名》，卷12，冊1，頁155。
〔註73〕〔清〕嚴可均：《全三國文・許靖》，卷60，冊3，頁568。

> 勝軍王，佛父行；飯沙王，佛之父；舍衛國賈人等，與佛並世；四
> 姓等，果報姻緣：皆前乎佛者。其餘勝光王等，未詳時代，似皆在
> 佛後，未敢入三代文。〔註74〕

嚴氏從《釋藏》條列出飭令書表十九首，繼而董理出釋迦佛之譜系。以釋迦佛為界，勝光王等未詳時代，僅知蓋在佛後，不敢編入三代文。檢視其通例當編入《先唐文》。之外，另有不明年代，僅以內文提及的人物推測，將其編入所屬之代。如《全漢文・揚雄》之〈家牒〉，嚴氏認為依現有資料暫編入《揚雄集》：

> 子雲以甘露元年生（《文選・王文憲集序》注），以天鳳五年卒，葬
> 安陵阪上，所厚沛郡桓君山、平陵如子禮，弟子鉅鹿侯芭，共為治
> 喪，諸公遣世子朝臣郎吏行事者會送，桓君山為斂賵，起祠堂，侯
> 芭負土作墳，號曰玄冢。（《藝文類聚》四十，《御覽》五百五十八并
> 引〈楊雄家牒〉。案：〈家牒〉不知何人何時所撰，今附載《揚雄
> 集》）〔註75〕

該錄文首句出自《文選》注，其他取自類書《藝文類聚》、《御覽》兩部。嚴氏在不知撰者以及篇文時代之下，權充揚雄文編入《全漢文》。據此，似乎與前例不相符合，違反編輯通則。較為恰當的做法，當編入《先唐文》之列。又如《全晉文・安帝》之〈進劉裕為宋公詔〉，嚴氏言：「《宋書・武帝紀》中。案：『九錫文傅亮作，疑此及晉爵宋王詔亦亮作，以無佐證，故編於此。』」〔註76〕嚴氏在疑似作者為傅亮，剿襲舊例，姑編入傅氏集。該文當編入「闕名」類，顯然與體例不合。又如《全三國文・聞人牟准》，爵里未詳，嚴氏僅知約在魏、晉之間：

> （案：「牟准不見于傳記。據碑陰言，故吏門主，則去衛覬未遠也。」
> 又言所著述、注解、故訓及文筆等甚多，皆已失墜。考衛覬仕漢入
> 魏，卒於明帝時。子衛瓘仕魏入晉，至惠帝永平初。家世烜赫，何
> 至失墜？此必賈后矯詔殺害。後之言牟准非魏人，亦非晉武時人。
> 姑附此俟考。）〔註77〕

據碑文所示，聞人牟准當處於魏、晉之間，為當代世族衛顗之故吏門生。遇

〔註74〕〔清〕嚴可均：《全上古三代文・梵志女》，卷16，冊1，頁215。
〔註75〕〔清〕嚴可均：《全上古三代文・闕名》，卷12，冊1，頁155。
〔註76〕〔清〕嚴可均：《全晉文・安帝》，卷12，冊4，頁139。
〔註77〕〔清〕嚴可均：《全三國文・聞人牟准》，卷28，冊3，頁289。

此橫禍，終為賈后所害，導致著作銷毀殆盡。以《全文》通例衡之，當應編入《全三國文》或《全晉文》之末，「爵里未詳，或併不知當何帝之時，則列每代之末」。為何附載於衛顗之後，自毀其例？

二、〈敘錄〉不收

嘉慶二十年（1815）年，嚴可均輯成桓範《世要論》，並作〈敘錄〉一篇，後兩者均收入《全三國文》，且〈敘錄〉並收入《鐵橋漫稿》卷六。又輯錄劉廙《政論》，並作一篇〈敘錄〉，同收入《全三國文》，〈敘錄〉且編入《鐵橋漫稿》卷六。其後，續輯《袁子政論》、《正書》，同與〈敘錄〉收入《全晉文》。反之，所輯的《申子》收入《全上古三代文》，但未收〈敘錄〉；又《重編揚子雲集》，〈敘錄〉一篇收入《鐵橋漫稿》，《全文》未見載錄。又如《全晉文·郭璞》之〈《爾雅》圖贊〉，前有案語，可說〈敘錄〉簡要版，分別載之於《全晉文》、《鐵橋漫稿》。嚴氏案語：

> 謹案：《隋志》注梁有《爾雅圖贊》二卷，郭璞撰，亡。《舊唐志》復有之，宋已後不著錄。近惟余蕭客《古經解鉤沈》、邵晉涵《爾雅正義》略采數事，漏落者十八九。張溥本則與《山海經圖贊》閒雜，絕不區分。今從《藝文類聚》、《初學記》、《御覽》寫出四十八篇，依《爾雅》經文先後編次。〔註78〕

又〈《爾雅》圖贊敘〉言：

> 郭璞《爾雅注》五卷、《音》二卷、《圖》十卷、《圖贊》二卷，今本注三卷。又有宋板圖六卷，不著名氏，疑即郭璞誤。而《音》見《經典釋文》略備，或引作《音義》，止是一書，惟《圖贊》久亡。余蕭客《古經解鉤沈》、邵晉涵《爾雅正義》僅徵數事，張溥《百三家集》蒐獲稍多，與《山海經圖贊》雜廁，絕不區分。今從《藝文類據》、《初學記》、《御覽》抄出四十八首，皆注明出處。依《爾雅》正文、先後編次之。凡〈釋器〉四首、〈釋天〉二首、〈釋地〉四首、〈釋山〉一首、〈釋水〉一首、〈釋草〉八首、〈釋木〉四首、〈釋蟲〉六首、〈釋魚〉五首、〈釋鳥〉三首、〈釋獸〉八首、〈釋畜〉二首，定著一卷。郭璞博洽工文，覃精術數，以不附王敦謀逆，殺身成仁。其為《贊》也，窮物之形，盡物之性，羽儀經業，粹然儒者之言。原本雖亡，

〔註78〕〔清〕嚴可均：〈《爾雅圖贊》《全晉文·郭璞》，卷121，冊5，頁1235。

搜羅殘剩，十得二三，續學之徒，當有取焉。〔註79〕
合上述兩篇觀之，〈案語〉、〈敘錄〉兩者彼此間之差異，〈敘錄〉詳細記載該書在各代著錄情況，且知宋時久已亡佚。之後，記載四十八首之細目，以及略述郭璞生平功績、學術精華。就此，《全晉文》僅載〈《爾雅圖贊》案語〉，〈敘錄〉收入《鐵橋漫稿》。對於〈錄文〉收載與否，未能一致。尤其常見碑刻類載文，與〈敘錄〉未能同時並收，如《全後漢文》之〈成陽靈臺碑〉，碑文、〈敘錄〉分別收載於《全文》及《鐵橋漫稿》。又如《全後漢文·闕名》之〈西嶽華山廟碑〉，嚴氏前有〈書伍詒堂所藏西嶽華山廟碑後〉一文，指出該碑拓本流傳情況：

　　漢〈西嶽華山廟碑〉，前明嘉、隆間石毀，所傳舊搨本最顯者有三·其一，長垣王文蓀本，後歸宋漫堂撫部，又歸陳伯恭宗丞，今歸成邸。其二，鄞縣豐道生本，後歸天一閣范氏，今歸錢竹汀宮詹，又歸阮雲台撫部。已上二本，余皆有跋尾，編入《鐵橋金石跋》中。其三，趙子崡所見東肇商本，後歸華陰王無異，今歸朱竹君學士。其本余未見之，聞凍搨有墨暈。就三本中，長垣本最先搨，最瘦、無泐缺。而鄞縣本梢肥，前六七行泐缺百餘字。愛是整紙未經割裱，額左右唐宋人題名全備。余在撫部京寓借觀此二本，坐臥相對，皆七八日，各雙鉤一再過。其模糊泐缺處，余皆能記憶之。其重摹者，有姜任修本、巴尉祖本、曲阜孔氏本、大興翁氏本、琉璃廠本、阮撫部本。孫大參本，余皆收得之。當前明嘉、隆前，碑石尚存，安知舊搨無數十百本？今流傳日少，而其沈埋故紙堆中者往往有之，特難得耳。而收藏家堅執成見，必謂舊搨僅存三本，是不許嘉、隆以前搨第四本也，余未敢傳和也。

　　去冬，余在姑蘇曾見按察藏本，云得于秦中。墨色稍淡，其模糊泐缺處如輕雲籠月，神骨具存，斷屬舊搨本。今江寧友人伍詒堂又得馬氏玲瓏山館本于揚州，較鄞縣本所缺百餘字，此皆不缺，惟裱公庸下，割紙挺刷。視常原本稍肥，而紙墨極舊，其模糊泐缺處，亦如輕雲籠月，神骨具存，斷屬舊搨本。惜失去「仲宗之世」云云一葉，及「遂荒華陽」云云一葉，共九十六字。又唐宋人題名，盡皆割棄，為非全璧，要無害乎其為至寶也。又原碑隱隱有棋局界畫，

〔註79〕〔清〕嚴可均：〈《爾雅圖贊》敘〉，《嚴可均集·文類三》，卷5，頁158。

重摹本皆無，而此本有之，亦舊搨之徵。〔註80〕

該文主旨，在於〈西嶽華山廟碑〉舊搨本有多種，不僅世傳三種而已。首指碑搨本流傳以及對照相異情況，舊搨本有三，長垣本、鄞縣豐道生本、東肇商本。另收藏重摹本有姜任修本、巴尉祖本、曲阜孔氏本、大興翁氏本、琉璃廠本、阮撫部本、孫大參本等。又另寫〈西嶽華山廟碑〉、〈又〉，各為一篇，分別細數豐道生本及長垣本在流傳過程中，如何終歸成邸、錢大昕所收藏。該碑文收載於《全後漢文》，〈敘錄〉僅收入《鐵橋漫稿》卷八，尤見收載不一之例。對此，審視總體編輯結構，以及嚴氏各種著作，相與對照，收載不一的現象，自是昭然若揭了。

三、結語

嚴氏在編纂《全文》時，大抵以作者、篇文、案語為三重結構。案語部分區分為作者、篇名、篇文等三種，且注明取材出處、各別記載之異同。當中，以編纂失次、及〈敘錄〉之收載與否為變例成因。大致緣由嚴氏金石著作已收載，則不再著錄，如金石碑刻文。其次，以疑者存疑之法，暫予保留。

（一）〈敘錄〉不收之由

嚴氏一生校書、讀書不墜，所作敘跋甚多，就《全文》收載的〈敘錄〉與《鐵橋漫稿》對照，顯示《全文》收入並不多。由是，筆者細審其條目、內文，則大致可歸為二個不取之重要因素：

1、〈敘錄〉內容為其筆記心得，則不收入《全文》：嚴氏一生纂輯群書，其經學貢獻自不需多言，蓋由於時代之風潮。一般人於乾嘉考據學，僅關注其輯校方法及成就，殊不知，對於思想的陳述仍涵蓋在校語組成部分。其中，當以〈敘錄〉最為顯明。如《全北齊文·劉晝》記載，劉子即是劉晝，《劉子》一書，嚴氏收五十五篇，其言：

　　《劉子》五十五篇，北齊劉晝譔。余嚮得程榮、孫鑛等本，聞有宋
　　巾箱本，未之見也。今得此于吳山書肆，是明初崇德書院所刊。行
　　墨疎古，閱之豁目爽心，可稱善本。前有序，簡有數，惜不題名。

〔註80〕〔清〕嚴可均：《全後漢文·闕名》，卷100，冊2，頁938～939；〔清〕嚴可
　　　　均：〈書伍詒堂所藏西嶽華山廟碑後〉，《嚴可均集·文類六》，卷8，頁280～
　　　　281。

《劉子》言治國，修身之道，有大醇、無小疵。晁公武乃云「詞頗
俗薄」，毋乃輕詆？近人編書目者，又云〈九流〉一篇，全襲《隋書·
經籍志》之文。《隋書》非僻書，盍覆檢之，豈其然乎？〔註81〕

嚴氏所據為明初崇德書院本，先敘及書版狀況「行墨疎古，閱之豁目爽心」；
又提及該書內容為儒家言論，對於晁公武之評議，不以為然。又如《全漢
文·劉向》之〈說苑〉，其案語：「《說苑》二十卷，今見存不錄，錄其佚文。」
〔註82〕由是，〈敘錄〉論其考校結果，言及：

《漢志》：「《說苑》二十篇。」《隋志》、《新唐志》皆二十卷。《舊唐
志》作三十卷，誤。《崇文總目》五卷，《宋志》已來皆二十卷。盧
抱經《群書拾補》所載宋本有劉向〈敘〉一首，余得元本、楚藩本、
程榮本、何良俊本無之。向〈敘〉言「凡二十篇，七百八十四章。」
今本〈君道〉三十八章、〈臣術〉二十二章、〈建本〉二十七章、〈立
節〉二十一章、〈貴德〉二十八章、〈復恩〉二十四章、〈政理〉四十
一章、〈尊賢〉三十四章、〈尊賢〉三十四章、〈正諫〉二十五章、〈敬
慎〉三十章、〈善說〉二十四章、〈奉使〉十九章、〈權謀〉四十四章、
〈至公〉二十一章、〈指武〉二十五章、〈叢談〉七十二章、〈雜言〉
五十二章、〈辨物〉三十一章、〈修文〉三十八章、〈反質〉二十三章，
凡六百三十九章。《群書拾補》有佚文二十四事，當是二十四章，都
計六百六十三章。視向〈敘〉少一百二十一章，非完書也。向所類
事，與《左傳》及諸子間或時代牴牾，或一事而兩說、三說兼存，
《韓非子》亦如此。良由所見異詞、所聞異詞、所傳聞異詞，不必
同李斯之法，別黑白而定一尊。淺學之徒少所見，多所怪，謂某事
與某書違異，某人與某人不相值。生二千載後，而欲畫一二千載以
前之人之事，甚非多聞闕疑之意。善讀書者，豈宜然乎？此本楊瀅
校刻。楊瀅，明季人，而有方孝儒、王世貞印記。書賈作偽，宜刓
棄之。〔註83〕

據此，前段說明歷來各書目著錄之卷、篇等數，以及與今本相異之處，進而
下此註腳，已非完書也。此外，兼述其看法，該書之內容與他書對校，理出
時代、史傳彼此不相稱等數事。簡言之，董理出重要議題：「生二千載後，而

〔註81〕〔清〕嚴可均：〈書劉子後〉，《嚴可均集·文類六》，卷8，頁270。
〔註82〕〔清〕嚴可均：《全漢文·劉向》，卷39，冊1，頁618。
〔註83〕〔清〕嚴可均：〈書《說苑》後〉，《嚴可均集·文類六》，卷8，頁269～270。

欲畫一二千載以前之人之事，甚非多聞闕疑之意。」以多聞闕疑、書賈作偽等辯證來結語。

　　2、載錄在其他著作，《全文》不收：嚴氏在金石學成就，主要表現在《平津館閣金石萃編》和《鐵橋金石跋》。今從《續修四庫全書》影印《平津館金石萃編》以及《鐵橋漫稿‧金石跋》對照來看，《全文》收錄的金石文獻，大都來自於孫星衍、嚴可均自藏的拓本或原石。且有些是新出土的原石資料，來不及補載於《平津館閣石萃編》，直接收至《全文》。由是可見，《鐵橋漫稿》記載的〈敘錄〉為何不被收入《全文》，是其來有自。如《全後漢文》之〈堂邑令費鳳碑〉、〈費鳳別碑〉，嚴氏在《平津館金石萃編》有跋語：

> 費氏三碑，舊在吾郡墨妙亭，石皆亡失，此蓋宋拓本。先大父得之沈長山陸氏，即余曾祖母家也。有陸崑印記，紙色微損。以《隸釋》讀之，第十二行越寇下沒字；第十五行行首視字不可識；第一行勛字□內有泐紋。《集古錄目》《隸釋》以為「𤎩」。《金石錄》以為「勛」，又以為「勔」。……〔註84〕

該文指陳〈費氏三碑〉漫漶、缺字不可辨識之下，且以《隸釋》、《金石錄》等書對校出衍、缺、訛字之患。對此提出金石碑刻材料之採證，須具備文字、訓詁之素養「非精于隸法者，不能鉤出也。」〔註85〕又從〈費鳳別碑敘〉觀之，為何不收入《全文》？顯然已被其他金石著述收載。

> 費氏三碑，舊在吳郡墨妙亭，石皆亡佚。此蓋宋搨本，紙色微損。以《隸釋》讀之，第十二行「越寇」下「沒」字，第十五行行首「視」字，不可識。「勔」字口內有泐紋，《集古錄目》、《隸釋》以為「𤎩」，《金石錄》以為「勛」，又以為「勔」。審觀，實是「勔」字。第十八行「黃鳥」上「思」字誤衍，《隸釋》以為六字句，恐非。都南豪嘗得是碑，并得前碑，今不知所歸。此本未經割褾，當雙鉤重刻于石。然多漫漶，非精于隸法者，不能鉤出。〔註86〕

兩書記載行文，大致相似，出自家藏舊本。然而，當以〈敘錄〉論述較為詳盡，一校出衍字、誤字、漫漶；其次，提及三碑之出土始末，以及碑石狀況。其他亦如〈戚伯著碑敘〉、〈仙人唐公房碑敘〉等均未能收載《全文》。

〔註84〕〔清〕嚴可均：《平津館金石萃編》（上海：上海古籍出版社，《續修四庫全書》第 893 冊，1995 年），卷 2，頁 26。

〔註85〕〔清〕嚴可均：《平津館金石萃編》，《續修四庫全書》第 893 冊，卷 2，頁 26。

〔註86〕〔清〕嚴可均：〈費鳳別碑〉，《嚴可均集‧文類七》，卷 9，頁 294。

（二）以疑存疑法，姑予保留

　　所謂「以疑存疑」法，即對那些古書徵引部分，雖標明為某書、某人之文，或疑其非本書、非作者等之佚文，但一時又難以考訂其真偽者，或定其偽者，則在輯本中予以保留，按其編目體例，列於其中，〔註87〕以備來者能參考，或再進一步考訂。如《全三國文‧胡綜》之〈黃龍大牙賦〉：

> 乾坤肇立，三才是生。狼弧垂象，實惟兵精。聖人觀法，是效是營。始作器械，爰求厥成。黃、農創代，拓定皇基，上順天心，下息民災。高辛誅共，舜征有苗。啟有甘師，湯有鳴條。周之牧野，漢之垓下。靡不由兵，克定厥緒。明明大吳，實天生德。神武是經，惟皇之極。乃自在昔，黃、虞是祖。越曆五代，繼世在下。應期受命，發跡南土。將恢大繇，革我區夏。乃律天時，制為神軍。取象太壹，五將三門。疾則如電，遲則如雲。進止有度，約而不煩。四靈既布，黃龍處中。周制日月，實曰太常。桀然特立，六軍所望。仙人在上，鑒觀四方。神實使之，為國休祥。軍欲轉向，黃龍先移。金鼓不鳴，寂然變施。暗謨若神，可謂秘奇。在昔周室，赤烏銜書。今也大吳，黃龍吐符。合契河洛，動與道俱。天贊人和，僉曰惟休。

> （《吳志‧胡綜傳》：「黃武八年夏，黃龍見夏口，於是權稱尊號，因瑞改元，又作黃龍大牙，常在中軍，諸軍進退，視其所向。命綜作賦曰云云。」《藝文類聚》六十以黃武八年一段為賦之本文，蓋即此賦之序也。然不應直稱權名，疑史家竄改。又見《初學記》二十二）〔註88〕

又《藝文類聚》之載文

> 黃初八年，黃龍見夏口，孫權稱號，因瑞改元，作黃龍大牙，常在軍中，進退視其所向。命綜為賦曰：狼弧垂蒙，實惟兵精，聖人觀法，是效是營，始作器械，爰求厥成，明明大吳，實天生德，仍律天時，制其神軍，取象太一，五將三門，疾則如電，遲則如雲，進止有度，約而不煩，四靈既布，黃龍處中，周制日月，實曰太常，桀然特立，六軍四望。〔註89〕

合此兩文相互對照，由主旨及內容合觀，彼此出現的差異甚大。其一，〈黃龍

〔註87〕曹書杰：〈佚文獻的考究〉，《中國古籍輯佚學論稿》，頁371。
〔註88〕〔清〕嚴可均：〈黃龍大牙賦〉，《全三國文‧胡綜》，卷67，冊3，頁643。
〔註89〕〔唐〕歐陽詢；汪紹楹校：《藝文類據》，卷60，冊2，頁1077；〔唐〕徐堅：《初學記》，卷22，冊3，頁525。

大牙〉取自《吳志・胡綜傳》，指出胡綜作賦之原委，大抵無誤。其二，嚴氏提出質疑，《全文》之收載蓋是本賦。又著眼於未避諱「權」字，斷言《藝文類聚》之「黃初八年，……命綜為賦曰」錄文可能為〈序文〉。疑似後來史家的竄改，所以「以疑存疑」之法，暫列於胡綜文。故有學者認為，佚文內容的是非考證，非讎校所能解決。如有一說：「書中的重要問題，又不是幾句話可以說明的。所以我們最好於校注之外，另為通識。」〔註 90〕就輯佚而言，在佚文文字的校理基礎上，校勘、訓詁是考證第一級層次，考證內文史實可視為第二層級。就此，嚴氏常在考證佚文內容時，在無據可徵信之下，以內文人物為據，依此列載之。如《全晉文・安帝》之〈進劉裕為宋公詔〉，嚴案說：「《宋書・武帝》中。案：『九錫文傅亮作，疑此及〈晉爵宋王詔〉亦亮作，以無佐證，故編於此。』」〔註 91〕以傅亮曾撰〈九錫文〉為據，又依常理推之，疑該文為傅氏所作。若依常例應歸併「闕名」類，此可說為缺失之顯證。

　　周彥文先生曾提到，從文獻本身的演變中，可以抽離出背後的學術內涵以及可追溯的時代文化特色。就此可作為詮釋《全文》編纂之內在理路，其說：

> 文獻之所以能成為一個學科，關鍵即在於我們由文獻本身，可以抽離出文獻在產生和演變的過程中，它背後的學術誘因和發展趨勢。因為，任何類型的文獻，都不可能在沒有任何背景因素下孤立的產生。〔註 92〕

周老師論點立基在文獻內容被處理到某一程度之時，進一步可針對文獻整理所呈現的面向，逐步進行文獻內容之詮釋，探析其背後學術發展的因素。簡言之，文獻成果已然達到某一層級時，進而追溯其時代及文化內容，此可謂是一種「文獻文化學」。可衍及於當前文獻，甚至未來文獻，可能發展等之問題。它不僅可以與現代甚至未來相連結，甚至掌握到時代的相對性。〔註 93〕就此而言，誠然是合理可延伸連結《全文》作者與文體編次失序之因故，其隱含的意義是可與時代相互呼應的「正統觀」。

〔註 90〕顧頡剛編；羅根澤著：〈序〉，《古史辨》（臺北：藍燈文化事業公司，1987 年 11 月），冊 4，頁 6。

〔註 91〕〔清〕嚴可均：《全晉文・安帝》，卷 12，冊 4，頁 139。

〔註 92〕周彥文：《中國文獻學》（臺北：五南圖書公司，1993 年 7 月），頁 2～3。

〔註 93〕高伯園：〈中國文獻學方法的實用性與哲學性〉，《文獻學研究的回顧與展望──第二屆中國文獻學學術研討會論文集》，頁 334～335。

第九章 《全文》輯佚之價值

綜觀嚴氏一生，除早年馳騖詩壇，以及短暫為官建德教諭之外，中間歲月幾乎以學術研究和著述為生活重心。該時，可說與兩個人有密切關聯，即姚文田與孫星衍。嚴氏與姚文田主治《說文》在前，孫星衍合作在後，以纂輯《平津館金石萃編》、《全文》為務。就此，雙方研治過程及消費時日相當的長，如《說文校議》，在從遊京師時（1794）年即已開始，直至孫星衍過世（1818）才刊刻面世，前後歷經 25 年。又《全文》歷經 27 年，中間仍孜孜不倦於輯校他書，使之觸類旁通，終至光緒年間逝世之後才得予刊行。由如嘉慶六年（1801）與顧廣圻、洪頤煊等人，為孫星衍進行校勘《北堂書鈔》；嘉慶十一年（1806）年與洪頤煊共同為孫星衍校正《魏三體石經遺字考》。當時，又按照王昶《金石萃編》的編輯體例，趁此鈔纂一部《金石總纂》。因此，《全文》輯佚之成書，乃有前期輯校的成果奠下基礎，才有後來總結之問世。換言之，《全文》可說是清代考據學風影響所及之典範，主要研究成果在《說文》學、校勘學、金石學、輯佚學等領域。由此，筆者認為若要探討《全文》輯佚成就，須從三個面向論述：一是當代時人對《全文》的評價；二是《全文》具足那些優點？才被認定為清代輯佚書之典範；三是對後世的影響。若就此而論，相信即能對《全文》的學術特點以及成就具體指陳，從而評議其得失。

第一節　當時學者對《全文》之評價

《全文》輯錄的目的，可以說是建築在兩個議題上，第一是求其先唐以前佚文之全，如「廣分三分殊，與夫收藏家秘笈金石文字，遠而九澤，旁及

釋道鬼神」，〔註1〕強調網羅全面，使人們在一部書中可以看到唐以前現存的單篇文章，以及一些史論、子書等的輯佚材料。第二是從校訂層面來看，凡對錄文作者、內容論及的名物，以及其考辨取材出處等之辨識，如「一手校讎，不假眾力。無因襲、無重出。各篇之末，注明見某書某卷，或再見數十見，亦備細注明，以待覆核」。〔註2〕可見清代考據一途，學問之根源由此入手。於此，當代時人常以此衡量《全文》之得失，甚至給予全面駁斥。殊不知，嚴氏儒家思想即淵源於此，如〈子程子曰〉道光癸未，烏程縣考卷，嚴氏自記之：

> 宋儒釋〈大學〉篇名，述師言以明有徵焉。蓋朱學出於程，尊之曰「子程子」，以其為本師也，故釋〈大學〉篇名而述伊川之言也。朱子若謂：漢儒小戴刪《大戴禮記》存四十五篇，馬融益〈王制〉等四篇為四十九篇，鄭氏從馬，而〈中庸〉第三十一、〈大學〉第四十二，余取此二篇，各使專行。先〈大學〉，後〈中庸〉，入四子書。今作《大學章句》，宜先釋篇名，不敢稍持己見也。……
>
> 道光三年春，烏程令程君縣試，以「《學》、《庸》子程子曰」發題，童生大嘩，乃易題。余以為程君發題太新，童生亦太梗。今因作此二篇，一徵實，二課虛，都非苟作。惟「漢人非也」等語，未免唐突宋儒，然宋儒有知，亦當轉怒為笑也。〔註3〕

該文前有烏程縣令據朱子〈大學〉篇，提出如何詮釋「子程子曰」之緣由。嚴氏以雜記方式提出看法，一贊同程君縣令之考題，雖不符合當代學術風潮，但試子亦太拘囿；其次，直言切入要旨，以徵實考訂之論據，指陳〈大學〉篇之原由，詮釋「子程子」中心思想，駁斥注疏之弊病。「子程子淨埽群言，漢人非也、唐人非也，而數言扼要，弁于四書，力矯注疏之弊。」〔註4〕依此，筆者從而端視當代對《全文》之針貶，大抵皆聚焦在此兩點：一稱其部帙之齊備，蒐羅鴻富；二是收載漏遺，考究不實。

一、博輯群籍，原本經術

　　《全文》歷經二十七年，初步完成後，直到晚年還在進行增刪修訂。反

〔註1〕〔清〕嚴可均：〈總敘〉，《全上古三代秦漢三國六朝文》，冊1，頁18。
〔註2〕〔清〕嚴可均：〈凡例〉，《全上古三代秦漢三國六朝文》，冊1，頁19。
〔註3〕〔清〕嚴可均：〈子程子曰〉，《嚴可均集·文類十一》，卷13，頁389～390。
〔註4〕〔清〕嚴可均：〈子程子曰〉，《嚴可均集·文類十一》，卷13，頁390。

觀，當時官方所修的《全唐文》，集聚眾人之力，耗時六年完成。彼此對比，《全唐文》舉凡在精審校勘、輯錄範圍等方面，均遠遜於《全文》。就此，嚴氏在當代可稱為考據名儒，而《全文》也堪稱為清代輯佚學最高成就。誠如李慈銘說：

> 鐵橋銳意搜尋古人逸書，心力之精，殆無倫比，不特紀文達諸公所
> 不及，即同時如孫伯淵、章逢之、洪筠軒亦俱遜之。其識別真偽，
> 校勘微芒，足與顧澗薲相匹，而較顧為大。〔註5〕

上文所評，誠然是恰如其分，論述中肯。嚴氏在當代的學術成就，尤以蒐集逸書、辨偽、校勘等專長出類拔萃。李氏的評價除了肯定嚴可均之輯佚成就，甚至居於紀昀（1724～1805）、同期之孫星衍、章宗源等人之上。尤精於辨偽、校勘等長才，與顧廣圻等名家相比擬，毫不相遜色。於是，若要考究《全文》的學術貢獻，則當以此觀點來秤量。

（一）金石碑刻，條貫六書

早在歐陽修的〈唐韓愈南海神廟碑〉就提及石刻文獻校勘文集的作用：

> 蜿蜿蜒蜒，而碑為蜿蜿虵虵小異，當以碑為正。今世所行《昌黎
> 集》，類多訛舛，惟〈南海碑〉不舛者，以此刻石人家多有故也，其
> 妄意改易者頗多，亦賴刻石為正也。〔註6〕

由此一例，指出古人著書常鐫於石刻，也載之於紙本。石刻與集本之間，文字也常出現差異狀況，借助石刻往往可以得到斧正。可見石刻在校勘，尤其是集部作品中，占有極大的作用。據悉，嚴氏從各種古籍中輯錄佚文，包括經史子集四部，以及《道藏》、《大藏》等佛道經典，大量金石文獻。彼此對照，不偏執孤立一面，形成一種輯佚兼考證特色。如白壽彝（1909～2000）說：

> 考證之學跟目錄、版本、校勘、辨偽、輯佚、注釋之學有密切關聯。
> 它們離不開考證的方法，但不通這些學問，也難以做到取材博、用
> 材精、訓釋正、類例明，從而有正確的考據。可以說，考據之學在
> 一定程度上就是目錄、版本等文獻之學等綜合運用，而考據的方法
> 又是文獻研究進行到一定程度時所不可少的。〔註7〕

〔註5〕〔清〕李慈銘：〈鐵橋漫稿〉，《越縵堂讀書記》，冊中，頁825。
〔註6〕〔宋〕歐陽修：〈唐韓退之南海神廟碑〉，《集古錄》（臺北：臺灣商務印書館，影印《文淵閣四庫全書》第681冊，1983年），卷8，頁115。
〔註7〕白壽彝主編：《史學概論》（寧夏：寧夏人民出版社，1983年），頁111～112。

白先生雖僅以文獻相關之版本、目錄、校勘、辨偽等學來權衡其文獻研究之水準。然而,《全文》錄文以金石文物作為研究之佐證,可說是開其時代先鋒。換言之,金石碑刻儼然被視為條貫六書之卓識,根源於治經當以訓詁明道為終始。今從《全秦文・二世皇帝》之〈詔李斯馮去疾〉為例,嚴氏乃以碑刻拓本而得此錄文:

> 制詔丞相斯、去疾:法度量盡始皇帝為之者(一作皆),有刻辭焉。今襲號而刻辭不稱始皇帝,其於久遠殹。如後嗣為之者,不稱成功盛德。
>
> (秦平陽斤拓本,又秦權秦量「殹」皆作「也」。)
>
> 皇帝曰:「金石刻,盡始皇帝所為也。今襲號而金石刻辭不稱始皇帝,其久遠也,如後嗣為之者,不稱成功盛德。」
>
> (《琅邪刻石》拓本,又《泰山殘石》、《絳帖》、《泰山篆譜》、《汝帖》、《之罘刻石》、徐鉉《重摹繹山刻石》)〔註8〕

就取用材料言之,均為刻石拓本,有《琅邪刻石》拓本,又《泰山殘石》、《絳帖》、《泰山篆譜》、《汝帖》、《之罘刻石》、徐鉉《重摹繹山刻石》。其中,《泰山秦篆譜》可補考證文獻之不足,乃為研究六書之最佳典籍。據此可見,收載金石碑刻之主因,是以輯佚為前提,進而以考證六書源流為目標。

> 《泰山秦篆小字譜》,凡三刻于石。《金石錄》云:「汶陽劉跂斯立親至泰山絕頂,見碑四面有字,乃摹其文刻石,自為後序。」此初刻也。潘駙馬取入《絳州帖》,行列、段數、周匡剝泐,悉仍跂舊。惟跂于缺字七十六,以《史記》足之,注其下,并自為後序,帖皆刪去。此再刻也。元申屠駉〈會稽刻石跋〉云:「至元間,行臺侍御史李處巽獲劉跂所摹本,刊于建業郡庠。」明《楊東里續集》亦云:「應天府有此譜刻石,余得之張士謙。」此三刻也。跂原石久佚,所見惟《絳州帖》而已。都元敬所收劉譜,蓋即至元刻本。應天府學為今江寧縣學,其石未必遽毀,俟更訪得之。跂作〈趙氏金石錄序〉云:「余登泰山,觀秦相斯所刻。退而按史遷所記,大凡百四十有六字,而差失者九字。以此積之,諸書浩博,其失胡可勝言?」則此譜為功于史不小,況可考證六書,豈得任其湮沒?跂,汶陽人。《寶

刻叢編》作「河澗」，楊東里乃云河間人。〔註9〕

嚴氏從〈泰山秦篆譜〉載錄〈詔李斯馮去疾〉，就〈敘錄〉所言，該刻石自出於《絳州帖》之收載，共歷三次刊刻。觀此錄文之內容，直可補充《史記》所載之不足，又兼及考證小篆之沿革。由此可證，《全文》碑刻文獻具有校勘之功、治經術考校六書源流之功能。葛金烺（1837～1890）曾讚許清代名家諸儒之學術成就，皆能條貫六書：

> 鎮洋彭兆蓀、寶山毛嶽生同觀甘亭印（白文方印）、嶽生之印（白文方印）。右樊榭手書《先秦貨布記》，宋芝山得之揚州以遺，宜泉太史者。所列平陽北屈二十七事，皆古地名，其為春秋戰國，未易確指，而樊榭定為先秦，殆不然也。樊榭工詩熟遼宋事，讀此記，又考及吉金，足見前輩之好事如此。書嘉慶乙丑秋九月，嚴可均識（印二），鐵橋（朱白文連珠方印）。

> 國朝諸名流以著作傳者，皆能原本經術，條貫六書，以及古今金石源流，灼然各有援據，論說以昭示後世。此則漢、唐、宋、元以來名儒，所不逮也。〔註10〕

據此，記載嚴氏藉觀厲鶚（1692～1752）《先秦貨布記》一書，指出地名與時代未能暗合之處，從而考證《先秦貨布記》一書，名實不相符。由是，葛金烺以宣揚清代名儒之碩學，加以評議嚴氏之經學，謂其條貫六書，進而貫通金石碑刻。

（二）訓詁之能，盡校勘之精微

綜觀嚴氏《全文》輯錄之歷程，十六歲開始治經；二十八歲徐松年贈予〈王仲堪墓志銘〉拓本；三十一歲作〈商君書校正序〉；三十三歲，初得力於姚文田青睞，同治《說文》；三十六歲，取唐大和石壁作《唐石經校文》。對此，嚴氏治學過程先以《說文》為養成基礎，稍後則頗資於《唐石經校文》之編纂。所以陸心源針對《全文》之評議，云：「僅有校釋之能，未得旁通曲證，蓋二流也。」〔註11〕又論及嚴氏輯校《北堂書鈔》之能事，仍肯定其博

〔註9〕〔清〕嚴可均：〈泰山秦篆譜〉，《嚴可均集‧文類七》，卷9，頁287～288。

〔註10〕〔清〕葛金烺：《愛日吟廬書畫錄》（上海：上海古籍出版社，《續修四庫全書》第1088冊，1995年），卷4，頁456。

〔註11〕〔清〕陸心源：〈與繆筱山太史書〉，《儀顧堂文集》，《續修四庫全書》第1560冊，卷4，頁418。

洽多聞之學識，其說：

> 吾鄉嚴鐵橋廣文，謂世間難校之書以《北堂書鈔》為第一。是書雖
> 比《書鈔》才卅之一，而檢閱之煩，思誤之難則一。然仍有不可通
> 者，拾遺糾謬，是所望於後之君子。〔註12〕

合此陸氏之議而觀，顯露其狹隘的考證觀點，未能通徹古代書籍寫作的體制，
大體從內容的來源方面來分析，不外乎三大類即是「著作」、「編述」、「鈔纂」。
「著作」，將一切從感性認知所取得的經驗教訓，提高到理性認識，進而將最
基本最精要的結論，成為一種富創造的理論。該點要旨在於「創造」核心思
想，指出了經由經驗、理性分析，提出創造性理論法則。如漢以前的書籍，
以著作為多；「編述」，將過去已有的書籍，重新用新的體例，進行改造、組
織，從而將其能適應於客觀需要的本子。主張整理舊籍，符合當世所能運用
一種新的文本。如兩漢傳注、六朝義疏。「鈔纂」，將過去繁多複雜的材料，
加以排比、依據撮錄，分門別類用新的體式問世。提及整理運用方法，著重
在排比歸類之新體式。由鈔纂而成的書籍，古人稱作「論」。《論語》的「論」
字，是排比資料，纂輯成編的意思。例如類書是完全鈔纂，或如《文獻通考》、
《朱子小學》。〔註13〕又殊不知考證一事同屬於儒家智識範疇。〔註14〕所不同
者，《全文》最後貢獻在輯錄佚文，而不在於經學。至於如何準確取錄佚文，
則有待進一步考校，彼此相互運用，如《唐石經校文》一書，其說：

> 朱子《易》、《詩》、《儀禮》、《中庸》、《大學》、《孝經》、《論語》、蔡
> 氏《書》、陳氏《禮》，自當專行，不須與石經合並。不載。〔註15〕

又旁通篆隸二體字，以求是徵實為據：

> 近人治經好依《說文》改字，然經以真寫而欲酷繩以篆，不可通也。
> 余斟酌于篆隸間，云篆省、云隸變、云隸俗、云隸借，至併非隸所
> 有者，乃不成字，云不體。〔註16〕

合而觀之，此書專為考據，故不以理學書為參考。又反對依《說文》為校正

〔註12〕 〔清〕陸心源：〈重刊《北戶錄》序〉，《儀顧堂文集》，《續修四庫全書》第 1560
　　　　冊，卷 6，頁 431。

〔註13〕 張舜徽：《中國文獻學》（臺北：木鐸出版社，1983 年 9 月），頁 32～36。

〔註14〕 余英時：〈章實齋的史學觀點之建立〉，《論戴震與章學誠》，頁 48。

〔註15〕 〔清〕嚴可均：〈敘例〉，《唐石經校文》（上海：上海古籍出版社，《續修四庫
　　　　全書》第 184 冊，1995 年），卷 1，頁 247。

〔註16〕 〔清〕嚴可均：〈敘例〉，《唐石經校文》，《續修四庫全書》第 184 冊，卷 1，
　　　　頁 247。

核心，於是乃著眼篆隸之變例，參酌他書以校之，達到字義理順為確則。由是，在校勘時，廣泛徵引古籍如《十三經注疏》、《文選注》、《周易集解》、《一切經音義》、《經典釋文》、《說文解字》、《宋史》、《困學紀聞》等，可謂網羅宏富，校勘精細，且有異必校。以〈二體石經《周禮》殘碑敘〉為例，可見嚴氏錄文之步驟與過程，當以「訓詁通經明道」為出發點：

> 二體石經《周禮》，今但存一石，在陳留縣學。其碑兩面刻字、面各六橫，不相聯毌。畢氏《中州金石記》謂有數石，蓋為割裱本所惑也。與今本對校，亦少異文。〈司几筵〉「設莞筵紛純」，唐石經作「莞席」。按，上言五席之名物，故此言莞席、繅席、次席、席蒲筵、熊席，下復言「加莞席紛純」，明此非「筵」字。《通典》卷七十四、《初學記》二十五皆引作「莞席」，今此及各板本與〈序官〉疏及此疏皆作「莞筵」，蓋沿北宋人誤改也。篆法甚茂密，視《易》、《書》、《禮記》遠勝。其書「侯禳」作「穰」，假借可通。惟「祧」、「藏」二字軼出《說文》外，又省「詔」為「詔」，省「敍」為「敘」，易「趌」為「踔」，亦形聲比附，不乖六書之正。古者偏旁音言隨作，「詔」即「詔」之省，故〈禮器〉「詔侑武方」注：「詔侑，或為詔囿。」〈訇鼎〉、秦刻石、《倉頡篇》並有「詔」字，「大喪存奠彝，大旅亦如之」此二句，黃玉圃謂石經在「凡酒修酌」下，今本在「左右玉几」下。余徧檢今本，皆與石經同，無在「左右玉几」下者，未知玉圃何所見也。〔註17〕

據此，該文參酌了唐石經《周禮》、《說文》、《通典》、《初學記》加以對校；其次，以《說文》假借字、形聲字等通例，辨識「禳」作「穰」、省「詔」為「詔」，省「敍」為「敘」，易「趌」為「踔」。確實體現考據學之宗旨「言必有據」，將校文之成果，運用在輯錄佚文上，加以取資之。由是，如《全漢文·孔安國》之〈尚書序〉，所自出處在：「《文選》、唐石經《尚書》、宋板《尚書注疏》本、宋巾箱《尚書》，仿岳板《尚書》」。〔註18〕可見輯校合體不可區分。此外，《全後漢文·何休》之〈《春秋公羊經傳解詁》序〉，「唐石經本」；《全三國文·何晏》之〈《論語集解》敘〉「唐石經《論語》」；《全晉文·杜預》之

〔註17〕〔清〕嚴可均：〈二體石經《周禮》殘碑敘〉，《嚴可均集·文類十》，卷12，頁369～370。

〔註18〕〔清〕嚴可均：〈尚書序〉，《全漢文·孔安國》，卷13，冊1，頁383。

〈《春秋左氏傳》序〉「《文選》，唐石經《春秋傳》」等皆從唐石經中錄出，被收載於《全文》。由之，若從張舜徽對於古文獻類型的觀點視之，足可反證陸心源之語，「未得旁通曲證」，蓋是曲解也。

二、蒐羅宏富，補史料不足

王筠（1784～1854）《說文解字句讀》曾論及嚴氏治《說文》的過程，為能全然了解《說文解字》撰寫的動機，勢必也須對許慎（58～147）生平事蹟作一番考證。於是在史傳資料寥寥少少之下，寫了一篇〈許君事蹟考〉。其說許君事蹟：

> 嚴可均曰：余治《說文》，因欲詳許君行事，而本傳所載，寥寥不備，
> 及徧索羣書，又采獲無多也，作〈許君事蹟考〉。〔註19〕

據此，嚴氏為研治《說文》一書，觸動了考究許慎生平事蹟之緣起，從而解決史料不足的缺憾。推而言之，《全文》廣泛徵引輿地、文史材料，再經過詳密論證，可謂文學總集之典範。尤其證明許氏卒年當在建光元年（121），為清儒《說文》學反證出行之有年的定論，其功可說厥偉至大。

《全文》的備受肯定都著眼在文學文獻的整理貢獻，尤其善於假碑刻文獻與傳世文本相互勘校，為治學者提供去取的佐證。之外，還利用其文學傳記資料，來彌補史料的不足。如藉《全後魏文·闕名》之〈龍驤將軍營州刺史高貞碑〉之考訂，辨識《魏書》、《通典》傳寫之誤，且補今本《魏書》的高貞事蹟之不足。又將收載的〈左思別傳〉，與《晉書·左思傳》牴牾之處，探其成因，最後得出〈別傳〉失實，當以《晉書》為正的結論。其說：

> 《世說·文學篇》注載〈左思別傳〉曰：「思，字太沖，齊國臨淄人。
> 父雍，起於筆札，多所掌練，為殿中侍御史。思蚤喪母，雍憐之，
> 不甚教其書學。及長，博覽名文，遍閱百家。司空張華辟為祭酒，
> 賈謐舉為秘書郎。謐誅，歸鄉里，專思著述。齊王冏請為記室參軍，
> 不起，時為〈三都賦〉未成也。後數年，疾終。其〈三都賦〉改定，
> 至終乃上。初作〈數都賦〉云『今馬電發高岡，碧雞振羽而云披。
> 鬼彈飛丸以礌礪，火井騰光以赫曦。』無「鬼彈」，故其賦往往不同。」
> 思為人，無吏幹而有文才，又頗以椒房自衿，齊人不重也。思造張

〔註19〕〔清〕王筠：〈許君事蹟考〉，《說文解字句讀·附錄》（上海：上海古籍出版社，《續修四庫全書》第219冊，1995年），卷30，頁491。

載問岷蜀事，交接亦踈。皇甫謐，西州高士；摯仲洽，宿儒知名，
非思倫匹。劉淵林、衛伯輿竝蚤終，皆不為思賦序注也。凡諸注解，
皆思自為，欲重其文，故假時人名姓也。

可均案，〈別傳〉失實，當以《晉書》為正。思造〈齊都賦〉成，復
欲賦〈三都〉。泰始八年，妹芳為修儀，因移家京師，求為秘書郎。
歷咸寧至太康初，〈三都賦〉成，《晉書》所謂「搆思十年」者也。
皇甫謐卒於太康三年而為賦敘，是賦必在三年以前。其後三十餘
年，屢經刪改，至死乃已。……〈別傳〉道聽塗說，無足為憑。
《晉書》彙十八家舊書，兼取小說，獨棄思〈別傳〉不采，斯史識
也。〔註20〕

據此，分為兩方面說明之，前段《世說‧文學篇》注載始至「故假時人名姓
也」，為嚴氏取自各家材料，合而竝之。有楊慎《升菴集》之〈劉孝標世說注〉、
《丹鉛餘錄》曹學詮（1574～1646）《蜀中廣記》等。〔註21〕第二部分，後段
嚴氏之案語：「〈別傳〉失實……斯史識也。」從而論證了三點，其一是〈三
都賦〉的寫作時間，與皇甫謐卒年有些差距；其二是刪改「鬼彈」一詞，必
在〈三都賦〉後，張載仕魏又入晉，何以稱「辟」而不稱「遷」等一詞；第
三點，是左思晚年退居家鄉專事著述的時間，從而推算劉逵等人生卒年，何
以能為其作注？對此，後來之《隋書經籍志考證》、《援鶉堂筆記》等均加以
引用繜襲，未有突破性的發見。〔註22〕就此可見，嚴氏不僅載錄原文，還注
重文學資料的可靠性，甄別考辨，以解決其懸疑，闡發新的見解，以是能切
中要點成為定讞。又如《全後漢文‧徐淑》收載三篇，作者徐淑《後漢書》
無傳，嚴氏在孫星衍基礎上，增錄兩篇以及補錄傳記資料。其說：

孫淵翁為《續古文苑》，有〈寡婦淑誓書〉一首。不得時代，列入晉

〔註20〕　〔清〕嚴可均：〈左思別傳〉，《全晉文‧闕名》，卷146，冊5，頁1523～1524；
　　　　〔清〕嚴可均：〈書左思別傳後〉，《嚴可均集‧文類六》，卷8，頁266～267。

〔註21〕　〔明〕楊慎：《升菴集》（臺北：臺灣商務印書館，影印《文淵閣四庫全書》
　　　　第1270冊，1983年），卷72，頁705；〔明〕梁佐編：《丹鉛餘錄‧總錄》（臺
　　　　北：臺灣商務印書館，影印《文淵閣四庫全書》第855冊，1983年），卷19，
　　　　頁567；〔明〕曹學佺：《蜀中廣記》（臺北：臺灣商務印書館，影印《文淵閣
　　　　四庫全書》第592冊，1983年），卷101，頁624。

〔註22〕　〔清〕姚振宗：《隋書經籍志考證‧集部三》，《續修四庫全書》第916冊，卷
　　　　40，頁127；《援鶉堂筆記‧集部》（上海：上海古籍出版社，《續修四庫全書》
　　　　第1149冊，1995年），卷37，頁30。

> 文。余考寡婦淑者，秦嘉妻徐淑也。嘉字士會，後漢桓帝時人，官
> 黃門郎。《續苑》既刊行，不煩改正，故作〈秦嘉妻傳〉。其文字多
> 拾成言，可補范書《列女傳》之闕。〔註23〕

該文為〈徐淑傳〉之前言，敘及「其文字多拾成言，可補《范書‧列女傳》
之闕。」此外，又在《全後漢文》簡略說明：「淑，隴西人。黃門郎秦嘉妻，
有集一卷。」合此而觀，嚴氏之要旨在於補述《後漢書》之不足，且嘉許其
人烈行，足為後人楷模。此外，姚振宗《隋書經籍志考證》也在嚴氏補錄上
提出看法，然仍不超出其核心範圍：

> 案：秦嘉有詩文集傳世，而本志無其集。古來文集附載他人往還之
> 作，或嘉之詩文并在《徐淑集》中，為可知也。《元和姓纂》曰：「後
> 漢上計掾〈秦嘉敘〉，下邳皮仲固撰。」則嘉亦有集，抑《姓纂》下
> 敓妻字；亦即《徐淑集》而皮仲固為之敘也。〔註24〕

姚氏從《元和姓纂》記載，探討秦嘉是否有詩文集傳世一事，從而附和嚴氏
的觀點，加以猜測可能在〈秦嘉敘〉中「嘉」字下脫「妻」字。由此可推測，
《全文》在未刊刻問世時，早已為當代考證取材之資料庫。

三、結語

　　若論《全文》在當代的評價，僅見幾條議論，如俞正燮〈全上古至隋文
目錄不全本識語〉一文提及，可利用孫星衍《八代文》輯佚成果，加以增補；
或文廷式《純常子枝語》指出漏輯部分以及考校失準一事，如《全晉文‧愍
帝》之〈寒食散論〉：

> 寒食散之方，雖出漢代，而用之者寡，靡有傳焉。首獲神效，由是
> 大行於世，服者相尋也。
>
> （《世說‧言語篇》注引秦丞相《寒食散論》案：「愍帝嗣封秦王，
> 為丞相，姑附之，俟考。」）〔註25〕

據此，該文取自《世說新語‧言語篇》注，重點是嚴氏以存疑之姿「愍帝嗣
封秦王，為丞相」一事，以俟考提示來者。文氏據而進一步考證，其言：

〔註23〕〔清〕嚴可均：〈後漢秦嘉妻徐淑傳〉，《嚴可均集‧文類五》，卷7，頁255～
　　　　257；參見〔清〕嚴可均：《全後漢文‧徐淑》，卷96，冊2，頁900。
〔註24〕〔清〕姚振宗：《隋書經籍志考證‧集部》，《續修四庫全書》第915冊，卷39
　　　　之2，頁668。
〔註25〕〔清〕嚴可均：〈寒食散論〉，《全晉文‧愍帝》，卷7，冊4，頁86。

案此乃宋承祖之誤。《承祖醫書》,《隋志》著錄甚多,嚴鐵橋以愍帝
曾嗣封秦王丞相,因以入之,非也。近人編《世說》引書目,錄者
亦未能攷正。〔註26〕

據《承祖醫書》記載得知,秦丞相乃為秦承祖之訛字,歷來相沿已久未能改
正。〔註27〕又如漏拾碑刻《藝風堂文集》之〈隋啟法寺碑跋〉一文,繆氏認
為未見之故:「《全上古三代秦漢三國南北朝文》不收,殆未見拓本全」〔註28〕
之外,〔清〕俞樾〈唐文續拾序〉提到《全文》之全備,可於《全唐文》相續,
其說:

嚴鐵橋輯《全上古三代秦漢三國六朝文》七百四十七卷,使與《全
唐文》相接。而君又於《全唐文》一千卷外成《拾遺》、《續拾》,共
八十八卷。然自上古至唐幾於無一字一句之或遺矣。豈非藝林盛事
哉。〔註29〕

上文所言,俞樾(1821～1906)肯定《全文》「無一字一句之或遺矣」可以與
《全唐文》、陸心源之《全唐文拾遺》、《全唐文續拾》相接,先唐以前時文大
致齊備。由是,筆者認為有兩點可加以檢視,一是王毓藻在光緒十八年《全
文》刊刻問世前,是否已廣泛流傳?二是從《全文》在清人著作中,少有人
討論,是否在當代備受肯定呢?筆者認為第一點可從姚振宗編纂各代《藝文
志拾補》來看,道光二十二年(1842)出生,光緒十一年(1885)開始編纂
《漢書藝文志拾補》,直至光緒三十二年(1906)而卒。於此,單就《漢書藝
文志拾補》一書,姚氏徵引《全文》34 條,推測約在光緒十一年前已檢視過
《全文》。其次,從陸心源的《全唐文拾遺》、《全唐文續拾》約在同治六年以
前編定,也在《全文》刊刻前行於世。顯然,陸氏、俞氏、姚氏在編纂著作
前,均利用《全文》為參考取材之資。無庸置疑,《全文》在光緒刊刻前,早

〔註26〕〔清〕文廷式:《純常子枝語》,《續修四庫全書》第1165冊,卷4,頁66。

〔註27〕據余嘉錫《世說新語箋疏》疏引文廷式《純常子枝語》(北京:中華書局,2007
年10月),卷上之上,頁87～88;及徐震堮:《世說新語校箋》(北京:中華
書局,1984年4月),卷上,冊上,頁40。「秦丞相〈寒食散論〉『丞相』當
作『承祖』。」二書,秦丞相為秦承祖」之訛。案:秦承祖為宋人,此文非愍
帝所作。

〔註28〕〔清〕繆荃孫:《藝風堂文集·別集》,《續修四庫全書》第1574冊,卷6,頁
110。

〔註29〕〔清〕俞樾:〈全唐文續拾序〉,《春在堂雜文》(南京:鳳凰出版社,收入《春
在堂全書》第4冊,2010年1月),頁638。

已廣泛被鈔纂流傳於世了。第二點，以《漢書藝文志拾補》從《全漢文》徵引的 34 條，又《全上古三代文》徵引 3 條等來看，皆以補證之姿給予肯定。如《漢書藝文志拾補‧史部》之〈雜書〉提到《全上古三代文》

> 嚴可均《全上古三代文》編曰：「按古文《周書》亦汲冢所得。今僅《文選》〈思玄賦〉注、〈白馬賦〉注引二條，或以《逸周書》當之，非也。」
>
> （按《御覽》數引《汲冢周書‧王會篇》，蓋沿《隋志》之誤，以《逸周書》為《汲冢周書》也。）〔註 30〕

該文謹就嚴氏所考證結論「謹案，《古文周書》亦汲冢所得，今僅《文選》注引二條，或以《逸周書》當之，非也。」〔註 31〕反對當世繼襲《隋志》舊說，將《古文周書》或稱《逸周書》當為《汲冢周書》。於是，姚氏找出《御覽》數篇資料，明確指出《古文周書》不該當為《汲冢周書》。又《子華子》一條，姚氏以《全上古三代文》輯錄之五事，認為嚴氏列入在先秦文，可說是確鑿無誤。

> 嚴可均《全上古三代文》編曰：《呂氏春秋》〈貴生篇〉、〈先己篇〉、〈誣徒篇〉、〈知度篇〉、〈審為篇〉引《子華子》五事，則《子華子》先秦古書也。〔註 32〕

該文等同於嚴氏之見解，只是姚氏將其五事舉列出來，在《全文》基礎上，加以補證而已。嚴氏之說：

> 《子華子》上案，《子華子》，偽書，《漢志》、隋、唐《志》所不載，姑錄之。至《呂氏春秋》引有五事，則先秦古書也。〔註 33〕

該文指出兩個觀點，一是《子華子》偽書，二是據《呂氏春秋》所引，則可證為先秦古書。就此，姚氏《漢書藝文志拾補》謹以五事加以深究，至於是否是偽書則未能探討說之。由是，從姚氏之《二十五史補證》以及俞樾對其嘉美之辭，清人對《全文》輯佚成果，大抵均為肯定，可見一斑。

〔註 30〕〔清〕姚振宗：《漢書藝文志拾補‧史部》（上海：上海古籍出版社，《續修四庫全書》第 914 冊，1995 年），卷 2，頁 152。

〔註 31〕〔清〕嚴可均：〈古文周書〉，《全上古三代文‧古逸》，卷 15，冊 1，頁 207。

〔註 32〕〔清〕姚振宗：《漢書藝文志拾補‧史部》，《續修四庫全書》第 914 冊，卷 2，頁 153。

〔註 33〕〔清〕嚴可均：〈授趙簡子使者書〉，《全上古三代文‧程本》，卷 7，冊 1，頁 102。

第二節　《全文》之貢獻

　　嚴可均的訓詁的實踐，根植於《全文》的輯錄。從上述所析，嚴氏不僅繼承了戴震、段玉裁、孫星衍等人的精髓，更有青出於藍之表現。誠如當代平步雲（1832～1896）在〈集部傳譌〉一文提及，嚴可均同與顧廣圻為通經博學之士：

> 鄙意明末國初、無論別集、總集，與夫雜家、小說凡所援引，苟原書具在，取而一一詳對，其牴錯不符，校不勝校。其時風氣如此，殊不足異。迨乾隆中開《四庫全書》館，通經學古之士輩出，纂集各書始埽此弊。既博且精，豈稗販勦說所及哉。嘉道以來，顧千里、嚴可均、李兆洛諸家嗣起，校栞羣籍，實事求是，益臻大成。自俞理初氏殁而此道微矣。〔註34〕

依此，平步雲雖以古籍流傳易生譌誤為討論中心，但也敘及對明代古籍刊刻的粗糙，訛誤不窮的反感。此外，又指說清代乾嘉學術以實事求是的精神，精審校勘羣籍為貢獻，並舉嚴可均、俞正燮等人為當時代表人物。簡言之，嚴氏與《全文》的出現，具有其時代的意義，且涵蓋特殊的貢獻，以下分別說明：

一、尊古而不迷古，不株守舊說

　　以實事求是之「是」核心，乃為戴震以來治學能多所創獲的重要根源。戴氏的「畢力以求據其本，本既得矣；然後曰：『是道也，非藝也。』循本末之說，有一末必有一本」。以平心體會經說為衡量之秤陀。〔註35〕以及王念孫（1744～1832）「不取鑿空之談，不為株守之見，惟其義之平允」。〔註36〕皆能影響當世學者，嚴氏便是在這種不株守傳注的學風下，故能疑眾人之不疑，如《平津館金石萃編》的編纂，主要藉此考證史實外，另有補正王昶《金石萃編》之別意；又如《說文訂訂》一書，則取意於段玉裁注解許慎之《說文解字》，又將其不合之處加以匯錄一卷，取名稱之。於此，《全文》的輯佚於來者之貢獻，在於觀念的提升，凡如錄文之去捨，甄別考訂，不襲舊說，以

〔註34〕〔清〕平步雲：〈集部傳譌〉，《霞外攟屑》（上海：上海古籍出版社，《續修四庫全書》第 1163 冊，2002 年），卷 5，頁 492。

〔註35〕〔清〕戴震：〈與方希原書〉，《戴震文集》，卷 9，頁 143～144。

〔註36〕〔清〕王念孫：〈石臞府君行狀〉，《高郵王氏遺書·高郵王氏六葉傳狀碑誌集》（臺北：文海出版社，收入《國學集要》第 8 冊，1967 年），卷 4，頁 125。

目驗資料反證前人之說，均可從其著作反覆見之。以《全上古三代文‧炎帝》為例，考訂炎帝生平，識別真偽與否，則可知其尊古而不迷古的理念：

帝生于姜水（《說文》），因姓姜。以火德王，稱炎帝，一云赤帝，一云有焱氏。始作耒耜，號神農氏，一云農皇。以起烈山，亦號烈山氏。一云厲山氏，一云連山氏，一云朱襄氏。初都陳，後居曲阜。在位百二十年，傳八世五百三十年。一云傳十七世，一云七十世。

（謹案，《漢‧藝文志》農家有《神農》二十篇，本注云：「六國時，諸子疾時怠於農業，道耕農事，托之神農。」師古引劉向《別錄》云：「疑李悝及商君所說。兵陰陽家又有《神農兵法》一篇，五行家有《神農大幽五行》二十七卷，雜占家有《神農教田相土耕種》十四卷，經方家有《神農黃帝食禁》七卷。」《周禮‧醫師》疏引「食禁」作「食藥」。神仙家有《神農雜子技道》二十三卷。獨《本草》不見，見《平帝紀》、《樓攬傳》，蓋《食禁》、《食藥》即《本草》也。倉頡造字在黃帝時，前此未有文字，神農之言皆後人追錄。晁錯所引，顯是六國時語。即《六韜》及《管子》、《文子》所載，亦不過謂神農之法。相傳如是，豈為神農手撰之文哉！今除《本草》見存外，皆入錄。）〔註37〕

嚴氏重點在於神農氏稱名之由來，不僅以《說文》釋名為據。之後，探討《神農》一書在歷代著錄情況，除有《漢書‧藝文志》農家類外，還有他書所載相關篇名，如顏師古注引劉向《別錄》，進而核對是否屬異名同書之狀況，區別出陰陽家、五行家、占術類等分屬現象。又引據《周禮‧醫師》疏，才逐見「食藥」、「食禁」不分之真章。交叉覆核、綜合運用，不以一家之說為是，顯見尊古而不迷古，不株守舊說，得此結論「蓋《食禁》、《食藥》即《本草》也。倉頡造字在黃帝時，前此未有文字，神農之言皆後人追錄。晁錯所引，顯是六國時語。」甚而推至先秦子書《管子》、《文子》等均為依托之文。該文姚氏《隋書經籍志考證》也有將其列入在《本草》一書分析，「《神農本草》八卷，梁有《神農本草》五卷、《神農本草屬物》二卷、《神農明堂圖》一卷，亡。」〔註38〕單就姚氏逐一引錄《全文》輯佚的收載來看，筆者認為

〔註37〕〔清〕嚴可均：《全上古三代文‧炎帝》，卷1，冊1，頁3。
〔註38〕〔清〕姚振宗：《隋書經籍志考證‧史部》，《續修四庫全書》第915冊，卷37，頁598。

有兩點關鍵性的提示，一是《全文》錄文之可靠性，於後來學者進一步的研究是有裨益。其二是作出了恢復古籍原貌之翻案，所以以甄別真偽，不墨守舊說之精神，博引各種書目達到，「明古訓」的目標。對此，如何「明古訓」與博引羣籍產生連結了？則有賴輯佚方法的展現，博徵廣察，貫串歸納，以約制博。

（一）博徵廣察，貫串歸納

《全文》在輯錄過程中，常以廣徵博引為前提，然後加以歸納分析，訂正訛誤。如何「明古訓」？首要須發現古書中的文字訛誤，宋子然認為只能「細索文理，于音、義之中推求真形。」〔註39〕由此觀之，《全文》在收載錄文時，仍不時校訂文字，且常以音、義求得字形。如《全上古三代文・孔子》〈觀吳季札之子葬題字〉，可視為博徵廣察，貫串歸納，得此定論之明例。尤見嚴氏參校別本異文、互文、推定字形正誤之特點：

> 於乎！有吳延陵君子之葬。（碑拓本，又見《淳化帖絳帖》，字數次
> 第不同。季子聘上國，喪子于嬴、博之間。見《檀弓》。此蓋孔子使
> 子貢觀葬後題字。讀此當以「於乎」句，「有吳延陵君」句，「子之
> 葬」句。唐宋人不識篆文，釋「葬」為「墓」，非也。）〔註40〕

首先，孔子疑「墓」當為「葬」字，提出論證，一是碑拓本、《淳化帖絳帖》二書之異同；其次，又參考《檀弓》一書之記載，季札之子喪于瀛、博間；其三，考究古篆文書寫，而得此結論「墓」當改為「葬」字。又參見〈孔子觀延陵君之子葬題字〉，顯而見之，《全文》以博徵廣察之法，達到「明古訓」之目標。其說：

> 王象之《輿地碑目》載：「吳季子墓銘，一在鎮江府，一在江陰軍，
> 一在合州巴川縣，一在昌州北山。今巴蜀二碑佚失，僅見丹徒、江
> 陰二碑及丹陽驛前重摹碑，三文大同。碑下方各有題字，惟江陰碑之
> 朱彥記所辨季子墓在申港，及申浦，又辨潤之延陵非古之延陵，為最
> 確。」《越絕書》「由毗陵上湖中」，「湖中冢者，季子冢也。」《史
> 記・吳世家》集解引《皇覽》：「延陵季子冢在毗陵暨陽鄉，至今吏

〔註39〕宋子然：〈緒論〉，《中國古書校讀法》（成都：巴蜀書社，2004 年 8 月），頁
　　　　24。
〔註40〕〔清〕嚴可均：〈觀吳季札之子葬題字〉，《全上古三代文・孔子》，卷3，冊1，
　　　　頁42。

民皆祀事。」《路史‧國名紀》:「古延陵在今常之晉陵,故漢毗陵;《地志》『會稽毗陵,季札居』,《公羊》云:『札退居延陵終身,蓋因封此』今江陰夫容湖西馬鞍山,札所耕處,有札墓。今墓在縣北七十里申浦之西,江陰三十五里。合此數說,足證諸彥所考是也。歐陽、董、趙疑此篆非孔子書,然皆以字之大小及孔子未至吳紛紛致辯,而於流傳源委未能考究。且碑之二篆尚皆誤識,而遽定好事者偽為,豈非惑易?實則唐內府所藏,必有真跡殘字,故殷仲容得以摹傳,故宋得以摹《淳化官帖》及《絳帖》。……〔註41〕

就此,嚴氏利用各個史傳記載,得到延陵碑所在地;其次,指出唐宋人於篆文之各解,將以考證辨識,而校定文字之訛誤;從而參校別本異文、互文、注文等方式,綜羅核覆,得此定論。

(二)古器銘文與古書材料互證法

運用訓詁手法來校勘古書之訛誤,嚴氏以前即不乏其例。如顧炎武《日知錄》之〈張參五經文字〉

> 山東人刻《金石錄》於李易安〈後序〉:「紹興二年,玄黑戈歲,壯月朔。」不知「壯月」之出於《爾雅》,(原注八月為壯。)而改為「牡丹」,凡萬曆以來所刻之書,多「牡丹」之類也。〔註42〕

顧氏辨證「牡丹」當為「壯月」之誤,以《爾雅》一書所提及,而證之反也。其後,又舉〈別字〉一例提出「誤為彼字」之顯例:

> 後漢書、儒林書、讖書非聖人所作,其中多近鄙別字。近鄙者,猶今俗用之字;別字者,本當為此字而誤為彼字也。今人謂之白字乃別音之轉。〔註43〕

顧氏參考後漢以來用字慣例,區分古人用字之法,鄙字當為俗用字;別字簡說為誤用字,白字為諧音轉借字。又錢大昕《十駕齋養新錄》之〈文心雕龍〉云:

> 《文心雕龍‧議對篇》:《春秋》釋宋,魯桓務議」二句,注家皆未

〔註41〕〔清〕嚴可均:〈孔子觀延陵君之子葬題字〉,《嚴可均集‧文類七》,卷9,頁24~285。

〔註42〕〔清〕顧炎武:〈張參五經文字〉,《日知錄》,影印《文淵閣四庫全書》第858冊,卷18,頁798。

〔註43〕〔清〕顧炎武:〈別字〉,《日知錄》,影印《文淵閣四庫全書》第858冊,卷18,頁798。

詳。惠學士士奇云:「案文當云:『魯僖預議』《公羊經》僖二十一
年:『釋宋公』,《傳》云:『執未有言釋之者,此其言釋之何?公與
為爾也』公與為爾奈何?公與議爾也。『預』與『與』同,轉寫譌為
『務』耳。」〔註44〕

依此,錢大昕利用惠士奇(1671～1741)對《公羊》經傳的考證結果,得到
「預」、當為「與」字,「務」乃轉寫之譌。從而返至審查《全文》取材方法,
顯然利用前人訓詁成果來校勘文字,則較為少見。僅因《全文》以收載佚文
為核心,以互列相異文字作為取證方法,相較多數。由是,如《全漢文·揚
雄》之〈長楊賦〉等例,可說少見:

　　「尫挺瘢耆、金鏃淫夷者」(孟康讀「耆」字絕句。蘇林讀「瘢」字
　　「鏃」字絕句,案:「『鏃』字協韵,似蘇林讀為長。」)〔註45〕

嚴氏校其音讀,從三國孟康「耆」字絕句;蘇林「瘢」、「鏃」等字絕句觀之,
大概等「瘢」、「鏃」為協韵,均視為「長」音。就此,又舉〈鍾山壙中銘〉
一文,則顯見銘文與古書互證之顯例:

　　龜言土,蓍言水甸服黃鐘啟靈址。瘞在三上庚,墮遇七中己。六千
　　三百泆辰交,二九重三四百圮。

　　唐鄭欽識之曰。卜宅者庚葬之歲月。而先識墓圮日辰。「甸服」五
　　百也;「黃鐘」,十一也。由大同四年卻求漢建武四年,凡五百一十
　　一年。葬以三月十日庚寅,「三上庚」也。圮以七月十二日己巳,
　　「七中己」也。「泆辰」,十二也。建武四年三月至大同四年七月。
　　六千三百一十二月,月一交故曰,「六千三百泆辰交」。二九,十八
　　也;重三,六也。建武四年三月十日,距大同四年七月十二日,十
　　八萬六千四百日,故曰「二九重三四百圮。」(《舊唐書·儒學·鄭
　　欽傳》。)〔註46〕

據此,嚴氏從史書、碑銘相與對證,考得銘文內容始末。《新唐書·鄭欽傳》
提及該銘得自於任昉於大同四年(538),居間皆未能得知銘中文義,直至五
世孫任昇訪鄭欽而得之,至此才卓然揭世。或又取銘文與書面材料相證,來
詮釋詞語意解,則在《全文》裡時而可見。主要乃因嚴氏治學先以校定唐石

〔註44〕〔清〕錢大昕;楊勇君整理:〈文心雕龍〉,《十駕齋養新錄》(上海:上海世
　　　　紀出版社,2011年6月),卷14,頁282。
〔註45〕〔清〕嚴可均:〈長楊賦〉,《全漢文·揚雄》,卷52,冊1,頁726。
〔註46〕〔清〕嚴可均:《全後漢文·闕名》,卷106,冊2,頁990。

經起家,再而研治《說文》。因而《全文》所載碑刻銘文,舉凡考訂文字成果,均可見諸於《平津館金石萃編》、《說文》等著述。嚴氏《說文翼》,其〈敘〉云:

> 今人泉、刀、布、幣、鐘、鼎、盤、匜、戈、戟等銘,皆手搨本,有不足,則取《考古圖》、《博古圖》、《嘯堂集古錄》、薛氏《鐘鼎款識法帖》、阮氏《積古齋編錄》及《壇山石鼓》等石刻,而以秦篆終焉。不收漢篆,唯三體石經之古文或原出竹簡,亦坿采入。輒依《說文》部首,始一終亥。以類相從,有條不紊。援據出處,信而有徵。
> 淆說其文,詳解其字‧抉速幽渺,剖析疑似。〔註47〕

蓋此重點在於利用《說文》訓詁成果,將鐘鼎、刀布等銘文,相互對勘眾家搨本。且依《說文》為校文依據,加以補錄其不足之處。就此,參見於《全後漢文‧闕名》之〈圃令趙君碑〉,顯見嚴氏之文字、書法修養。

> 右〈圃令碑〉,在南陽,石已佚。所見舊搨本有四:錢竹汀、張芑堂各藏有整紙本,馬半槎後人,彭尺木各藏有翦襠本。張本、馬本並歸黃小松,彭本紙墨尤精。然《隸釋》所校之,「積芬芳長」四字全泐,蓋皆元明搨本也。新釋出者,「穆其其蓋戌」為《隸釋》所無。
> 翁覃谿言此碑「清」下從「丹」,「疾」旁省二。今驗「清」,仍從「月」,「疾」旁之「二」筆蹤微露,翁氏殆未審官耳。〔註48〕

該碑出自《隸釋》,嚴氏首以所見元明搨本,相互對勘,從而檢視翁方綱(1733~1818)校字成果,而以「清,仍從『月』文字學素養,以及『疾』旁之『二』筆蹤微露,翁氏殆未審官耳。」書法學加以反證之。

二、展示輯佚研究方法以及其功能

傳統的輯佚工作,基本上為蒐羅古逸文而設,先前編纂的輯佚書均未能注明出處如明代《歷代文紀》、《百三家集》;此外,雖間雜有零星的隨文校釋,仍不能脫離附屬角色。清《藝風堂文集》之〈劉蕙石貴池沿革表後續〉中曾引錄清閻若璩(1636~1704)之觀點,論古學將以不漏、不誤為難,其說云:

> 昔有問於閻百詩先生曰:「考據以何為最」先生應之曰:「不誤」請

〔註47〕〔清〕嚴可均:〈《說文翼》敘〉,《嚴可均集‧文類三》,卷5,頁164。
〔註48〕〔清〕嚴可均:圃令趙君碑〉,《嚴可均集‧文類七》,卷9,頁295。

益，又應之：「不漏」錢曉徵宮詹述其言而以為難。若考據至輿地，

而欲不誤不漏也，難之又難者矣。〔註49〕

該文提出考據之重點，務求考訂古文之不誤不漏，當為輯佚古籍所追求的核心價值。然而，同期如錢大昕等考據名家，均以為要不漏不誤是難以徹底達成。何況擴展到地志輿地的考究故實，更是難上加難。面對散見各書漏遺之文，首以出自原始資料與否為務求重點？又夾雜前人錯誤的成果。顯證，輯佚成書的不易，在於文獻資料層出不窮，以及許多不可預知的變因。於是，凡所收的作品、所校的文字，以及所撰寫的作者小傳，就算考究精實仍可挑出漏誤現象。相信嚴氏早已體認到不漏不誤之難題，僅能持續不斷加以修正與蒐集，歷經十八年終於定讞。堅持以校是非為理念，嚴謹采錄各種版本加以比較，不盲從古學賴以維持其準確性。基於此，《全文》展現了特殊研究方法，及編輯體例，導使今日之來者仍無法超越之。

（一）以文繫人，作者時代之編序

　　纂輯《全文》取諸於各種文獻、補其佚篇，依時代順序排列。然因諸集編排，涉及情況龐雜，若不加重新排序，亦不便檢閱。如取每一家之作品，大部分皆是散為零篇，排次之時，單就編年部分就難以考訂；又如文體分類的擇取，則更是繁雜。就此，《全文》如何能突破編序之難？突破每一作者在各個時代的編次法則，尤以生活在世代交接的作品，如何加以斷限？總會遇到差之毫釐，失之千里之憾事。最終，依照於傳統的目錄編次法「以文繫人」。此例一開，可說是嘉惠後來之總集的編纂。

其諸臣，以始仕之年，分別先後，而子弟孫曾，聯屬其下。其仕前

代又仕後代者歸後代。〔註50〕

世次前後最難分析，《全文》以入仕之年為主，若無確切取資者，則旁稽當代時人間之往來酬酢，尤以見諸於其他詩文集中者，加以據定其時代。如《全晉文‧傅玄》，嚴氏將其編入西晉，其言：

玄字休奕，北地泥陽人。魏扶風太守幹子，舉秀才，除郎中，歷安

東衛軍參軍，轉溫令，遷弘農太守，領典農校尉。晉國建，封鶉

觚男。武帝為晉王，遷散騎常侍。及受禪，進爵為子，加駙馬都尉，

〔註49〕〔清〕繆荃孫：〈劉葰石貴池沿革表後序〉，《藝風堂文集》，《續修四庫全書》
　　　第1574冊，卷5，頁98～99。

〔註50〕〔清〕嚴可均：〈凡例〉《全上古三代秦漢三國六朝文》，冊1，頁19。

遷侍中，免。尋拜御史中丞，遷太僕，轉司隸校尉，免。卒諡曰剛，
追封清泉侯。〔註51〕

傅玄生於曹魏，歷仕兩代，前曹魏、後西晉。據此，《全文》將其錄文編入《全
晉文》，依從各文體編輯終得六卷。其後，聯屬其後代子孫有傅咸、傅祗、傅
暢等。反之同期賈岱宗，爵里未詳，嚴氏則編入《全三國文》，所持理由：

案《藝文類聚》在傅玄後，蓋元魏人；《初學紀》在傅玄前，則呂為
曹魏人，今姑列此，俟考。〔註52〕

合此兩人而觀，以及對照編次排序，《全文》當以仕年為準則。配合先後時間，
並仿照《文選》文體通例，分別匯輯成書。後來各個文學總集的編纂如《全
宋文》、《全宋詩》等歷經五代十國，均依此通則而難以超越。或者，僅將五
代諸臣名著，略而刪之。反之，梅鼎祚將魏晉之際的作品大抵皆歸入《西晉
文紀》，然細觀其編目體例，則不同於《全文》。其持設定的法則即是以「其
身歷數代者，率以所終為定。而書止往前，即從前代。」〔註53〕以作品出刊
先後為衡量重心。例如作者雖身處在劉宋朝，而其作品寫定的時間卻在晉代，
則《歷代文紀》將其收入在《西晉文紀》。該體例與《全文》最後入仕為定則，
顯然不同；其次，後代子孫聯繫其先祖之下，反之《歷代文紀》則略而省之，
終是以文章出刊的年限為定。若加以深究，反而造成世系祖孫前後不相連貫，
容易造成時間與空間的錯位。如有子孫入《西晉文紀》，其父反而入《宋文紀》
等顛倒錯置的情況發生。於是，後人常對該書有所批評，指陳誤編朝代為疏
失，大概是因年代斷限準則不同導致。由此，尤見《全文》在編目體例上，
均難以讓後來文學總集超越之，大抵皆是依照其通例而編輯。

（二）綴合單篇殘語，難以超越

纂輯單篇零句的工作最為繁複，先唐以前古文逸佚良多，單篇零句散見
頗廣。面對浩瀚如煙海的史料，一時爬梳實難以盡覽。嚴氏的編纂以收錄完
整的篇文入手，其後才收編斷簡零句。遇有篇題則列居在前，若無題稱者則
列居各文之最末篇。大抵看似條理分明，例如摘錄於各家別集，則按作者時
代先後，將其編列；若取之於他書者，又無題名可考者，僅在該作者下增列
「闕名」加以區隔。如歷代開創之君，其詔敕、下教、賦文、詩序等，將以

〔註51〕〔清〕嚴可均：《全晉文・傅玄》，卷45，冊4，頁455。
〔註52〕〔清〕嚴可均：《全三國文・賈岱宗》，卷53，冊3，頁522。
〔註53〕〔明〕玄白堂：〈書記洞詮凡例〉，《書記洞詮》，冊371，頁274。

整合輯一卷。之外，如遇作家之作品，僅是零散不全之殘骸，則如何全面將其收置排列？所面臨的情況顯較為複雜。一是編年難以考訂、如何歸納體類？所考量的列目通則更形繁雜。若用文體分類法，依照《文選》編列目次，又如何貫穿古今、使能綱舉目張，上下統一連貫呢？該點可說是分體編序之難，又如同《全晉文・傅玄》之〈敘行賦序〉

　　　　終南郁以巍峨，太幽凌乎昊蒼。（《初學紀》五）〔註54〕

該賦序僅見《初學紀》收載，題為「傅玄〈敘行賦〉」，若事先未能詳加考訂文體類別，實把賦序，誤當為賦體。據此，顯見《西晉文紀》、《百三家集》二書之漏輯部分，甚至後來之《賦彙》一書也未能見收。又如《全晉文・王彪之》之〈伏羲贊〉，梅氏、張氏均未能收錄，僅見《初學紀》：

　　　　悠悠皇犧，體寂神澄。無為而化，世道之凝。下知有之，冥感自興，

　　　　畫像結繩。（《初學記》九）〔註55〕

依此可見一斑，《全文》不僅收載各種類書、家譜、佛道二藏、詩話、筆記、地志、金石等之佚文，單以碑刻拓本而言，就收集四百多種。盡可能從不同出處取資，甚至未能見諸於經傳的作家，均將以網羅爬梳其事跡，審慎抉擇，編次使之合理化。相較於《歷代文紀》、《百三家集》的編纂，突破傳統的檢閱方式，顯然略勝一籌。因此，《全宋文・前言》指出，《全文》鉅細兼收的特點，近人是很難以超越：

　　　　傳世宋文數量龐大，而又極其分散。現有的《宋文艦》、《播芳大
　　　　全》、《南宋文範》等寥寥幾部總集，都只是一些收文極其有限的選
　　　　本。至今還沒有一部像嚴可均《全上古三代秦漢三國六朝文》和清
　　　　代官修《全唐文》那樣囊括一代，鉅細兼收的宋文總集。這就是給
　　　　宋代文史研究者在全面占有資料上造成了很大困難。〔註56〕

該文雖以《全宋文》為例，然仍可反映編輯一代文學總集之共同心聲，故文集的作用，不僅視為詞章取資之來源，又可與史傳資料相互對證，以及補史傳之闕疑。進而言之，當可參酌古今文體之流變，使能澄清朗廓。

〔註54〕〔清〕嚴可均：〈敘行賦序〉，《全晉文・傅玄》，卷45，冊4，頁458。〔唐〕
　　　　徐堅：《初學紀》，卷5，冊1，頁105。

〔註55〕〔清〕嚴可均：〈伏羲贊〉，《全晉文・王彪之》，卷21，冊4，頁231。〔唐〕
　　　　徐堅：《初學紀》，卷9，冊1，頁215。

〔註56〕四川大學古籍整理研究所：〈前言〉，《全宋文》（合肥：安徽出版社，2006年
　　　　8月），頁6～7。

三、結語

　　《全文》可說是一部資料匯輯、編纂整理、研究考訂三位一體的鉅作。全書共收載二萬篇之作品，三千多位作家，八百多卷。該書展示三大特點，一是完整性，就所收錄的每一位作者之作品，以及收載錄文，遠高於《百三家集》103 位作家。如荀勖就多出〈奏校試笛律〉、王昌前母服議〉兩篇；二是編纂邏輯性，解決分合不當、世系混淆的問題。對後來新收載的作家、增補的作品，均有依循準則，將其列入編序。三是考訂的嚴謹性，如繆荃孫〈隋啟法寺碑跋〉一文，指出未見該碑，致使未能盡收入《全文》。〔註57〕若依據顧炎武《金石文字記》或楊守敬（1839～1915）《湖北金石志》提及〈啟法寺碑〉來看「佚，據臨川李氏拓本錄入」，又「大隋仁壽二年歲次壬戌十二月甲戌朔十五」均誤以為隋代錄文。〔註58〕對應《平津館金石萃編》的纂輯，是以補正顧氏之不足與闕誤為原始動機。就此角度觀之，筆者推測嚴氏不可能未見該碑拓文。顯見，未能收錄之因由，源自於嚴氏編輯的嚴謹性。

　　此外，《全文》所收錄的內容具有寶貴的史料價值，如廣蒐詔令奏議，佔《全晉文》一半篇幅，這都是瞭解晉代史實、典章制度的原始資料。以〈王昌前母服議〉為例，共收載 19 篇，攸關於當代服喪禮制。王昌生平嚴氏在〈上言王昌求為前母服〉有詳盡說明：

> 《晉書·禮志》中：「太康元年，樂平王楙上言云云。」案：「言疾」二字有脫誤，《通典》八十九載此事云：「後漢末，長沙人王毖上計至京師。值吳魏分隔，毖妻子在吳，身留中國，為魏黃門郎。更娶妻，生昌及式。毖卒後，昌為東平相。至晉太康元年，吳平。時毖前妻已卒。昌聞喪，求去官行服。東平王楙上臺評議」〔註59〕

《通典》以〈後妻子為前母服議〉為題，敘及該事始末；王毖前妻獨留於三國吳，卒死。王昌為王毖後妻所生之子，聞前母卒亡而棄官求去，預將為其

〔註57〕〔清〕繆荃孫：〈隋啟法寺碑跋〉，《藝風堂文集》，影印《續修四庫全書》第1574 冊，卷 6，頁 110。

〔註58〕楊守敬：《湖北金石志》（上海：上海古籍出版社，《續修四庫全書》第 913冊，2002 年），卷 3，頁 340；〔清〕顧炎武：〈啟法寺碑〉，《金石文字記》（臺北：臺灣商務印書館，影印《文淵閣四庫全書》第 683 冊，1983 年），卷 2，頁 738。

〔註59〕〔清〕嚴可均：〈上言王昌求為前母服〉，《全晉文·竟陵王楙》，卷 14，冊 4，頁 163；〔唐〕杜佑：〈後妻子為前母服議〉，《通典》，影印《文淵閣四庫全書》第 604 冊，1983 年），卷 89，頁 177～178。

服喪。至此，朝野對此有不同議論，上奏進言權衡其正反得失。如齊王攸以《禮記》所言，提出：「前母非親所生，義不逾祖，莫往莫來，恩絕殊隔，而令追服，殆非稱情立文之謂也。」〔註60〕又《全晉文；衛恒》之〈王昌前母服議〉，則以「此為論嫡則死，議服則生，還自相伐，理又不通。愚以為地絕死絕，誠無異也，宜一如前母，不復追。」〔註61〕若以情理相並為考量角度，贊成王昌為前母服喪。諸如此類載文收錄甚多，據此可考見當時六朝人的喪禮服志，人倫文化。近人研究六朝禮制，可為參酌之珍貴資料，於補充史書闕漏大有裨益。其次，神道碑刻均被收錄在當代時人的別集中。記載內容有如祖譜，歷數家門諸多伯叔姑姊，儼然一篇完整的姻族譜系，可視為的可靠的原始資料。這些的文獻，對研究某些家族及其姻親關係具備了重要的價值，反映了魏晉以來的門閥制度。尤其，將可利用研究當代人之民俗，以及政治的各種看法。其中包括研究刑法制度的材料，內容豐富，不可視為一般同質性之輯佚書。

第三節 《全文》對後世之影響

輯匯散佚，即是以散佚之書，或者散佚之篇為對象。就此又可分為三類，一是採錄的範圍，是以本有原集爾後散失，或被載錄在其他各書，以新的名稱存世，將為其蒐羅集結成冊。於此，後世學者因而廣為蒐求，並以舊名、或別為新的題稱為之，復整成新的文本。考究唐以前詩文別集的產生，大概均屬此類採擇方式。如《四庫全書》從《永樂大典》所輯錄的佚書，也多沿襲該種舊例；二是原本無集而後人匯輯其散見之零篇，結成新集之輯佚活動，盡可能使之備全；三是舉凡通代、斷代的詩文總集，其採資來源取自史書、類書、方志等他書別裁者。〔註62〕若以《四庫總目》體例來衡量文學總集編纂準則，僅可視為《全文》採輯的方法論之一。其說：

> 文籍日興，散無統紀，於是總集作焉。一則網羅放佚，使零章殘什叶有所歸；一則刪汰繁蕪，使菁穢咸除，菁華畢出。是固文章之衡鑒，著作之淵藪矣。《三百篇》既列為經，王逸所裒又僅《楚辭》一家，故體例所成，以摯虞《流別》為始。其書雖佚，其論尚散見

〔註60〕〔清〕嚴可均：〈王昌前母服議〉，《全晉文·齊王攸》，卷16，冊4，頁177。
〔註61〕〔清〕嚴可均：〈王昌前母服議〉，《全晉文·衛恒》，卷30，冊4，頁309。
〔註62〕曹書杰：〈緒論〉，《中國古籍輯佚學論稿》，頁14～15。

《藝文類聚》中，蓋分體編錄者也。《文選》而下，互有得失。至宋真德秀《文章正宗》，始別出談理一派，而總集遂判兩途。然文質相扶，理無偏廢，各明一義，未害同歸。惟末學循聲，主持過當，使方言俚語俱入詞章，麗製鴻篇橫遭嗤點，是則併德秀本旨失之耳。今一一別裁，務歸中道。至明萬歷以後，僧魁漁利，坊刻彌增，剽竊陳因，動成巨帙，併無門徑之可言，姑存其目，為邅濫之戒而已。〔註63〕

《四庫總目》提示三點為總集編錄的觀點，一是不可任意廢棄零章殘語；二是刪汰繁蕪，識別真偽，為文章固有之衡鑒，有賴錄文之考訂；三是提出編纂的使命感，關鍵在於文質相符，且當以真德秀（1178～1235）《文章正宗》為警惕，不能別裁「方言俚語俱入詞章」使之該書為「麗製鴻篇橫遭嗤點。」故凡見個人、斷代、通代詩文全集、總集之編輯，多可存見輯佚之事，即曹先生所謂的「輯匯散佚之篇」也。依此，筆者觀察在嚴氏之前，是否有如《全文》相同性質之文學總集？依循檢視歷代各朝文集，《全文》可說為通代詩文總集之開路先河，顯見對後世影響甚深。

一、《全文》以前「輯佚散篇」輯佚書

輯佚現象的萌芽，可上溯至魏晉時期甚或更早，根據文獻資料顯示，輯佚較為具體的雛形當在宋代。不僅有王應麟（1223～1296）代表性的輯佚者，更有鄭樵（1104～1162）提出「書有亡者，雖亡而不亡者」的輯佚思想。對此，筆者將宋元明時期的輯佚概況，簡略談之，相信對《全文》如何異軍突起，有個全然認識。其次，本文探討總集的概念，以《四庫總目》所舉列總集為例。

（一）宋代之輯佚作品

宋代典型輯佚書，見於文獻者有《相鶴經》、《古世本》、《易乾鑿度》、《三家詩考》等；從輯錄的內容觀之，則是唐代以前小說、文集的輯佚書居多。若從文集的量數分析，則尤以《揚子雲集》、《曹植集》為代表。然就編纂類型而言，僅見一般個人詩文別集。如《揚子雲集》，《四庫全書》說：

漢揚雄撰。案《漢書·藝文志》、《隋書·經籍志》、《唐書·藝文志》皆載雄集五卷，其本久佚。宋譚愈始取《漢書》及《古文苑》所載

四十餘篇，仍輯為五卷，已非舊本。明萬歷中，遂州鄭樸又取所撰
《太玄》、《法言》、《方言》三書及類書所引《蜀王本紀》、《琴清英》
諸條，與諸文賦合編之，釐為六卷，而以逸篇之目附卷末，即此本
也。雄所撰諸箴，《古文苑》及《中興書目》皆二十四篇，惟晁公武
《讀書志》稱二十八篇，多《司空》、《尚書》、《博士》、《太常》四
篇。是集復益以《太官令》、《太史令》，為三十篇。〔註64〕

據此，《揚子雲集》從漢至唐《藝文志》皆載五卷，在宋時已非舊本。《郡齋
讀書志》指出綴輯四十餘篇，又《直齋書錄解題》言，大抵均從《漢書》、《古
文苑》中抄錄之，以備一家之作。〔註65〕所以《四庫總目》才說「宋譚愈始
取《漢書》及《古文苑》所載四十餘篇，仍輯為五卷，已非舊本。」之後，
明人鄭樸、嚴可均均有輯補漏佚一事，可參見嚴氏〈重編揚子雲序〉，說之
甚詳。

又《曹子建集》，晁公武《郡齋讀書志》記載：

按《魏志》：「景初中，撰錄植所著賦、頌、詩、銘、雜論，凡百餘
篇。」《隋志·植集》三十卷，《唐志·植集》二十卷。今集十卷，
比隋、唐本有亡佚者，而詩文二百篇，反溢於本傳所載，不曉其
故。〔註66〕

又《四庫總目》言：

魏曹植撰。案：《魏志》植本傳，景初中，撰錄植所著賦、頌、詩、
銘、雜論凡百餘篇，副藏內外。《隋書·經籍志》載《陳思王集》三
十卷。《唐書·藝文志》作二十卷，然復曰「又三十卷」，蓋三十卷
者隋時舊本，二十卷者為後來合併重編，實無兩集。鄭樵作《通志
略》亦併載二本，焦竑作《國史·經籍志》遂合二本卷數為一，稱
植集為五十卷，謬之甚矣。陳振孫《書錄解題》亦作二十卷，然振
孫謂其間頗有採取《御覽》、《書鈔》、《類聚》中所有者，則捃摭而
成，已非唐時二十卷之舊。《文獻通考》作十卷，又併非陳氏著錄之
舊。此本目錄後有「嘉定六年癸酉」字，從宋寧宗時本翻雕，蓋即

〔註64〕〔清〕永瑢等撰：《四庫全書總目·集部》，卷148，冊下，頁1271。
〔註65〕〔宋〕晁公武；孫猛校證：《郡齋讀書志校證》（上海：上海古籍出版社，1990
　　　　年10月），卷17，冊下，頁827；〔宋〕陳振孫；徐小蠻、顧美華點校：《直
　　　　齋書錄解題》（上海：上海古籍出版社，1987年11月），卷16，頁461。
〔註66〕〔宋〕晁公武；孫猛校證：《郡齋讀書志校證》，卷17，冊下，頁810～811。

《通考》所載也。凡賦四十四篇，詩七十四篇，雜文九十二篇，合計之得二百十篇，較《魏志》所稱百餘篇者，其數轉溢。然殘篇斷句錯出其間，如《鷦雀》、《蝙蝠》二賦，均採自《藝文類聚》。《藝文類聚》之例，皆標某人某文曰云云，編是集者遂以「曰」字為正文，連於賦之首句，殊為失考。……然唐以前舊本既佚，後來刻植集者，率以是編為祖，別無更古於斯者，錄而存之，亦不得已而思其次也。〔註67〕

合此兩文觀之，《曹植集》在唐代以前即有補闕漏佚之一事，後又亡佚。宋人則以類書、史書等為根據，詳加補輯。此外，明清時從而在此基礎上添補許多，尤見《四庫全書》收載，南宋寧宗嘉定六年的刊本。由此可證，唐人輯錄前朝文集多以補輯為是。換言之，宋人對文集的輯佚工作，均以補拾漏輯前人著作為主，只是前人僅關注在古佚書的整理，缺乏對宋人系統性的研究，一時難以說明清楚

（二）元代輯佚書之作品

曹先生認為元代輯佚活動在宋人的日趨成熟下，並未加以擴大發揮。因此，大抵僅以《說郛》可稱道者，其餘概是輯佚性之小書。就此，則以元末陶宗儀《說郛》為例，見以叢書形式收輯經、史、小說、雜記等古書。載有楊維楨之序，以此推之當在洪武三年前（1370）成書。該書原本久佚，《四庫全書》收錄之刊本為清初姚安陶珽重輯本，已非陶宗儀原本初刊了。《說郛》雖不是專門輯佚之書，但在原書亡佚之下，陶氏從類書鈔纂而成的輯佚之成果，記載條文之數量，實難能可貴。所以《四庫總目》評其價值：

《說郛》一百二十卷，明陶宗儀編。宗儀有《國風尊經》，已著錄。《因樹屋書影》稱，南曲老寇四家有宗儀《說郛》全部，凡四巨櫥，世所行者非完本。考楊惟楨作是書序，稱一百卷。孫作《滄螺集》中有《宗儀小傳》，亦稱所輯《說郛》一百卷。二人同時友善，目睹其書，必無虛說。知《書影》所記妄也。蓋宗儀是書，實仿曾慥《類說》之例，每書略存大広，不必求全。亦有原本久亡，而從類書之中鈔合其文，以備一種者。……《漢雜事秘辛》出於楊慎偽撰。慎正德時人，又遠在其後。今其書叶列集中，則不出宗儀又為顯證。然雖經竄亂，崖略終存。古書之不傳於今者，斷簡殘編，往往而在。

〔註67〕〔清〕永瑢等：《四庫全書總目·集部》，卷148，冊下，頁1272。

佚文瑣事，時有徵焉，固亦考證之淵海也。所錄凡一千二百九十二
種，自三十二卷劉餗《傳載》以下，有錄無書者七十六種，今仍其
舊。原本卷字皆作迮，卷首引包衡之說，謂迮音周，與軸同。《書影》
則謂迮音縛。叶云出佛書。今亦仍之。至埏所續四十六卷，皆明人
餖飣之詞。全書尚不足觀，摘錄益無可取。別存其目，不復留澗簡
牘焉。〔註68〕

據此觀之，《四庫總目》認為有兩點值得保存，一是雖仿照《類說》之例，仍
略存一書之梗概，可說彌足珍貴；其二，備有考證之資，該書參有後人楊慎
等人竄亂之文，對於古書流傳容易散亡佚失情況下，凡是斷簡殘篇仍「時有
徵焉，固亦考證之淵海也。」進言之，《說郛》為古代類書取資來源之處，對
於輯錄範圍的擴展，頗具有意義。除此，另有吳澄（1249～1333）之《儀禮
逸經傳》，《四庫總目》敘其內容：

是編掇拾逸經，以補《儀禮》之遺，凡經八篇：曰《投壺禮》，曰《奔
喪禮》，取之《禮記》。曰《公冠禮》，曰《諸侯遷廟禮》，曰《諸侯
釁廟禮》，取之《大戴禮記》，而以《小戴禮記》相參定。〔註69〕

該書重點在於補拾《儀禮》之遺，並參照取資於《大戴禮記》、《小戴禮記》。
之外，屠曾所輯干寶《周易注》，三卷，唯散見於他書，今無傳本。屠曾生平
未詳，鈔撮僅存者刊行之。〔註70〕該此立說，兩書起草動機，概是專為古經
原典補綴拾逸。

（三）明代輯佚書之作品

明代輯佚發展，不管在理論、規模，或從事輯佚的學者，顯然居於宋人
之上。尤可從《中國歷史要籍介紹》看出明代輯佚的特徵：

古書損失最重的一次，是在公元一一二七年金兵破汴京，滅了北
宋，把宋朝太清樓、秘閣、昭文館、集賢館、史館的藏書，都搶掠
去了。因此到了南宋，就有人開始輯佚，如高似孫的《子略》、《史
略》、《緯略》、《騷略》、《剡錄》等書，王應麟的《玉海》、《困學紀
聞》等書。明朝吳琯的《古今逸史》，屠喬孫、項琳之的《十六國春
秋》，范欽的《今本竹書紀年》，孫㲉的《古微書》都是輯佚範圍的

〔註68〕〔清〕永瑢等：《四庫全書總目・子部》，卷123，冊上，頁1061。
〔註69〕〔清〕永瑢等：《四庫全書總目・經部》，卷20，冊上，頁160。
〔註70〕〔清〕姚振宗：《隋書經籍志考證》，影印《續修四庫全書》第915冊，卷1，
　　　　頁22。

工作。〔註71〕

李先生雖以輯佚之初始為論述的重點，附帶的舉出明代輯佚範圍，一以消遣為主之稗官小說、傳奇故事，如《古今逸史》等類，接踵而至。誠胡應麟所言：

> 自漢人駕名東方朔作《神異經》，而魏文《列異傳》繼之，六朝、唐、宋，凡小說以「異」名者甚眾。考《太平御覽》、《廣記》及曾氏、陶氏諸編，有《述異記》……《異述誠》諸集，大槩近六十家。而李翱《卓異記》、陶穀《清異錄》之類弗與焉。今世有刻本者，僅《神異》、《述異》數家，餘俱弗行，迺其事大半具諸類書。……〔註72〕

胡氏敘及該書編纂動機，在於閒暇淺之作，以「異事」為收載範圍，鈔合類書為輯錄方法，循名入事；一是以漢唐別集為多，如梅氏《歷代文紀》，意在與馮惟訥《古詩紀》相接續，目的也是總匯先秦至隋以前歷代詩文。又如張溥《百三家集》，前已有張燮《七十二家集》、汪士賢《漢魏諸名家集》，漢魏、六朝為輯佚對象。特別是匯輯唐以前散佚之詩文，從而編為別集叢書；三是以先秦漢魏子書為多，以歸有光（1506～1571）《諸子彙函》刊行為例，該書似乎為後人依託假歸氏之名，其中不乏采輯先秦舊籍中佚文逸句而成。《四庫總目》對此評價不是很好，然於輯佚一事仍可視為借鑑：

> 《諸子彙函》二十六卷，舊本題明歸有光編。有光有《易經淵旨》，已著錄。是編以自周至明子書每人採錄數條，多有本非子書而摘他書數語稱以子書者。且改易名目，詭怪不經。〔註73〕

《四庫總目》提及該書纂錄方式，「摘錄他書數語稱以子書」雖荒誕不經，卻也是因其輯佚對象，頗有可取之處。所以所收載如《尸子》、《尹文子》等亡佚已久之書，大抵為殘語零言，但輯佚之法頗能啟示來者，加以效法；四是以緯書為對象之輯佚，如《古微書》，專輯古緯書。所謂緯書，是指漢代方士和儒生混合以神學迷信為議題，附會儒家經義的一種著作，內容多屬五行神說。《四庫總目》評其偽誕，仍有裨益於經義，列入《五經總義》類部：

〔註71〕李宗鄴：〈古書的輯佚〉，《中國歷史要籍介紹》（上海：上海古籍出版社，1982年8月），頁467。

〔註72〕〔明〕胡應麟：〈百家異苑序〉，《少室山房集》（臺北：臺灣商務印書館，影印《文淵閣四庫全書》第1290冊，1983年），卷83，頁601。

〔註73〕〔清〕永瑢等：《四庫全書總目・子部》，卷131，冊上，頁1120。

《古微書》三十六卷明孫瑴編。瑴字子雙，華容人。考劉向《七略》，不著緯書，然民間私相傳習，則自秦以來有之。非惟盧生所上，見《史記・秦本紀》，即呂不韋十二月紀稱某令失則某災至，伏生《洪範五行傳》稱某事失則某徵見，皆讖緯之說也。《漢書・儒林傳》稱「孟喜得易家侯陰陽災變書」，尤其明證。荀爽謂起自哀、平，據其盛行之日言之耳。《隋志》著錄八十一篇。燔燒之後，湮滅者多。至今僅有傳本者，朱彝尊《經義考》稱《易乾鑿度》、《乾坤鑿度》、《禮含文嘉》猶存；顧炎武《日知錄》又稱見《孝經援神契》。然《含文嘉》乃宋張師禹所撰，非其舊文；《援神契》則自宋以來不著於錄，殆炎武一時筆誤，實無此書，則傳於世者，僅《乾鑿度》、《乾坤鑿度》二書耳。皇上光崇文治，四庫宏開，二酉祕藏，罔弗津逮，又於《永樂大典》之中搜得《易緯・稽覽圖》、《通卦驗》、《坤靈圖》、《是類謀》、《辨終備》、《乾元序制記》六書，為數百年通儒所未見，其餘則仍不可稽，蓋遺編殘圖，十不存其一矣。瑴嘗雜採舊文，分為四部，總謂之《微書》。一曰焚微，輯秦以前逸書。一曰闇微，輯漢晉閒箋疏。一曰闕微，徵皇古七十二代之文。一曰刪微，即此書。今三書皆不傳，惟此編在，遂獨被「微書」之名，實其中之一種也。……是宋儒亦未能盡廢之。然則瑴輯此編，於經義亦不無所稗，未可盡斥為好異，故今仍附著五經總義之末焉。〔註74〕

對此，自隋代焚毀幾盡後，緯書大多失傳，孫氏《古微書》問世，其中也記載了先秦以來天文、曆法、地理方面資料，於漢代思想、古代社會仍頗有參考價值。

總而論之，明代輯佚特點，大抵是以這四種類型為要。因何而為此？乃可從明代炫博好奇之學風，為其主要成因。繼而從明代江南地區私人所刻的書中，不難發現皆以匯輯叢殘、搜奇集異叢書之姿問世。因之，當代的刻書坊為迎合當時市場的需求，大量翻刻奇僻博雜之書。其中最具有代表性的有《百陵學山》、《夷門廣牘》、《今獻匯言》、《古今逸史》、《漢魏叢書》、《唐宋叢書》、《范氏奇書》、《秘冊匯函》、《寶顏堂秘笈》、《津逮秘書》等。〔註75〕

〔註74〕〔清〕永瑢等：《四庫全書總目・經部》，卷33，冊上，頁280。
〔註75〕李春光：〈明代的叢書〉，《古籍叢書述論》（瀋陽：遼寧書社，1991年），頁46～152。

進言之，輯佚類之叢書為因應辨別諸本間之異同與優劣，以便確定底本是否可靠，使之能加以翻刻。因此明人將所謂的「好奇」風尚，驗證在書籍收藏上。就此，諸子百家之書已不能滿足，不斷尋求新奇之物，舉凡《范氏奇書》、《百家異苑》等古小說類，應運而生。

（四）清代前期之輯佚作品

據上述宋、元、明時期的輯佚工作，能如王應麟《三家詩考》那樣標準形式並不多見。舉凡輯佚的對象、範圍較為偏狹。今人認為可能當代學者對輯佚，僅是偶一為之，或因官府未能參與鼓勵之故。由是，《全文》在纂輯之前，輯佚形式仍部分受到時代影響，以及學術風潮所拘泥。觀此，筆者將其清代前期輯佚活動分為兩方面論述，希冀能有一個清晰脈絡，凸顯《全文》於後世之影響。

1、清初至乾隆中期，以補逸古書為宗：清代輯佚工作發端於漢學家之治經，以輯匯古經義傳為對象。此乃針對明代反「宋學」之虛理，以重振漢學與之對恃。所以首以漢代久佚的古經義傳為初始，繼而魏晉、六朝的蒐逸。如姚之駰《後漢書補逸》，將久已不見傳本的八家後漢史書之佚文，加以補逸而成。《四庫總目》稱其掇拾細瑣：

> 《後漢書補逸》二十一卷，國朝姚之駰撰。之駰字魯斯，錢塘人。康熙辛丑進士，官至監察御史。是編蒐輯後漢書之不傳於今者八家：凡《東觀漢記》八卷、謝承《後漢書》四卷、薛瑩《後漢書》、張璠《後漢記》、華嶠《後漢書》、謝沈《後漢書》、袁山松《後漢書》各一卷、司馬彪《續漢書》四卷。劉知幾《史通》稱范蔚宗所採，凡編年四族，紀傳五家。今袁宏書尚有傳本，故止於八也。其掇拾細瑣，用力頗勤。惟不著所出之書，使讀者無從考證，是其所短。至司馬彪書雖佚，而章懷太子嘗取其十志以補范《書》之遺，今《後漢書》內劉昭所著即彪之書。而之駰不究源流，謂之范志，乃別採他書之引司馬志者錄之。字句相同，曾莫之悟。其謬實為最甚。然洪邁博極群書，而所作《容齋隨筆》亦以司馬志為范志，則其誤有所承矣。至《東觀漢記》，核以《永樂大典》所載，較之駰所錄，十尚多其五六。蓋祕府珍藏，非草茅之士所能睹，亦不能以釾漏咎之駰也。〔註76〕

〔註76〕〔清〕永瑢等：《四庫全書總目・史部》，卷50，冊上，頁452。

采錄各書之時，首撰作者生平為要，以及著述經過、散佚情況。《四庫總目》
認為該書最大缺陷在於不注明出處，掛漏頗多。然以輯佚一代史書之先例，
於後世頗有啟發。繼此，又有一代詩文之總集的纂輯，康熙時之《全唐詩》、
《全金詩》。《四庫總目》言其備齊不遺為宗旨：

> 《御定全唐詩》九百卷，康熙四十二年聖祖仁皇帝御定。詩莫備於
> 唐，然自北宋以來，但有選錄之總集，而無輯一代之詩共為一集者。
> 明海鹽胡震亨《唐音統籤》始蒐羅成帙，粗見規模，然尚多所舛漏。
> 是編稟承聖訓，以震亨書為穽本，而益以內府所藏《全唐詩集》，又
> 旁採殘碑斷碣、稗史、雜書之所載，補苴所遺。凡得詩四萬八千九
> 百餘首，作者二千二百餘人。冠以帝王、后妃，次以樂章、樂府，
> 殿以聯句、逸句、名媛、僧道、外國、仙神、鬼怪、諧謔及諸雜體。
> 其餘皆以作者先後為次，而以補遺六卷、詞十二卷別綴於末。網羅
> 賅備，細大不遺。……至於字句之異同、篇章之互見，根據諸本，
> 一一校註，尤為周密。得此一編，而唐詩之源流正變，始末釐然。
> 自有總集以來，更無如是之既博且精者矣。〔註77〕

由此，可舉出三方面而論，一是網羅賅備，不遺漏拾為首要；二是字句校定，
各以篇章互證，務求考據為先；第三點則指出以總集形式，輯錄一代詩文，
在前人基礎上，加以漏拾補遺。論其該書主要方針，《四庫總目》則有很明確
的提示「別裁真偽，博參廣考，亦有裨於文章歟？」〔註78〕由此二書為例，
顯示清代前期輯佚之種類，一以斷代為限之補逸著作出現，二是文學總集以
通代之姿問世，首開其先河由而受到矚目。從而對《全文》的編纂是具有相
當大的所影響。三是博采廣徵，識別真偽，校字異同，凸顯輯佚與考據的密
切結合。

　　2、乾隆中期至末期，《永樂大典》的輯佚活動：《四庫全書》之修纂，最
先輯錄《永樂大典》中保存的古佚書。據《四庫全書總目》所載，凡經部六
十六種，史部四十一種，子部一百三種，集部一七五種。此舉，搶救了許多
晉、唐、宋、元等時期的文化典籍，如宋薛居正《舊五代史》等亡佚古書，《四
庫總目》論其輯錄過程，以及其價值：

> 《舊五代史》一百五十卷目錄二卷（永樂大典本），宋薛居正等奉敕

〔註77〕〔清〕永瑢等：《四庫全書總目·集部》，卷190，冊下，頁1725。
〔註78〕〔清〕永瑢等：《四庫全書總目·集部》，卷195，冊下，頁1779。

撰。考晁公武《讀書志》云：「開寶中詔修梁、唐、晉、漢、周書，盧多遜、扈蒙、張澹、李昉、劉兼、李穆、李九齡同修，宰相薛居正等監修。」《玉海》引《中興書目》云：「開寶六年四月戊申，詔修五代史。七年閏十月甲子，書成。凡百五十卷，目錄二卷，為紀六十一，志十二，傳七十七，多據累朝實錄及范質《五代通錄》為守本。」其後歐陽修別撰《五代史記》七十五卷，藏於家。修沒後，官為刊印，學者始不專習薛史。然二書猶叶行於世，至金章宗泰和七年，詔學官止用歐陽修史，於是薛史遂微。元明以來，罕有援引其書者，傳本亦漸就湮沒，惟明內府有之，見於《文淵閣書目》，故《永樂大典》多載其文。然割裂淆亂，已非居正等篇第之舊。恭逢聖朝右文稽古，網羅放佚，零縑斷簡，皆次第編摩。臣等謹就《永樂大典》各韻中所引薛史，甄錄條繫，排纂先後，檢其篇第，尚得十之八九。又考宋人書之徵引薛史者，每條採錄，以補其闕，遂得依原本卷數，勒成一編。晦而復彰，散而復聚，殆實有神物呵護以待時而出者。遭逢之幸，洵非偶然也。歐陽修文章遠出居正等上，其筆削體例，亦特謹嚴。〔註79〕

首先，揭示該書在元、明代已逐漸式微，尤其被歐陽脩之《新五代史》所取代。對此，館臣從《永樂大典》中「甄錄條繫，排纂先後，檢其篇第，尚得十之八九。又考宋人書之徵引薛史者，每條採錄，以補其闕，遂得依原本卷數，勒成一編。」嚴覆當代史家名著，皆可見援引薛氏《舊五代史》之舊文。因而指出其價值在於「故異同所在，較核事蹟，往往以此書為證。雖其文體平弱，不免敘次煩遝之病，而遺聞瑣事，反藉以獲傳，實足為考古者參稽之助。」之外，或據《永樂大典》校補《水經注》。該書被輯錄最多，大多存世於宋、元時人文集，進而豐富了中國文學寶庫，尤將《四庫全書》的價值倍增。由此，許多學者從中看到輯佚之功績，繼而起了往下延伸收載之興趣，如法式善（1753～1813）就復從《永樂大典》輯出《稼軒集》。又徐松從中輯出《宋會要輯搞》500卷，其他四庫館臣接續輯出古佚書，甚至許多不見經傳的珍貴秘笈。顯見，當時輯佚重點當以《永樂大典》為目標，且以輯錄古佚書之形式問世刊行。

　　3、乾隆末期到《全文》之編纂：乾隆時期修纂的《四庫全書》於輯佚的

〔註79〕〔清〕永瑢等：《四庫全書總目‧史部》，卷46，冊上，頁410。

發展起了推波助瀾的作用，使之後來者積極努力取得巨大成就。該時當以章宗源、王謨、嚴可均、馬國翰、黃奭為代表性的五大輯佚家。〔註80〕就這五者輯佚成果來看，章宗源有十餘種輯本流傳，尤以《隋書經籍志考證》享譽於世，為考證與輯佚並存之著作，不僅輯有佚文，也是一部輯錄佚書目之輯佚之作。王謨以《漢魏遺書鈔》、《增訂漢魏叢書》、《漢唐地理書鈔》著名，收載以輯佚漢魏古佚書為範圍，經、史、子為重。尤其古地理書的輯佚，對後來《二酉堂叢書》、《麓山精舍叢書》等編纂的輯佚書，影響甚深。《全文》之後的《玉函山房輯佚書》，部分接收自章宗源之佚書，遍校唐以前撰述，網羅搜佚分經、史、子等三部。黃奭（1809～1853）嗜篤漢學，承師訓詁、輯古經注之亡佚。尤其崇拜信服鄭玄對經書注疏，結輯成冊《高密遺書》。黃氏所輯多以漢、晉、唐義疏中摘出，又兼及子、史舊注、類書等，現僅見流傳以《黃氏逸書考》、《爾雅古義》最為聞名。

由上所言，從清初《全唐詩》、《全唐文》、《全金詩》等文學總集出刊以來，凡論大型部帙以通代之姿，將補逸、漏拾佚文為采錄重點，兼及考訂。至於後來凡注明出處、補充篇文等相關資料，僅見《全文》的開其先鋒，始見問世。顯證，清代輯佚書之類別上，尤注重經書佚書、佚文的輯載，在時限上以唐以前的佚書為重點，編纂形式則以叢書類型流傳存世。

二、《全文》與其後的文學總集

綜觀清代文集的輯佚成績，實相較於經、史、子書晚出，唐以前文集多散佚為其主因，網羅頗為不易。《全文》編纂前有官修《全唐詩》、《全金詩》。另有私家李調元（1763～1803）之《全五代詩》，積時三年，編成 100 卷。其說：

> 有五代詩而為前人附入唐末宋初者，俱一一歸還之。或應入某代，或應入某國，各按其時其事。而更於每人姓氏之下，綴以小傳，皆據各書採錄，非臆說也。蓋不如是，則不足以成五代之詩也。〔註81〕

據此，該書結構是以文類人為縱線，旁及援據各書，各附於作者小傳為橫。每位作者均按生卒年編序，重新校訂前人之失以「或應入某代，或應入某國，各按其時其事。」論其卷數、僅橫括五十二年。論其部秩皆遠遜於《全唐文》、

〔註80〕曹書杰：〈清代輯佚的繁興〉，《中國古籍輯佚學論稿》，頁 145～146。
〔註81〕〔清〕李調元編；何光清點校：〈全五代詩序〉，《全五代詩》（成都：巴蜀書社，1992 年 4 月），頁 1～2。

《全唐詩》等齊全。其後，私家輯佚者張金吾（1787～1829）纂輯《金文最》，蒐集金一代之文成 120 卷，後刪成 60 卷，費時十三年易稿三次。全書取錄文體涵蓋賦、騷、冊文、制誥、策問、奏書、銘、贊、論、說等 42 類。就此整體觀之，清代集部輯佚，舉凡部帙、輯錄的跨越年代均無法與《全文》比擬。雖然《全文》的刊行問世，歷經許多的波折。反觀當代時人文集，常可見諸其評議，如俞正燮、楊守敬、俞樾、姚振宗等人，尤以姚氏歷代《藝文志補證》引錄最多。繼此，後來所編纂的文學總集，最直接受其影響，莫過於丁福保（1874～1952）《全漢三國晉南北朝詩》編纂痕跡。全書以明代馮惟訥的《古詩紀》和清代馮舒的《詩紀匡謬》為藍本，加以修訂而成，共 54 卷。依時代次序分為《全漢詩》至《全隋詩》11 集，意與《全唐詩》相銜接，是一部搜羅資料較為完備的詩歌總集。之後，逯欽立（1911～1973）《先秦漢魏晉南北朝詩》，除校訂丁氏一書訛誤，輯補漏佚，又據《詩紀·前集》和清人沈德潛（1673～1769）《古詩源》增補。考校精詳，可說最具代表的輯拾漏佚之輯佚著作。借用《全文》部分的分類方法，略加改換編纂體例。並取其作者小傳、以按語形式補充考證成果等方式，皆取法於《全文》。顯然，《全文》的纂輯影響後來之文學總集，甚深也。

　　《全文》徵引古籍達千種之多，其中有的已失傳。尤其是漢魏文集的收載、金石碑刻的輯錄，將有助於後人研究上古文化、史傳、文學史的重要取材資料。顯現考據學於資料收集的影響性，對資料的檢核以採錄越多，證據越多，認為最為有效的方法之一。對此，引用的原始資烙，如何彙編、抉擇、解釋是否得當，當考驗於編纂者其知識的建構以及組織能力。對此，筆者依從現今新編的文學總集，尤以編輯體例，資料的采錄為特點，視為影響後來之總集編纂之衡量標準。

（一）注明出處

　　曹先生在〈清代輯佚的繁興〉說到，清人的許多輯佚書往往只注書名而不注明卷數，如王謨《漢唐地理書鈔》、張澍《世本》只注《路史》、《太平御覽》等書名。尤其《太平御覽》多達千卷，要想查核條文出處，自是不易。《全文》所輯佚文，在篇末皆注明出處，後之黃奭《黃氏佚書考》沿之，不僅注明書名、卷數，兼及考辨，解題敘錄加以介紹作者、內容、傳承源流等。由是，近人整理的幾部文學總集，也依此慣例，比照編纂。誠如胡適曾舉說，清代官修《全唐詩》、《全唐文》於所錄詩文都不注出處的弊病：

　　輯佚書必需詳舉出處，使人可以覆檢原書，不但為校勘文字而已，

　　並且使人從原書的可靠程度上判斷所引文字的真偽。〔註82〕

注明原始出處，便於查核之外，盡可校勘文真偽。誠如《全宋詩》編輯提說：

　　本書所收各家詩，無論錄自別集，抑或輯自他書，均詳注出處。凡

　　舊籍中一詩互見數人集中或名下而難以確定歸屬者，一律重收，各

　　於題下互注又見。〔註83〕

胡氏與《全宋詩》編輯對注明出處的看法一致，同見於《全文》之觀點：「各篇
之末，皆注明見某書某卷，或再見數十見，亦備細注明，以待覆檢。」〔註84〕

（二）擴大取材範圍

　　傳世的文集很多，總集反之較少，如《宋文鑑》、《播芳大全》、《南宋文
範》等寥寥數部，或者部帙內容只是一般選本形式，錄文不多。至今還沒有
一部像《全文》和《全唐詩》那樣囊括一代，或者通代，補闕拾遺為宗之文
學總集。〔註85〕輯佚常見的問題，是失載漏遺太多，取材範圍狹窄，裁取幾
種古類書、古書注。輯佚者，最大的終極目標是作到網羅殆盡，盡求其全
備。因此，輯佚的第一要務就是廣泛蒐集，博采眾書、尤以出土文獻等，皆
為收錄的範圍。如王謨的所編纂的輯佚叢書，取材徵引異常廣泛，可惜未見
有金石碑刻的收載，顯見當時學風「重視書證，輕於物證」，徵引的資料以書
面文獻為重點，忽視了作者生平碑傳、遊跡的考辨。就此，《全文》以金石碑
刻突破了收載文獻的侷限性，不僅用於《說文》的校訂，如任大椿（1738～
1789）《字林考逸》、《小學鉤沉》等輯佚之作，共輯先秦、漢、魏、晉、南北
朝、隨、唐間字書、韵書、類書。且藉金石的收逸，增加了研究歷史的另一
層面。至此，舉凡新編的總集皆依此為采錄取材的範圍，如《全宋文・前言》
提到：

　　查閱了宋文總集、史書、類書、詩話、筆記、地志、家乘、書錄題
　　跋、碑刻法帖、佛道二藏、敦煌遺書，以及宋以前典籍中的宋人序

〔註82〕胡適：〈趙萬里輯宋金元人詞序〉，《胡適文存》（臺北：遠東圖書公司，1985
　　　　年11月），第4集，卷4，頁597。

〔註83〕北京大學古文獻研究所：〈凡例〉，《全宋詩》（北京：北京大學出版社，1998
　　　　年12月），頁24。

〔註84〕〔清〕嚴可均：〈凡例〉，《全上古三代秦漢三國六朝文》，頁19。

〔註85〕四川大學古籍整理研究所：〈前言〉，《全宋文》（上海：上海辭書出版社，2006
　　　　年8月），頁6。

跋等等，集外圖書資料近萬種，其中包括方志近二千種。〔註86〕

依此，《全文》錄文取資雖未見萬種之多，收載的原則仍可見一斑。見同於：

> 然界限有定而無定，趙令、書檄、天文、地理、五行、食貨、刑法
> 之文出於《書》，騷賦韵語出於《詩》，禮議出於《禮》，紀傳出於《春
> 秋》，百家九流皆六經餘潤，故四部別派而同源。……凡經傳不錄，
> 錄經傳中所載之誓、誥、箴、銘等文。錄佚經，而佚詩屬詩，石鼓
> 亦屬詩，不錄。錄金石碑刻，而峋嶁碑字難識不錄。《史記》、兩《漢》、
> 《三國》、《宋》、《齊》、《後魏》，以及《漢紀》、《後漢紀》、《華陽國
> 志》、之論贊，全本見存不錄，錄史序史評。錄佚史之論贊，而佚史
> 之紀傳不錄。……〔註87〕

對此，《全文》取材觀是以四部同源為主，以此延伸凡地志、食貨、個人別集
等篇文均為摘錄的範圍。可見取資材料涵蓋甚廣，並且兼及金石碑刻等。套
用《全三國兩晉南朝文補遺》之〈前言〉一說，簡潔道出《全文》的多元形
式以及彌足珍貴的文獻價值：

> 本書收錄的文章內容豐富，形式多樣。其中既有皇帝的詔敕冊封、
> 王公將相的教令奏議、文人名士的賦頌論記和碑刻墓誌，又有佛教
> 信徒的寺觀題記、造像記、寫經題記，還有墓葬出土的鎮墓文、買
> 地券以及下層吏民的契約文書等。它們從不同角度廣泛地反映了曹
> 丕稱帝到隋文帝統一中國近四百年間的政治、經濟、軍事、思想文
> 化、民族交融、宗教活動、民俗風情等。這些散文，作於公元三世
> 紀初到六世紀末，為深入研究這一時期的歷史、文化提供了極其重
> 要的原始資料，具有彌足珍貴的文獻價值。〔註88〕

依此上述所言，顯示《全文》取材廣泛之最佳寫照。從而反映了內容的多樣
化，補充了研究該時期歷史、文化、政治制度等重要原始資料，具體呈現其
文獻價值。

三、結語

文廷式曾指出出土文獻的隨時出現，需要隨時關注掌握，否則就易於遺

〔註86〕四川大學古籍整理研究所：〈前言〉，《全宋文》，頁6～7。

〔註87〕〔清〕嚴可均：〈凡例〉，《全上古三代秦漢三國六朝文》，頁20。

〔註88〕韓理洲：〈前言〉，《全三國兩晉南朝文補遺》（西安：陝西出版傳媒集團、三
秦出版社，2013年3月），頁1。

漏。尤其在面對未能臆定待進一步考證之文獻，嚴氏以校語形式，隨文夾注，當為備忘錄。對此，可分為三個面向來討論，一是字義訓解方面的；二是斷語殘篇整合時，均加注明每段錄文之出處；三是內容相關的稽考。以是，隨文夾注的三個面向，乃是建築在校勘、考證、取資來源為基礎，可視為同為案語的意義。於此，過程繁複，難以快速呈現其顯效，致使後來編纂者皆未能全然吸收。以是，石窟秘藏，出土佚書，海外保存的佚書，對舊有的詩、文總集而言，他們均具有輯補漏佚的作用；考古新發現的金石文，對舊古文籍的殘缺之書，別集、總集等，都將是未來輯匯散佚的珍貴資料。

反觀，前輩如陸心源《全唐文拾遺》、《全唐文續拾》，或近人韓理洲所新輯《全三國兩晉補遺》、《全隋文補遺》。在補漏闕疑的角度，本就「創始者疏闊，後出者詳密」，嚴氏自是稍遜一籌。然而，以《先秦漢魏晉南北朝詩》為例，改造總集編纂方式「以文類人」，依生卒年排序，基本上沒有尊卑貴賤之分。於編輯體式而言，嚴氏之創舉不僅是前無古人，後無來者。單就隨文夾注的補充說明，提示考證結論，誠上所舉書目，均未能依循提出稽考成果。顯見，嚴氏用功之深，學問之深，後人是難以超越。

第十章　結　論

　　《全文》此書是輯佚的典範之作，在中國學術史上占有重要地位。近代學者蓋僅能泛指統稱幾個部分，以作者小傳部分，以及蒐羅廣泛為闡述的要點。廣泛的收載部分又牽涉到幾個面向，一是綴合佚文，二是注明出處，三是篇末附上案語，四是異文並載，隨校隨注等為多。其次，若進一步審視學者的考察，常有因襲前說，少有獨創新例。論述根源以抄襲曹書杰所列舉之例，或者沿襲河北教育出版之〈校點前言〉居多。究其原因，未能檢閱細審該書之原典出處，迫使後來學者受此誤導。換言之，這些侷限性皆起因於今人僅憑《全文·凡例》之說，而未審閱該書之內容所導致。事實上，凡作者小傳，綴合佚文，案語的陳述，皆有其意識內涵，跡象可尋，並非隨輯隨校。據此，筆者在研究過程中，有二個層面突破前人研究，一是該書主要結構，作者部分，篇文載錄，案語的內容；二是思想相關議題，會通經學的內在理路。由是，筆者據其要點，作細密說明。之外，《全文》成書的始末，實則代表乾嘉時期重視古本的風尚，為此在修纂《全文》時，亦以早期詮釋經典的工具——小學，即古代的語言文字學為初始方法。將所收載的相關資料先行自校勘、訓釋文字入手，極力剝去後儒塗飾在經典上的各種意義，使經典的本義重現。致使《全文》在推明原典出處，以及內容所涉及的名物典制，務求必須通過考證而得到原始意義。然而這種追本溯源的輯校方式，很難在《全文》隨校隨注的書寫中表述清楚。導致筆者在研究《全文》時，常藉助嚴氏其他著作，而有新的發見以及補正前人之異說。依此，若要完整詮釋《全文》的價值，有二大議題可進一步發展。一是經過檢閱，輯佚的取資材料當以史傳為多數，若可確立則史書的價值更形擴大；其次，《全文》隨校夾注的方式，過於簡略，常引起後人誤會，如作品誤植、考訂不詳等誤解。若能將與孫星

衍等人共同撰寫之作品，如《鐵橋漫稿》、《平津館金石萃編》、《平津讀碑記》等，相互參酌對照，則答案解義呼之欲出。顯然，《全文》反映了嚴氏之最高學術成果，研究的解說常見諸於他書。

第一節　研究成果

　　任何學術的發展，皆有其規律和特質，體例編纂的規範性，可反映該書之思想內涵。同理可證，研究任何書都應當先了解該書的體例、資料的掌握、以及是否齊全完備。嚴氏正處於考據學風興盛的特殊時代，目前學界對其學術的研究，僅發其例，缺乏整體學術的論述。或者論述有誤，有待補正；或者成果瑣碎，難成系統。殊不知，其在經學、史學、古文、金石學、文獻學等領域，均有卓越的貢獻。筆者有感於此，乃針對前賢議論未善之處，重新整理成篇，望能稍微突破前人的研究成果。茲分別說明於下：

一、作者部分

　　有關《全文》作者體例的安排，例來少有周全的研究成果，雖然該書受時代的限制，然仍有諸多的體例安排，為後人取用效法。茲將其突破要點，說明如下：

（一）承襲《史記》、《漢書》等史傳之編次法

　　通過〈凡例〉以及作者的陳列次序，《全文》傳記編輯觀乃有承襲《史記》、《漢書》等史傳的編排列次：

　　1、如依從《史記》編次，把歷代諸王宗室類、功臣封侯等歸納一類。

　　2、對於叛臣、流賊等類屬，則納編在「闕名」類之後，並結集為一卷。這種叛臣反賊等事跡，既要忠於史實，又要訴諸當朝正統觀，乃承襲《漢書》筆法，將其列入在列傳最末端，來昭警世人。

　　3、據《四庫破全書總目》的編列思想，將釋家類之錄文列在道家類前；此與《全唐詩》、《全唐文》的編排方式雷同。

　　4、至於設立「國初群雄」一類，可說為歷代文學總集的一種創新編列方式，獨樹一格。把歷代懸而不決楚漢之際、項羽歸「本紀」、「諸王宗室」等問題，另外獨創一類，既符合尊王體系，也符合史書直筆的精神。

　　由此看出，作者歸屬之分類體系，因各個時代而有所不同。一部史傳的編排分目，不僅是簡單的登錄、排列。隨著政治的變異，而有一種極強的意

識內涵，體現其史學性的內在理路。

（二）作者取材出處，注明義例，有跡可尋

嚴可均為作者立一小傳是《全文》一書異於它書之重要的特色。廣泛採納各種資料，取資於多處，單此，可見其輯佚精神。近來常見學者指出《全文》的缺失之一，一是以作者不注明出處居多，然而，根據筆者檢視，注明與不注明是有義例可循。一般作者見諸於正史列傳的記載，嚴可均僅會簡略的說明事蹟，通常均不注明取材出處，如《全上古三代文·魏無忌》等例。《全文》收錄的作家有 3519 人，諸多的作家作品，未見史傳載述繁多，即若見諸史傳各書，大抵也是寥寥數句，未見齊全。《全文》以一人之力能夠蒐羅如此數量，超乎史述傳本 100 多倍，可說是史無所例。尤其，經傳未及備載之作者，其事跡行事散見於各種舊籍、史注、金石碑刻出土文獻中，能夠逐次的爬梳整理，並做了一番考訂，可說貢獻良多值得欽佩。例如阮瑀（？～212）、應瑒（？～217）、陳琳（？～217）等人均死於東漢末建安年間，《後漢書》均有行事記載，可惜記述不夠完備。使致後人將其著述均收入在三國魏代，如新、舊《唐書》等。由是，嚴氏為其補正年代，歸列於《全後漢文》，可說是名實相符。

二、文體編纂原則

全書體例包含作者、錄文、案語三大項目。錄文部分，則可含蓋篇題、摘文形式兩項討論。在取文編纂的概念上，有許多值得取法之處，不致於局限在某一類典籍，於當代文學編纂的觀念，實有正面的意義。

（一）以五經為根源

嚴氏文體編次原則，可以體現其文學觀，以六經為根本。除古書見存不錄為守則外，凡屬於六經餘流，皆一併收入不棄置。例如《全上古三代文》收錄了許多古籍逸書〈歸藏〉、〈筮辭〉、〈卜頌〉，這些佚文原屬於《易》經，文獻資料取自《左傳》、《周禮》，《禮記》，甚至錄自於歷代《文選》。如〈齊太公·金匱〉輯錄 28 條，取材於史部《後漢書》，子部《開元占經》、《困學紀聞》、《初學記》、《藝文類聚》、《北堂書鈔》、《意林》、《太平御覽》、《太平寰宇記》，集部《文選》、《事類賦注》橫跨經、史、子、集四部。如此一來，使得古代典籍的「亡而實不亡」，得以昭見天日，流傳於世。尤其，選錄《左傳》、《史記》、《國語》、《漢書》僅見史籍之敘事文，也單獨列類並收之，超

越了《文選》、《文苑英華》等收文標準。

（二）文體分類異同

於此，舉凡材料的整理、分類的層面來對照歷代《文選》總集，看來當是以《文選》文體 39 種為基本藍圖。就此，又對比《昭明文選》、《文心雕龍》、《古文辭類纂》之分類層次，顯然《全文》文體分類體系，似乎稍嫌繁雜與瑣碎。經筆者按照《全文》以朝代為序，將其文體表格化後，發現《全文》分體 70 類，概是傾向《文體明辨》之體系。千條萬緒，善於分析不善於歸納所致。如詔誥之文，《文選》僅列 1 類，《文苑英華》列 2 類，《全文》分編 6 類，制、詔敕、璽書、賜、下書、誓等。而《文體明辨》更細分為詔、敕、敕榜、赦文、諭告、御札、璽書、批答、鐵券文、制、誥等 11 類。除上述所列，《全文》玉牒文、表、題名、祝文、吊文、道疏文等多 40 餘類。除與之前《文體明辨》，與後之同性質總集均罕能見之。

（三）篇文輯錄方式

嚴氏在輯錄佚文時，將徵引的材料歸納整理，並在文末注明多種出處、文獻各種異同等，並做出合理的編排。不管編纂次第是否合理、資料出處是否無誤？收輯完備、體例嚴謹、便於後人參用等評述，在在皆被視為總集編纂之典範。就其錄載方式以己意併合所呈現出的問題，是否是古籍的原貌？仍未有定論。面對不同出處的內容，除了考訂不同版本的異文，並加以重整，仍可見其所收之資料有些並非全是第一手，如傅玄（217～278）之〈鸚鵡賦〉，已非是完整原文了。這種併合、節選片段、剔除重合、刪改異文等錄文行式，除了需再次覆核原始資料之外，餘皆嚴氏個人之判斷定奪。整篇錄文，凡片段摘錄、以零散插入法、或整段短文插入，或者是併接複合等方式，裁鑄融合。顯然，嚴氏載取錄文基礎，當以交代完整的歷史事件為依據。誠如《漢書·蕭望之傳》之例，「所以識其緣起」、「所以竟其事也」。

三、嚴氏之交遊

透過表格的陳述，具體透露兩種議題，其一是嚴氏之學術歷程，當三人有關，是 33 歲時入都，與姚文田等人交遊，開始致力於《說文》之研究，且得益友的助伴，由此開展其校書、輯書的輝煌生涯；至 62 歲以後半仕半隱，全心謄寫《全文》為重心，度過晚年生活。

（一）《全文》治學觀與其交遊之關係

《全文》治學觀，當與姚文田治《說文》，孫星衍輯校金石碑刻、校刻經籍等人有關，尤其為其蒐羅《全文》資料上奠下基礎。許多的研究著作，均是與姚、孫二氏合作完成的，且在經濟上尤受到二人的支持。至於《全文》作者問題，可從俞正燮〈全上古至隋文目錄不全本識語〉一文的指陳，孫氏《全上古八代文》遺漏甚多之憾，歷經數寫仍不完備，須利用嚴氏原本加以補救。所以《全文》的編纂當是嚴可均一人主事，無庸置疑。若要強說孫氏及俞氏，則僅能視為協助者觀之。於此，《全文》編纂者之疑，迎刃而解。顯證，嚴可均應可視為獨立編纂者，此說大致無疑。

（二）《全文》的編纂與交遊之關係

《全文》案語之考究成果，與孫氏等人之交遊論學，是具有相當大之關聯性。筆者參考其他相關資料，認為須與《說文》著作，及孫星衍之《平津館金石萃編》等，進一步逐條對照。源乎何在？嚴氏常案語之著墨中，簡略的帶過，使之後來學者未見考據始末，遽下斷語提出訛誤一說。如陳韻珊先生在〈論嚴可均《說文》的方法〉指出，《說文訂訂》一書舉出段玉裁之援引資料之誤因，在於不明隸變之誤。然而，該考辨之成果，可見於《校唐石經文》以及漢碑材料中所援據的資料上。依此，《全文》案語之內容，常見直指其研究成果，若不能仔細對比其相關著作，如金石碑刻類之錄文，則反誤解《全文》之失。

四、《全文》編纂之藍本

陸心源說《全上古三代六朝文》，是以《百三名家集》、梅氏《文紀》為藍本增益無多。嚴氏錄文基礎是以梅氏《歷代文紀》、張氏《百三家集》為藍本，而以另一種型態之鈔纂總集面世。至於是否增益無多？則需進一步覆核，才能定奪是否有出入；此外，嚴氏對《歷代文紀》的評斷，編輯體例之疏失，及其作者考校誤編等現象。此點有必要加以澄清，以及值得注意。據嚴氏提示「後人覆檢，未可據梅氏書輒補鄙書也。」一說，嚴氏一方面增益徵引更多資料篇文，另一方面又重行編輯考證，以此相互對比歸結於《全文》超越的一面。

（一）《歷代文紀》難以超越

嚴氏《全文》確實在其基礎上，後出轉精超出梅氏的一面；一是擴增篇

幅、作者人數及卷數等。其中就作者考證上，添加不少史傳資料，足資後人考訂；二是篇題之下之注明事件原委，顯然梅氏《文紀》是有其無法取代之一面。純就編纂目的而論，梅氏主要在於證史釋事的角度行之，而嚴氏著眼於篇文之考校，藉以辨章學術源流。基此，核心觀點不同，考辨疏證內容自是不一。於兩者之間互有倚重，不可偏廢。

（二）承襲《百三家集》為基礎

作者與卷數而言，張溥之書僅 103 人、119 卷，4056 篇；《全文》收 17,055 篇、841 卷、作者 3519 人。顯然，張溥在收錄的年代範圍較小之下，自然篇幅與作家人數均遠遜於《全文》。尤其張氏收錄之作家僅限於漢魏至六朝，取材於類書、金石，舉凡斷簡殘句皆不遺拾。另又從兩書重疊收載之文觀察，同載之篇文有 3911 之多，約佔《百三家集》96%，顯見《全文》在編纂該書時，確實有所承襲，方能進一步擴充。

（三）澄清彭兆蓀與《全文》之關係

近年學者對彭兆蓀的研究，主要涉及其生平考訂、詩歌、駢文等方面。據筆者初步判斷，於《全上古三代文全秦文》、《南北朝文鈔》等彭氏蒐輯之選本與嚴氏《全文》彼此之連結關係，至今仍未有研究。彭氏輯《全上古三代秦漢三國六朝文》之事，詳見清末葉景葵〈卷盦書跋〉。嚴氏《全上古三代文》收錄作者數、篇數多於彭氏《全上古三代文附全秦文》外，重疊收載比率也變高。筆者考察現存資料，兩人同期並世，然僅就《全上古三代文》及《全秦文》二者載錄共具有負氣之說外，其他如材料來源、敘述內容、收文標準，看似雷同，實皆風馬牛不相及。如何顯現其差異性呢？則需考究彼此纂述的案語，就昭然若揭了。若就經典原貌看查，當以嚴氏《全文》較為周全，條列順序也較為洽合。難怪葉景葵先生認為，嚴氏勝出於博稽羣籍，考偽辨證等專長。

《全文》一書的面世，其編目、收錄篇文、案語考證，實包含經史諸子，如經部《歸藏》、《夏書》、鄭玄《六藝論》；史部如《古文周書》、劉向《別錄》；子部如《申子》、《新論》、《四民月令》；集部如《司馬長卿集》《揚子雲集》等。甚至釋氏之文，收錄可謂眾多。該書不僅只是一部輯佚之作，對輯佚之事亦有所主張，詳見於〈凡例〉之中。大體而言，《全文》徵引各家文集外，旁搜史傳、雜說、墓銘、方志、書目、類書，可謂詳瞻深化，以揭示徵實為貴，故考證家之取材、必須廣泛，方能貫串折衷，以達信實可靠為宗。於此，

歷來的評價甚高，由於缺乏整理、研究，使得某些議題的認知，仍停在〈凡例〉初淺的見解上，有待釐清。隨著時代的推進，該書仍有值得借鏡之處，如作者的編次，家族系聯、著錄的內容、考證的成果等等，皆能提供參考價值。然而，經過時間的洗禮，也陸續發現不合時宜、編纂錯誤，有待糾舉釐正。如作者誤題、引文方式、漏遺待補等等。整體而言，一部學術著作，歷經數百年的演變之後，或多或少都有一些的問題，瑕不掩瑜。時至今日，若能站在其基礎上，改善其中的錯誤，投入心力，從事相關的研究，使其符合現代學術的要求，將更能拓展其研習功能。

第二節　《全文》未來發展

曹書杰先生認為，清人私家輯佚，多不能與學術研究相結合，即是許多輯佚者的輯佚工作不是從研究學問出發，僅僅是為輯佚而輯佚；或不對所輯成的佚書做深入的考辨和研究，使之發陽光大。清代從事輯佚工作的許多人不可謂無學問，但他們大都不是學問名家巨儒，僅能算是三四流的學者，甚至是不入流的學人，如姚之駰是也。他們的輯佚缺少學問基礎，其輯佚成果豈能精善！有些輯佚者於輯佚用功雖勤，可僅僅限於輯佚而已，很難見到其輯學與治學緊密結合，對輯本的內容並不深入，展現不出其思想的火花和在學術上的建樹，黃奭、王謨、馬國翰、嚴可均之流是也，而像惠棟《九經古義》、余蕭客《古經解鉤沈》之輩者甚少。對此，筆者在研究《全文》初始之際，深有同感。直至對照嚴氏其他著作時，顯然與事實反之。由是，筆者認為有三個面向，可加以論證。

一、金石碑刻之原始資料

〈說文翼序〉自言在治《說文》時，將當時所見金、石文字資料，以訂《說文》篆體之訛，謙稱說為羽翼《說文》之作。於是，手拓泉、刀、幣、鐘、鼎、鑒、戈等實物文字，刻石、石鼓文、魏石經等，輔以當代所見之金石材料書，如孫星衍所藏《薛氏鐘鼎款識》、阮元《積古齋鐘鼎款識》等，按《說文》部首次第收錄，並將其要旨、文例加以考證。據此可見，金石文學在清代有了長足發展，然真正利用金石文等出土第一手資料，編成字書、錄載刻文，將之佐證《說文》，訂正字體，並藉以考證史傳始末，於當時實開其先河。對此，曾與孫星衍共同校集周秦至唐宋碑文，寫成《平津館金石萃編》，

將近二百五十種碑文一一作出考釋，有許多是王昶《金石萃編》所未及之。嚴氏利用這些成果來輯佚，並詳加校勘。猶如在收載《全後漢文》之〈長笛賦〉之前，段玉裁曾對「長笛賦」注引《字林》一事，提出衍字一說。嚴氏續在《說文訂訂》指出，段是引據失實，〈長笛賦〉根本沒有該注，「味長」當為「長味」。很多段氏皆未言明，然均已采納嚴氏之說，可見其相關著作對當代之影響。援而推之，嚴氏將其考證結果以及輯佚錄文，全收入在《全後漢文》、《全晉文》上。依此，筆者認為據嚴氏碑刻有三類，這些皆可對應《全文》，以凸顯其學術價值，在經學、碑刻文獻、《說文》上。

（一）《說文》相關著作

嚴氏以輯佚之學治《說文》，常據《太平御覽》、《一切經音義》等書校訂《說文》。同理，《全文》在輯錄篇文時，引用群書有關《說文》注解，來陳列各書間文字的差異，逕自提出校文。如《全上古三代文》之〈魯郊祝〉、《全晉文》之〈南山經〉等。這些校文的原委，沿革均已見諸《說文》相關著作。如《全漢文‧東方朔》之〈自悲〉，「嫛」字，已見《說文校議十二》引《楚詞》提出通用字例。對此，筆者認為嚴氏在校訂金石碑刻文字時，均可見引用《說文》材料，使之言必有據。而後人在檢視《全文》拓本、石經時，未能參校他書，嘗試找出各證據間之來源與關係，而產生了一些誤解。因此，若要進一步澄清《全文》存在的訛誤現象，實有必要參照嚴氏《說文》相關著作。

（二）金石碑刻相關著作

從《明史‧藝文志》說殘缺之書不足為證；又說篇秩殘缺，亦不足據。這也為嚴氏能突破前人研究，顯現其學術地位，提供了一個有利的窗口。從現存文獻看來，出土文獻大部分都是殘卷，但其價值仍不可忽視。由此可見，乾嘉以前對金石文獻的漠視，反映了時代侷限性。然而，嚴氏開創以金石碑刻作為研究歷史的先鋒，對其研究成果，大多皆未及時收載《全文》，今人為此而誤以為漏輯，並續而加以補遺補正。實際上，若能將嚴氏相關著作，加以整合對照《全文》，很多非議之處即能朗清括明。如〈黃初殘碑〉，《金石萃編》提到該石漫漶以及缺字嚴重。今人編纂《全三國兩晉南朝文補遺》一書，視為《全文》未及收載，將其補遺。顯見，若該書在編纂時能複查嚴氏相關碑刻著作，則能增加其精準性。亦如〈葛府君碑額〉，均見於《金石萃編》、《孫淵如先生全集》、《江寧金石錄》等書，嚴氏不收入《全文》是有前例可循，

不能視為漏遺待補之失。

二、《全文》徵引書目

　　《全文》引眾多典籍而摘錄佚文，種類可說複雜。其廣泛地徵引群書，及以乾嘉特有的考據方法，舉證異同，條列並載。比起當代輯佚著作，分量多而且層面廣泛。不僅為當代拓展輯佚視野，也具有承先啟後的象徵指標性。若論其取錄載文，雖注明出處，可惜尚未有全面考出相關內容，值得重新整理。

（一）徵引文獻的探討

　　該書橫跨經、史、子、集四部，一般人仍以為取錄文獻當以類書為取資重心，如唐之《初學記》、《藝文類聚》，或者《太平御覽》等。筆者在針對文本的研究時，雖涉及其相關的資料，由於蒐輯的文獻眾多，查考不易。初始也以為唐代四大類書為來源核心。從而一一對照，雖還未能盡全，然以收錄的作家作品為詔、策、教、議等類，大抵均出於正史傳書。由是，筆者認為輯佚的取資材料，當有必要仔細審查、比對，將有助於日後的文獻整理，從而加以訂補《全文》不足漏遺之部分。若論證確立，《全文》之取載是以史傳為多數，將不致錯失許多文獻內容，則也有助於擴大史書的研究視野。

（二）版本與校勘

　　異文的呈現，通常有兩種現象：一是某本與某本間之內容、文字存在了或多或少之差異。綜觀一書之各種版本，舉凡列次編目、意義的詮釋，其中的是非曲折，實必須依恃著校勘的方法，進一步釐清、審定。由此，可參考第五章〈輯錄篇文〉的說明，則顯證各文本間流傳情況，從校勘功能層面上看，並非毫無意義。值得詳加對校，認真處理，才能評斷是非。《全文》雖在「案語」項注明某一版本一語，藉以攸關各版刻與錄文間之差異。針對注補版刻案語，如《北堂書鈔》有舊寫本、陳禹謨本之分；或如殿本、集本之標示；或梅鼎祚、張溥本之錯訛等。有關經籍版本，涉及到經籍存佚、考證精審之依據。由於茲事體大，斷非短期之內得以完成。由於今日古籍文獻以電子資料庫留存，且盛行於世。使之目錄工具檢索的方便，若要從事此一整理的工作，遠較清代更形容易，更見成效。版本的確立好壞，輔以校勘方法，關乎著原始經典能否重現，亦有助於勘謬的整理。此外，從版本的補訂中，有助於查考作者的其他著作，藉以輔助《全文》失載的錯誤。諸如此類，皆

顯示嚴氏選用版本精良與否之重要性。筆者雖有意於整理其版本考訂，但由於涉略甚廣，故待日後再逐一完成，以利於學界的運用。

（三）經學價值之再現

《全文》是一部輯佚性的文學總集，據其收錄範圍，是廣蒐三分書，秘笈金石文字，旁及鬼神釋道，無不網羅殆盡，橫跨經史子集四部。其中，以子書類《帝範》、《元子》等書，攸關於當代風俗文化的傳承，大抵均見存不錄。內容尤以禮儀、祭祀、歲時、飲食等方面的記錄見長，其次是占卜、禁忌等。如杜台卿（？579）之《玉燭寶典》主以《禮記・月令》為列次順序之準則，先作一些解釋，接著徵引《詩經》、《周官》、《易經》、《春秋元命苞》、《尚書大傳》、《國語》、《史記》、《列子》、《左傳》等書，將此月的所有風俗習慣資料彙集在一起。其中以皇帝和官吏的活動慣例為主，所以，隋文帝對此甚為歡喜。就此，筆者發現該種書類嚴氏疏於整理，導致許多相關經學佚文，不見於世。亦如《玉燭寶典・二月仲春》：「《禮・月令》曰：『仲春之月，日在奎。昏弧中，旦建星中……』」末句「桃始華，倉庚鳴、鷹化為鳩。」僅見該書記載，演而推之，舉凡農業類、雜著類、民間普遍用書，最能代表平民百姓的日常生活方式，徵引了許多經學典籍，如《禮記》、《易經》、《詩經》等，當可從中探究文化淵源。例如宇宙觀，天道觀推衍至人道之禍福相倚、聚散離合的變化，皆發揮《易經》之變易思想，進而落實在政治社會的解決議題上。這些引述古人、古事、錄古書的寫作方式，帶給了我們一個延續思考空間，經學的學術價值是不因時代的變遷而有所抹滅的，凡此祭祀、婚喪喜慶、人倫風俗習慣，以及史書五行志、刑法志等均可見其陳痕舊跡。換言之，從經學的價值來看，子部書雜家類領域是值得進一步探討；對此，可推展哪種思想內涵，影響民間生活甚大；其三，子部雜家類書乃為可待開發之一源，拓展輯錄取資的範圍，進而展衍，誠如劉師培在《管子斠補》一書中，提及嚴氏失收許多作家作品如《玉燭寶典》引文，有《紀瞻集》之〈遠遊賦〉等。這些取材來源，均可作為日後擴大研究文學的範圍，作家的作品何以影響民間生活？

綜合上述所論要點，都是屬於整理性的事項。若能依此行之，將有利於學者的使用，提供更多元的研究素材。隨著學者的取擇不同，也會呈現個別研究風貌。若能取而為用，將會提升於經學、史傳之學術價值。

參考文獻

一、**傳統文獻**（依《四庫總目》分類）

（一）經部

1. 《尚書正義》，〔漢〕孔安國撰；〔唐〕孔穎達正義；黃懷信整理，上海：上海古籍出版社，2007 年。

2. 《尚書今古文注疏》，〔清〕孫星衍撰；陳抗、盛冬鈴點校，北京：中華書局，1986 年。

3. 《禮記纂言》，〔元〕吳澄，臺北：臺灣商務印書館，影印《文淵閣四庫全書》第 121 冊，1983 年。

4. 《日講禮記解義》，〔清〕汪由敦、鄂爾泰，臺北：臺灣商務印書館，影印《文淵閣四庫全書》第 123 冊，1983 年。

5. 《大戴禮紀》，〔漢〕戴德撰；〔北周〕盧辯註，臺北：臺灣商務印書館，影印《文淵閣四庫全書》第 128 冊，1983 年。

6. 《禮記集解》，〔清〕孫希旦，臺北：文史哲出版社，1990 年。

7. 《春秋穀梁傳注疏》，〔晉〕范甯集解，〔唐〕陸德明音義、〔唐〕楊士勛疏，臺北：世界書局，收入《四庫全書薈要》第 33 冊，1984 年。

8. 《古微書》，〔明〕孫瑴編，臺北：臺灣商務印書館，影印《文淵閣四庫全書》第 194 冊，1983 年。

9. 《論語集解》，〔魏〕何晏；中華書局編，北京：中華書局，收入《漢魏古注十三經》下冊，1998 年。

10. 《日講四書解義》，〔清〕喇沙里；陳廷敬奉敕編，臺北：影印《文淵閣四庫全書》第 208 冊，1983 年。

11. 《唐石經校文》，〔清〕嚴可均，上海：上海古籍出版社，《續修四庫全書》第 184 冊，2002 年。

12. 《說文校議》，〔清〕嚴可均，上海：上海古籍出版社，《續修四庫全書》第 213 冊，2002 年。

13. 《說文解字句讀》，〔清〕王筠，上海：上海古籍出版社，《續修四庫全書》第 219 冊，1995 年。

14. 《說文聲類》，〔清〕嚴可均，上海：上海古籍出版社，《續修四庫全書》第 247 冊，2002 年。

15. 《經義考》，〔清〕朱彝尊；林慶彰、蔣秋華、馮曉庭主編，上海：上海古籍出版社，第 7 冊，2011 年。

（二）史部

1. 《漢書》，〔漢〕班固撰；〔唐〕顏師古注，北京：中華書局，1962 年。

2. 《後漢書》，〔劉宋〕范曄，北京：中華書局，1965 年。

3. 《周書》，〔唐〕令狐德棻等，北京：中華書局，1971 年。

4. 《陳書》，〔唐〕姚思廉，北京：中華書局，1972 年。

5. 《北齊書》，〔唐〕李百藥，北京：中華書局，1972 年。

6. 《梁書》，〔唐〕姚思廉，北京：中華書局，1973 年。

7. 《隋書》，〔唐〕魏徵、令狐德棻，北京：中華書局，1973 年。

8. 《明史》，〔清〕張廷玉等，北京：中華書局，1974 年。

9. 《魏書》，〔唐〕魏收，北京：中華書局，1974 年。

10. 《宋書》，〔梁〕沈約，北京：中華書局，1974 年。

11. 《晉書》，〔唐〕房玄齡等，北京：中華書局，1974 年。

12. 《南史》，〔唐〕李延壽撰，北京：中華書局，1975 年。

13. 《新校本新五代史》，楊家駱編，臺北：鼎文書局，1994 年。

14. 《清史稿》，趙爾巽等撰，北京：中華書局，1998 年。

15. 《二十二史考異》，〔清〕錢大昕，臺北：中文出版社，1980 年。

16. 《三國志》，〔晉〕陳壽，北京：中華書局，1982 年。

17. 《漢書補注》，〔清〕王先謙，上海：上海古籍無出版社，《續修四庫全書》第 268 冊，2002 年。

18. 《後漢紀》，〔晉〕袁宏，臺北：灣商務印書館，影印《文淵閣四庫全書》第 303 冊，1983 年。

19. 《石匱書》，〔明〕張岱，上海：上海古籍出版社，《續修四庫全書》第 320 冊，2002 年。

20. 《資治通鑑》，〔宋〕，司馬光撰；〔元〕，胡三省音註，臺北：臺灣商務印書館，影印《文淵閣四庫全書》第 307 冊，1983 年。

21. 《通鑑胡注表微》，陳垣，合肥：安徽大學出版社，收入《陳源全集》第 21 冊 2009 年。

22. 《通志》，〔宋〕鄭樵，臺北：世界書局，收入《四庫全書薈要》第 213、214、220、221 冊，1984 年。

23. 《繹史》，〔清〕馬驌纂；劉曉東等點校，濟南：齊魯書社，2001 年 6 月。

24. 《路史》，〔宋〕羅泌撰，臺北：臺灣商務印書館，影印《文淵閣四庫全書》第 383 冊，1983 年。

25. 《郝氏續後漢書》，〔元〕郝經，臺北：臺灣商務印書館，影印《文淵閣四庫全書》第 385 冊，1983 年。

26. 《歷代名臣奏議》，〔明〕楊士奇等編，臺北：臺灣商務印書館，影印《文淵閣，四庫全書》第 439 冊，1983 年。

27. 《明儒學案》，〔清〕黃宗羲，臺北：里仁書局，收入《黃宗羲全集》第 7 冊，1987 年。

28. 《清儒學案》，徐世昌；陳祖武點校，石家莊：河北人民出版社，2008 年。

29. 《十六國春秋》，〔魏〕崔鴻撰，臺北：臺灣商務印書館，影印《文淵閣四庫全書》第 463 冊，1983 年。

30. 《續碑傳集》，〔清〕，繆荃孫纂錄，臺北：明文書局，收入《清代傳記叢刊》第 119 冊，1985 年。

31. 《碑傳集補》，閔爾昌纂錄，臺北：明文書局，收入《清代傳記叢刊》第 121 冊，1985 年。

32. 《疇人傳》，〔清〕阮元；〔清〕羅士琳續補，上海：上海古籍出版社，《續修四庫，全書》第 516 冊，1995 年。

33. 《孫淵如年譜》，〔清〕張紹南撰；〔清〕，王福德續，臺北：新文豐出版公司，收入《叢書集成初編》第 259 冊，1989 年。

34. 《彭湘涵先生年譜》，〔清〕繆朝荃著；陳祖武編，北京：北京圖書館出版收入《乾嘉名儒年譜》第 12 冊，2006 年。

35. 《太平寰宇記》，〔宋〕樂史，臺北：商務印書館，影印《文淵閣四庫全書》第 470 冊，1983 年。

36. 《欽定大清一統志》，〔清〕和珅等編，臺北：臺灣商務印書館，影印《文淵閣四庫全書》第 482 冊，1983 年。

37. 《咸淳臨安志》，〔宋〕潛說友，臺北：臺灣商務印書館，影印《文淵閣四庫全書》第 490 冊，1983 年。

38. 《吳興備志》，〔明〕董斯張，臺北：臺灣商務印書館，影印《文淵閣四庫全書》第 494 冊，1983 年。

39. 《雍正浙江通志》，〔清〕稽曾筠等監修，臺北：臺灣商務印書館，影印《文淵閣四庫全書》第 519 冊，1983 年。

40. 《水經注》，〔後魏〕酈道元，臺北：臺灣商務印書館，影印《文淵閣四庫全書》第 573 冊，1983 年。

41. 《江西攷古錄》，〔清〕王謨編，臺北：成文出版社，收入《中國方志叢書》第 97 號，1970 年。

42. 《通典》，〔唐〕杜佑編，臺北：臺灣商務印書館，影印《文淵閣四庫全書》第 604 冊，1983 年。

43. 《文獻通考》，〔元〕馬端臨，臺北：臺灣商務印書館，影印《文淵閣四庫全書》第 613 冊，1983 年。

44. 《經義考》，〔清〕朱彝尊；林慶章、蔣秋華、馮曉庭主編，上海：上海古籍出版社，第 7 冊，2011 年。

45. 《集古錄》，〔宋〕歐陽修，臺北：臺灣商務印書館，影印《文淵閣四庫全書》第 681 冊，1983 年。

46. 《史通》，〔唐〕劉知幾；趙呂甫校注，重慶：重慶出版社，1990 年。

47. 《申鑒》，〔漢〕荀悅；〔明〕黃省曾註，臺北：臺灣商務印書館，影印《文淵閣四庫全書》第 696 冊，1983 年。

48. 《職官分紀》，〔宋〕孫逢吉，臺北：臺灣商務印書館，影印《文淵閣四庫全書》第 923 冊，1983 年。

49. 《直齋書錄解題》，〔宋〕陳振孫；徐小蠻點校，上海：上海古籍出版社，1987 年。

50. 《四庫全書總目》，〔清〕永瑢，北京：中華書局，1997 年。

51. 《書林清話》，〔清〕葉德輝，北京：燕山出版社，1999 年。

52. 《目錄學》，〔清〕劉咸炘著；段渝主編，上海：上海科技文獻出版社，2008 年。

53. 《儀顧堂書目題跋彙編》，〔清〕陸心源著；馮惠民編，北京：中華書局，2009 年。

54. 《金石文字記》，〔清〕顧炎武，上海：上海古籍無出版社，《續修四庫全書》第 683 冊，2002 年。

55. 《平津館金石萃編》，〔清〕嚴可均，上海：上海古籍出版社，《續修四庫全書》第 893 冊，1995 年。

56. 《平津讀碑記》，〔清〕洪頤煊，上海：上海古籍出版社，《續修四庫全書》第 905 冊，1995 年。

57. 《京畿金石考》，〔清〕孫星衍，上海：上海古籍出版社，《續修四庫全書》第 906 冊，2002 年。

58. 《吳興金石記》，〔清〕陸心源，上海：上海古籍出版社，《續修四庫全書》第 911 冊，2002 年。

59. 《漢書藝文志拾補》，〔清〕姚振宗，上海：上海古籍出版社，《續修四庫全書》第 914 冊，2002 年。

60. 《隋書經籍志》，〔清〕姚振宗，上海：上海古籍出版社，《續修四庫全書》第 915 冊，2002 年。

61. 《隋書經籍志考證》，〔清〕姚振宗，上海：上海古籍出版社，《續修四庫全書》第 916 冊，1995 年。

62. 《書目答問補訂》，〔清〕張之洞；范希曾補；徐揚杰訂，武漢，湖北人民出版社，2011 年。

63. 《史記會注考證》，〔日〕瀧川龜太郎，臺北：洪氏出版社，1986 年。

64. 《纂修四庫全書檔案》，〔清〕乾隆，上海：上海古籍出版社，收入《清代檔案史料》冊上，1997 年。

65. 《文史通義校注》，〔清〕章學誠著；葉瑛校注，北京：中華書局，2000 年。

66. 《十七史商榷》，〔清〕王鳴盛，上海：上海書店，2005 年。

（三）子部

1. 《說苑》，〔漢〕劉向，臺北：臺灣商務印書館，影印《文淵閣四庫全書》第 696 冊，1983 年。

2. 《老子道德經》，〔魏〕王弼注；王雲五主編，臺北：臺灣商務印書館，收入《叢書集成簡編》第 34 冊，1965 年。

3. 《六韜》，〔周〕呂望撰，臺北：臺灣商務印書館，影印《文淵閣四庫全書》第 726 冊，1983 年。

4. 《唐開元占經》，〔唐〕瞿曇悉達撰，臺北：臺灣商務印書館，影印《文淵閣四庫全書》第 807 冊，1983 年。

5. 《墨池編》，〔宋〕朱長文，臺北：臺灣商務印書館，影印《文淵閣四庫全書》第 812 冊，1983 年。

6. 《六藝之一錄》，〔清〕倪濤，臺北：臺灣商務印書館，影印《文淵閣四庫全書》第 836 冊，1983 年。

7. 《文房四譜》，〔宋〕蘇易簡，臺北：臺灣商務印書館，影印《文淵閣四庫全書》第 843 冊，1983 年。

8. 《硯箋》，〔宋〕高似孫，臺北：臺灣商務印書館，影印《文淵閣四庫全書》第 843 冊，1983 年。

9. 《愛日吟廬書畫錄》，〔清〕葛金烺，上海：上海古籍出版社，《續修四庫全書》第 1088 冊，1995 年。

10. 《呂氏春秋》，〔秦〕呂不韋撰；〔漢〕高誘註，臺北：臺灣商務印書館，影印《文淵閣四庫全書》第 848 冊，1983 年。

11. 《淮南鴻烈解》，〔漢〕劉安撰；〔漢〕高誘注，臺北：臺灣商務印書館，影印《文淵閣四庫全書》第 848 冊，1983 年。

12. 《容齋續筆》，〔宋〕洪邁，臺北：臺灣商務印書館，影印《文淵閣四庫全書》第 851 冊，1983 年。

13. 《緯略》，〔宋〕高似孫撰，臺北：臺灣商務印書館，影印《文淵閣四庫全書》第 852 冊，1983 年。

14. 《丹鉛餘錄》，〔明〕梁佐編，臺北：臺灣商務印書館，影印《文淵閣四庫全書》第 855 冊，1983 年。

15. 《日知錄》，〔清〕顧炎武，臺北：臺灣商務印書館，影印《文淵閣四庫全書》第 858 冊，1983 年。

16. 《論衡》，〔漢〕王充，臺北：臺灣商務印書館，影印《文淵閣四庫全書》第 862 冊，1983 年。

17. 《巖下放言》，〔宋〕葉夢得，臺灣商務印書館，影印《文淵閣四庫全書》第 863 冊，1983 年。

18. 《澗泉日記》，〔宋〕韓淲，臺北：臺灣商務印書館，影印《文淵閣四庫全書》第 864 冊，1983 年。

19. 《說郛》，〔明〕陶宗儀撰，臺北：臺灣商務印書館，影印《文淵閣四庫全書》第 877 冊，1983 年。

20. 《編珠》，〔清〕徐學乾，臺北：臺灣商務印書館，影印《文淵閣四庫全書》第 887 冊，1983 年。

21. 《藝文類聚》，〔唐〕歐陽詢撰；汪紹楹校，上海：上海古籍出版社，1982 年 1 月。

22. 《初學記》，〔唐〕徐堅等著，北京：中華書局，1962 年。

23. 《北堂書鈔》，〔唐〕虞世南編纂；董治安等編，北京：清華大學出版社，收入《唐代四大類書》，2003 年。

24. 《太平御覽》，〔宋〕李昉等奉敕撰，臺北：臺灣商務印書館，1997 年。

25. 《冊府元龜》，〔宋〕王欽若等編，臺北：臺灣中華書局，影印據明刻初印本，1967 年。

26. 《事物紀原》，〔宋〕高承，臺北：臺灣商務印書館，影印《文淵閣四庫全書》第 920 冊，1983 年。

27. 《玉海》，〔明〕胡應麟，臺北：臺灣商務印書館，影印《文淵閣四庫全書》第 946 冊，1983 年。

28. 《萬姓統譜》，〔明〕凌迪知，臺北：臺灣商務印書館，影印《文淵閣四庫全書》第 957 冊，1983 年。

29. 《御定淵鑑類函》，〔清〕王士禎，臺北：臺灣商務印書館，影印《文淵閣四庫全書》第 987 冊，1983 年。

30. 《佩文韻府》，〔清〕陳廷敬，臺北：臺灣商務印書館，影印《文淵閣四庫全書》第 1014 冊，1983 年。

31. 《顏氏家訓》，〔北齊〕顏之推；梁明、余正平譯注，廣州：廣州出版社，2001 年 7 月。

32. 《述學補遺》，〔清〕汪中著；李金松校箋，北京：中華書局，收入《述學校箋》下冊，2014 年 7 月。

33. 《西京雜記》，〔漢〕劉歆撰；〔晉〕葛洪輯，臺北：臺灣商務印書館，影印《文淵閣四庫全書》第 1035 冊，1983 年。

34. 《文子》，〔周〕辛鈃撰，臺北：臺灣商務印書館，影印《文淵閣四庫全書》第 1058 冊，1983 年。

35. 《援鶉堂筆記》，〔清〕姚範，上海：上海古籍出版社，《續修四庫全書》第 1149 冊，2002 年。

36. 《十駕齋養新錄》，〔清〕錢大昕；楊勇君整理，上海：上海世紀出版社，2011 年。

37. 《癸巳存稿》，〔清〕俞正燮，上海：上海古籍出版社，《續修四庫全書》第 1160 冊，2002 年。

38. 《霞外攟屑》，〔清〕平步雲，上海：上海古籍出版社，《續修四庫全書》第 1163 冊，2002 年。

39. 《純常子枝語》，〔清〕文廷式，上海：上海古籍出版社，《續修四庫全書》第 1165 冊，1995 年。

40. 《高郵王氏遺書》，〔清〕王念孫，臺北：文海出版社，收入《國學集要》第 8 冊，1967 年。

41. 《偃曝餘談》，〔明〕陳繼儒，臺北：廣文書局，收入《陳眉公四種》，1968 年。

42. 《升菴外集》，〔明〕楊慎撰；〔明〕焦竑編，臺北：臺灣學生書局，1971 年。

43. 《古書讀法略例》，〔清〕孫德謙，北京：中國書店，1984 年。

44. 《越縵堂讀書記》，〔清〕，李慈銘；由雲龍輯，北京：中華書局，2006 年 9 月。

45. 《世載堂雜憶》，劉禺生撰；錢實甫點校，北京：新華書店，收入《清代史料筆記叢刊》第 21 冊，1997 年。

46. 《百川書志》，〔明〕高儒編纂，臺北：新文豐出版公司，收入《叢書集成續編》第 3 冊，1989 年。

47. 《漢魏遺書鈔》，〔清〕王謨，北京：北京圖書館出版社，收入《古籍叢

殘彙編》第 3 冊，2001 年。

48. 《古逸叢書》，〔清〕梨庶昌輯，揚州：江蘇廣陵出版社，據光緒十年甲申遵義東京使署刊本第 2 冊，1994 年。

49. 《增訂漢魏叢書》，〔清〕王謨編，臺北：大化書局據，〔清〕乾隆五十六年，金溪王氏刻八十六種，1983 年。

50. 《通德遺書所見錄》，〔清〕孔廣林輯，濟南：山東大學出版社，收入《山東文獻，集成》第 1 輯第 1 冊，2006 年。

51. 《廣弘明集》，〔唐〕釋道宣，臺北：臺灣商務印書館，影印《文淵閣四庫全書》第 1048 冊，1983 年。

（四）集部

1. 《全上古三代文附全秦文》，〔清〕彭兆蓀編纂，上海圖書館清稿本。

2. 《南北朝文鈔》，〔清〕彭兆蓀編纂，上海圖書館藏，卷盒書跋，〔清〕葉景葵撰；顧廷龍編，上海：古典文學出版社，1957 年。

3. 《王廷相哲學選集》，〔明〕王廷相，臺北：河洛出版社，1974 年。

4. 《漢魏六朝百三家集題辭注》，〔明〕張溥著；殷孟倫輯注，臺北：木鐸出版社，1982 年。

5. 《曹子建集》，〔魏〕曹植，臺北：灣商務印書館，影印《文淵閣四庫全書》第 1063 冊，1983 年。

6. 《升菴集》，〔明〕楊慎，臺北：臺灣商務印書館，影印《文淵閣四庫全書》第 1270 冊，1983 年。

7. 《弇州四部稿》，〔明〕王世貞撰：，臺北：臺灣商務印書館，影印《文淵閣四庫全書》第 1281 冊，1983 年。

8. 《少室山房集》，〔明〕胡應麟，臺北：臺灣商務印書館，影印《文淵閣四庫全書》第 1290 冊，1983 年。

9. 《世說新語校箋》，徐震堮，北京：中華書局，1984 年 4 月。

10. 《五松園文稿》，〔清〕孫星衍，臺北：新文豐出版社，影印《叢書集成新編》第 77 冊，1985 年。

11. 《小謨觴館文集註》，〔清〕彭兆蓀，臺北：新文豐出版公司，影印《叢書集，成續編》第 192 冊，1988 年。

12. 《唐裘石室集》，〔明〕梅鼎祚，北京：北經出版社，收入《四庫禁毀書叢刊》第 58 冊，1997 年。

13. 《小倉山房（續）文集》，〔清〕袁枚著；王英志校點，南京：江蘇古籍出版社，收入《袁枚全集》，1997 年。

14. 《鮚埼亭集外編》，〔清〕全祖望；朱鑄禹彙校集注，收入《全祖望集彙校集注》冊上，2000 年。

15. 《七錄齋詩文合集》，〔明〕張溥撰，上海：上海古籍出版社，《續修四庫全書》第 1387 冊，2002 年。

16. 《南雷文定》，〔清〕黃宗羲，上海：上海古籍出版社，《續修四庫全書》第 1397 冊，2002 年。

17. 《笴河文集》，〔清〕朱筠，上海：古籍出版社，《續修四庫全書》第 1397 冊，2002 年。

18. 《抱經堂文集》，〔清〕盧文弨，上海：上海古籍出版社，《續修四庫全書》第 1432 冊，2002 年。

19. 《揅經堂三集》，〔清〕阮元，上海：上海古籍出版社，《續修四庫全書》第 1479 冊，2002 年。

20. 《謨觴館詩文集》，〔清〕彭兆蓀，上海：上海古籍出版社，《續修四庫全書》第 1492 冊，2002 年。

21. 《左海文集》，〔清〕陳壽祺，上海：上海古籍出版社，《續修四庫全書》第 1496 冊，2002 年。

22. 《頤道堂詩外集》，〔清〕陳文述，上海：上海古籍出版社，《續修四庫全書》第 1505 冊，2002 年。

23. 《小石渠閣文集》，〔清〕林昌彝，上海：上海古籍出版社，《續修四庫全書》第 1505 冊，2002 年。

24. 《儀顧堂集》，〔清〕陸心源，上海：上海古籍出版社，《續修四庫全書》第 1560 冊。

25. 《戴震文集》，〔清〕戴震；趙玉新點校，北京：中華書局，2006 年。

26. 《札迻》，〔清〕孫詒讓著；梁運華點校，北京：中華書局，2006 年。

27. 《春在堂雜文》，〔清〕俞樾，南京，鳳凰出版社，收入《春在堂全書》第 4 冊，2010 年。

28. 《江北詩話》，〔清〕洪亮吉著；劉德權點校，北京：中華書局，收入《洪亮吉集》第 5 冊，2011 年。

29. 《文選補遺》，〔宋〕陳子仁輯，臺北：灣商務印書館，影印《文淵閣四庫全書》第 1360 冊，1983 年。

30. 《三國志文類》，〔宋〕無名氏，臺北：商務印書館，影印《文淵閣四庫全書》第 1361 冊，1983 年。

31. 《四六法海》，〔明〕王志堅，臺北：臺灣商務印書館，影印《文淵閣四庫全書》第 1394 冊，1983 年。

32. 《歷代文紀》，〔明〕梅鼎祚編纂，臺北：臺灣商務印書館，影印《文淵閣四庫全書》第 1396～1402 冊，1983 年。

33. 《漢魏六朝百三家集》，〔明〕張溥編纂，臺北：臺灣商務印書館，影印《文淵閣四庫全書》第 1412～1416 冊，1983 年。

34. 《御訂歷代賦彙》，〔清〕陳元龍，臺北：臺灣商務印書館，影印《文淵閣四庫全書》第 1420 冊，1983 年。

35. 《全唐詩》，〔清〕彭定求等編，臺北：臺灣商務印書館，影印《文淵閣四庫全書》第 1423 冊，1983 年。

36. 《文選》，〔梁〕蕭統編；〔唐〕李善注，臺北：五南圖書出版社，1990 年 12 月。

37. 《全五代詩》，〔清〕李調元編；何光清點校，成都：巴蜀書社，1992 年 4 月。

38. 《書記洞詮》，〔明〕梅鼎祚輯，臺南：莊嚴出版社據萬曆二十年間，汝南郡刻，收入《四庫全書存目叢書》第 371 冊，1997 年 6 月。

39. 《全上古三代秦漢三國六朝文》，〔清〕嚴可均；陳廷嘉等校點主編，石家莊：河北教育出版社，1997 年 10 月。

40. 《全唐文新編》，〔清〕董誥等編；周紹良主編，長春：吉林文史出版社，2000 年。

41. 《七十二家集》，〔明〕張燮輯，上海：上海古籍出版社，《續修四庫全書》第 1583 冊，2002 年。

42. 《吳興藝文補》，〔清〕董斯張輯，上海：上海古籍出版社，《續修四庫全書》第 1678 冊，2002 年。

43. 《重編文苑英華》，〔宋〕李昉等編，臺北：大化書局，明閩本重編影印，2008 年。

44. 《嚴可均集》，〔清〕嚴可均；孫寶點校，杭州：浙江古籍出版社，2003 年。

45. 《流通古書約》，〔清〕曹溶，上海：上海古籍出版社，收入《澹生堂藏書約》（外八種），2005 年。

46. 《古文辭類纂注》，〔清〕姚鼐；世界書局編輯部注，臺北：世界書局，2010 年。

47. 《文心雕龍注》，〔梁〕劉勰撰；〔清〕黃叔琳注；〔清〕紀昀評，臺北：世界書局，2011 年。

48. 《文章辨體序說》，〔明〕吳納，臺北：長安出版社，1978 年。

49. 《文體明辨序說》，〔明〕徐師曾，臺北：長安出版社，1978 年。

二、今人專著（依出版年月先後順序）

1. 《文體論纂要》，蔣伯潛，臺北：正中書局，1959 年 7 月。

2. 《荷香館瑣言》，丁國鈞，臺北：藝文印書館，《叢書集成三編》，影印《丙子叢編》第 37 冊，1974 年。

3. 《中國文體通論》，張榮輝，高雄：高職叢書出版社，1977 年 7 月。

4. 《明人傳記資料索引》，國立中央圖書館編輯，臺北：文史哲出版社，1978 年 1 月。

5. 《古今典籍聚散考》，陳登原，臺北：河洛圖書出版社，1979 年 5 月。

6. 《檢論》，章炳麟，臺北：世界書局，收入《章氏叢書》冊上，1982 年 4 月。

7. 《中國歷史要籍介紹》，李宗鄴，上海：上海古籍出版社，1982 年 8 月。

8. 《史學概論》，白壽彝主編，寧夏：寧夏人民出版社，1983 年。

9. 《明代考據學研究》，林慶彰，臺北：臺灣學生書局，1983 年 7 月。

10. 《中國古代史籍校讀法》，張舜徽，臺北：學生書局，1983 年 8 月。

11. 《中國古典文獻學》，吳楓，臺北：木鐸出版社，1983 年 9 月。

12. 《胡適文存》，胡適，臺北：遠東圖書公司，1985 年 11 月。

13. 《古書通例》，余嘉錫，臺北：丹青圖書公司，1986 年 5 月。

14. 《中國近三百年學術史》，錢穆，臺北：臺灣商務印書館，1987 年 3 月。

15. 《司馬遷與其史學》，周虎林，臺北：文史哲出版社，1987 年 7 月。

16. 《古史辨》，顧頡剛編，臺北：藍燈文化事業公司，1987 年 11 月。

17. 《明代文學批評研究》，簡錦松，臺北：學生書局，1989 年。

18. 《圖書文獻學研究論集》，林慶章，文津出版社，1900 年 1 月。

19. 《類書簡說》，劉葉秋，臺北：國文天地雜誌社，1990 年 3 月。

20. 《管錐編》，錢鍾書，臺北：書林出版社，第 3 冊，1990 年 8 月。

21. 《中國古代文體概論》，褚斌杰，北京：北京大學出版社，1990 年 10 月。

22. 《古籍叢書述論》，李春光，瀋陽：遼寧書社，1991 年。

23. 《經世思想與文學經世》，林保淳，臺北：文津出版社，1991 年 12 月。

24. 《中國圖書館史》，吳仲強，長沙：湖南出版社，1991 年 12 月。

25. 《中國文獻學新探》，洪湛侯著，臺北：藝文印書館，1992 年 9 月。

26. 《越縵堂讀書簡端記》，王利器纂輯，天津：天津古籍出版社，1993 年 3 月。

27. 《晚明曲家年譜》，徐朔方，杭州：浙江古籍出版社，1993 年 12 月。

28. 《文獻學》，洪湛侯，臺北：藝文印書館，1994 年 3 月。

29. 〔清〕《嚴可均事蹟著述編年》，陳韻珊，臺北：藝文印書館，1995 年 12 月。

30. 《古籍異文研究》，王彥坤，臺北：萬卷樓圖書公司，1996 年 12 月。

31. 《校讎廣義》（校勘篇），程千帆、徐有富著，濟南：齊魯書社，1998 年 4 月。

32. 《唐詩雜論》，聞一多撰，上海：上海古籍出版社，1998 年 12 月。

33. 《中國古籍輯佚學論稿》，曹書杰，長春：東北師範大學出版社，1998 年 9 月。

34. 《中國小說史略》，魯迅，天津：天津人民出版社，收入《魯迅自編文集》第 2 冊，1999 年 2 月。

35. 《清代義理學新貌》，張麗珠，臺北：里仁書局，1999 年 5 月。

36. 《乾嘉學者的治經方法》，蔣秋華主編，臺北：中央研究院中國文哲研究所，2000 年，8 月。

37. 《清代考據學研究》，郭康松，武漢：崇文書局，2001 年 8 月。

38. 《無邪堂問答》，朱一新，北京：中華書局，2002 年。

39. 《中國目錄學》，劉兆祐，臺北：五南圖書出版社，2002 年 3 月。

40. 《無邪堂答問》，朱一新，北京：中華書局，2002 年。

41. 《文獻學研究的回顧與展望——第二屆中國文獻學學術研討會論文集》，周彥文主編，臺北：臺灣學生書局，2002 年 3 月。

42. 《中國近三百年學術史》，梁啟超，天津：天津古籍出版社，2003 年 5 月。

43. 《中國文獻學》，張舜徽，武昌：華中師範大學出版社，收入《張舜徽集》第 1 輯，2004 年 3 月。

44. 《清代學術概論》，梁啟超，北京：中國人民大學出版社，2004 年 9 月。

45. 《清代揚州學記》，張舜徽，揚州：江蘇廣陵出版社，2004 年 12 月。

46. 《論戴震與章學誠》，余英時，北京：三聯書局，2005 年 1 月。

47. 《文苑英華研究》，凌朝棟，上海：上海古籍出版社，2005 年 4 月。

48. 《中國類書》，趙含坤，石家莊：河北人民出版社，2005 年 5 月。

49. 《中國古代文體學論稿》，郭英德，北京：北京大學出版社，2005 年 9 月。

50. 《《四庫全書總目·經部》研究》，莊清輝，北京：花木蘭文化工作坊，2005 年 12 月。

51. 《中國古文獻學》，孫欽善，北京：北京大學出版社，2006 年 5 月。

52. 《簡明儒學史》，李申，北京：中國人民大學出版社，2006 年 6 月。

53. 《兩晉南北朝《爾雅》著述佚籍輯考》，王書輝，北京：花木蘭出版社，2006 年 9 月。

54. 《乾嘉學術十論》，劉墨，北京：三聯書店，2006 年 11 月。

55. 《類書淵源與體例形成之研究》，孫永忠，北京：花木蘭出版社，2007 年 3 月。

56. 《明代蘇州藏書家——藏書家的藏書活動與藏書生活》，陳冠至，臺北：花木蘭文化出版社，2007 年 3 月。

57. 《唐代類書與文學》，唐光榮，成都：巴蜀書社，2008 年 3 月。

58. 《古典文獻學基礎》，董洪利主編，北京：北京大學出版社，2008 年 7 月。

59. 《中國古代文學史》，馬積高、黃鈞主編，臺北：萬卷樓圖書公司，2008 年 8 月。

60. 《中國古典文獻學的理論與方法》，郭英德、于雪棠編著，北京：北京師範大學出版社，2008 年 8 月。

61. 《輯佚大家——嚴可均傳》，李士彪；吳雨晴，杭州：浙江人民出版社，2008 年 11 月。

62. 《中國文化通史——政治篇》，胡世慶，臺北：三民書局，2009 年 9 月。

63. 《清代學問的門徑》，胡適等；王學群編，北京：中華書局，2009 年 11 月。

64. 《成德齋學術論文集》，高雄市：宏冠出版社，2010 年 4 月。

65. 《清代輯佚研究》，喻春龍，上海：上海古籍出版社，2010 年 6 月。

66. 《魏晉南北朝十二講》，周一良，北京：中華書局，2010 年 7 月。

67. 《余嘉錫古籍論叢》，余嘉錫，北京：國家圖書館出版社，2010 年 10 月。

68. 《中國文獻學理論》，周彥文，臺北：臺灣學生書局，2011 年 6 月。

69. 《古典目錄與國學源流》，王錦民，北京：中華書局，2012 年 7 月。

70. 《全三國兩晉南朝文補遺》，韓理洲，西安：陝西出版集團；三秦出版社，2013 年 3 月。

71. 《古籍整理釋例》，許逸民著，北京：中華書局，2014 年 7 月。

三、學位論文（依論文年月先後順序）

1. 〔清〕〈嚴可均之說文研究〉，陳韻珊，臺北：國立臺灣大學中文研究所博士論文，1996 年 1 月。

2. 〈嚴可均《說文校議》研究〉，陳茂松，臺中：逢甲大學中國文學研究碩士論文，1998 年 6 月。

3. 〈梅鼎祚《青泥蓮花記》研究〉，陳慧芬，高雄：國立中山大學中國文學系，碩士論文，2003 年 6 月。

4. 〈嚴可均《全後周文》編年考〉，張鵬，西安：西北大學中國古代文學碩士論文，2004 年 9 月。

5. 〈嚴可均《全北齊文》編年考〉，魏宏利，西安：西北大學中國古代文學

碩士論文，2004 年 9 月。

6. 〈嚴可均《全齊文》編年考〉，張衛宏，西安：西北大學中國古代文學碩士論文，2004 年 9 月。

7. 〈嚴可均《全三國文》編年補正〉，張爭光，西安：西北大學中國古代文學碩士論文，2008 年 7 月。

8. 〈嚴可均《全宋文》編年補正〉，谷海林，西安：西北大學中國古代文學碩士論文，2008 年 7 月。

9. 〈嚴可均，《全後魏文》編年補正〉，胡全銀，西安：西北大學中國古代文學碩士論文，2008 年 7 月。

10. 〈晚明學者經學的輯佚活動〉，陳亦伶，新北市：國立臺北大學古典文獻研究所 2009 年 6 月。

11. 〈彭兆蓀生平交遊著述考〉，羅軍撰，廣州：暨南大學碩士論文，2010 年 6 月。

四、單篇論文 (依出刊年月先後順序)

1. 〈讀輯高誘文〉，王利器，《經世日報》，1946 年第 5 期，1946 年 9 月。

2. 〈讀嚴可均輯晉潛帝文〉，王利器，《經世日報》，1946 年第 7 期，1946 年 9 月 25 日。

3. 〈讀嚴可均《全上古三代秦漢三國六朝文》〉，陳啟雲，《新亞生活》，1958 年第 3 期，1958 年 6 月 2 日，頁 22。

4. 〈嚴可均《全上古三代秦漢三國六朝文》編次得失平議〉，張嚴，《大陸雜誌》第 21 卷第 8 期，1970 年 10 月 31 日，頁 8～11。

5. 〈嚴鐵橋《全齊梁文》補遺〉，小尾郊一撰；邱棨鐋譯，《華學月刊》，1974 年第 32 期，1974 年 8 月，頁 23～34。

6. 〈烏程嚴可均著書輯書考略〉，洪煥椿，收入《浙江文獻叢考》浙江人民出版社，1983 年 2 月，頁 236～240。

7. 〈清代前期的圖書事業〉，來新夏，《社會科學戰線》，1986 年第 3 期，1986 年 3 月，頁 59。

8. 〈嚴可均輯佚方法初探〉，徐德明，《古籍整理研究學刊》，1987 年第 1 期，1987 年 4 月，頁 40～47。

9. 〈嚴可均輯佚方法初探〉，徐德明，《古籍整理研究學刊》，1987 年第 4 期，1989 年 1 月，頁 56～59。

10. 〈談古書輯佚〉，朱建亮、吳杰，《圖書館學研究》，1991 年第 3 期，1991 年 3 月，頁 65～67。

11. 〈《四庫全書》輯佚成就述評〉，李春光，《社會科學輯刊》，1991 年第 4 期總 75 期，1991 年 4 月，頁 85～89。

12. 〈東晉輯佚家楊方及其逸著輯存〉，曹書杰，《東疆學刊哲學社會學版》，1992 年第 3 期，1992 年 3 月，頁 49～54。

13. 〈黃奭及其輯佚活動始末考〉，曹書杰，《東北師大學報》，1992 年第 5 期，1992 年 5 月，頁 59～62。

14. 〈六朝文學專科目錄輯考〉，朱迎平，《上海財經大學》，1993 年第 2 期，1993 年 2 月，頁 17～24。

15. 〈對清代輯佚的兩點認識〉，張升，《文獻》，1994 年第 1 期，1994 年 1 月，頁 1～2。

16. 〈清代吳地書院的演進與學術思潮〉，徐啟彬，《蘇州學報》，1994 年第 2 期，1994 年 2 月，頁 86。

17. 〈淺論戴震的重要佚著《經雅》〉，胡錦賢，《古籍整理研究學刊》，1994 年第 3 期，1994 年 3 月，頁 1～6。

18. 〈嚴可均的貢獻與我們的工作〉，陳廷嘉、王同策、左振坤等，《長春師院學報》，1994 年第 3 期，1994 年 3 月，頁 28～36。

19. 〈魯迅輯佚小說探微〉，葉樹聲，《津圖學刊》，1994 年第 4 期，1994 年 4 月，頁 66～68。

20. 〈論清代輯佚興盛的原因〉，張升，《古籍整理研究學刊》，1994 年第 5 期，1994 年 5 月，頁 28～29。

21. 〈嚴可均著述考〉，徐德明，《華東師範大學學報》，1995 年第 5 期，1995 年 5 月，頁 94～96。

22. 〈嚴可均的著述考略〉（上），陳韻珊，《大陸雜誌》第 91 卷第 3 期，1995 年 9 月，頁 133～140。

23. 〈嚴可均的著述考略〉（下），陳韻珊，《大陸雜誌》第 91 卷第 4 期，1995 年 10 月，頁 154～164。

24. 〈學海之大觀藝林寶籍——嚴可均編輯思想與成就論〉，閻現章、楊規劃等，《河南大學學報》第 35 卷第 6 期，1995 年 11 月，頁 82～88。

25. 〈試論嚴可均對文獻輯佚的貢獻〉，陳華，《杭州大學學報》第 26 卷第 1 期，1996 年 3 月，頁 81～84。

26. 〈論嚴可均治《說文》的方法〉，陳韻珊，《中國文學研究》，1996 年第 10 期，1996 年 6 月，頁 1～22。

27. 〈嚴可均對《說文》體例的認釋〉，陳韻珊，《中國文字》，1996 年新 21 期，1996 年 12 月，頁 109～133。

28. 〈評陳廷嘉、王同策、左振坤校點《全上古三代秦漢三國六朝文》——嚴可均輯新版〉，橫排本，王君夫，《東方文化雜誌》第 37 卷第 1 期，1999 年 6 月，頁 51～53。

29. 〈嚴可均輯佚學的成績〉，中嶋隆藏，《清代學術論叢》第 2 輯，臺北：

文津出版社，2001 年 11 月，頁 255～264。

30. 〈嚴可均《全晉宋文補遺》〉，森野繁夫、陳鴻森譯，《書目季刊》第 36 卷第 3 期，2002 年 12 月，頁 71～87。

31. 〈論嚴可均《全上古三代文》之失與《全秦文》的編輯體例〉，趙逵夫，《西北師大學報》第 41 卷第 5 期，2004 年 9 月，頁 1～5。

32. 〈論張舜徽在考證、辨偽、輯佚諸領域的理論建設〉，韋順莉，《廣西社會科學》第 5 期總第 89 期，2002 年 5 月，頁 177～179。

33. 〈全上古三代秦漢三國六朝文所收誄文補遺〉，趙厚均，《古籍整理研究學刊》，2005 年第 4 期，2005 年 4 月，頁 72～75。

34. 〈嚴可均之輯佚學初探〉，林曉筠撰，《有鳳初鳴年刊》，2005 年第 2 期，2005 年 7 月，頁 187～198。

35. 〈從《漢魏六朝百三家集·題辭》看張溥的文學思想〉，李江峰，《唐都學刊》，2006 年 1 月，頁 4～6。

36. 〈嚴可均《王逸集》輯佚補正〉，蔣方，《文學遺產》，2006 年第 6 期，2006 年 6 月，頁 87。

37. 〈《全上古三代秦漢三國六朝文》隱涵體例發微〉，王京州，《書目季刊》第 40 卷第 3 期，2006 年 12 月，頁 39～45。

38. 〈嚴可均輯桓譚《新論》佚文商議〉，王菱，《文史札記》，2007 年第 4 期，2006 年 12 月，頁 31。

39. 〈嚴可鈞《全漢文》、《全後漢文》輯錄漢賦之闕誤〉，踪凡，《文學遺產》，2007 年第 6 期，2007 年 6 月，頁 128～130。

40. 〈《全上古三代秦漢三國六朝文》中三曹文考證〉，張爭光，《平原大學學報》第 24 卷第 6 期，2007 年 12 月，頁 44～46。

41. 〈20 世紀以來梅鼎祚研究綜述〉，陳晨，《遼寧師範大學學報》第 31 卷第 1 期，2008 年 1 月，頁 98～101。

42. 〈嚴輯《全北齊文》、《全後周文》辨正〉，魏宏利、張鵬撰，《西北大學學報》第 38 卷第 2 期，2008 年 3 月，頁 43～46。

43. 〈嚴可均詩初探〉，李士彪，《魯東大學學報》第 25 卷第 6 期，2008 年 11 月，頁 50～51。

44. 〈明末清初的實學〉，何佑森，《清代學術思潮》，臺北：臺灣大學出版社，2009 年，頁 86。

45. 〈論張舜徽先生的輯佚思想〉，臧期猛，《大學圖書情報學刊》第 27 卷第 2 期，2009 年 4 月，頁 82～85。

46. 〈《張溥年譜》補正〉，張余，《江蘇教育學院學報》第 25 卷第 3 期，2009 年 5 月，頁 103～104。

47. 〈梅鼎祚著作編年考述〉，陳晨，《書目季刊》第 45 卷第 1 期，2011 年 6 月，頁 87～99。

48. 〈百年來張溥研究綜述〉，陸岩軍，《重慶郵電大學學報》第 24 卷第 3 期，2012 年 3 月，頁 106～110。

49. 〈「天如之名滿天下」：復社主盟張溥晚明之影響探微〉，陸岩軍，《蘭州學刊》，2014 年 10 月，頁 49～53。

50. 〈張溥《漢魏六朝百三家集》「論者」考釋〉，王京州，《文史新探》總第 93 期，2015 年，頁 37～40。

51. 〈明清所編總集造成的漢魏六朝文本變異——拼接插入的處理手法及其方法論反省林曉光〉，《漢學研究》總 84 期，第 34 期第 1 卷，2016 年 3 月，頁 309～335。

五、古籍檢索系統

1. 中央研究院漢籍電子文獻瀚典全文檢索系統（http//hanji.sinica.edu.tw）。

2. 中國基本古籍庫，北京：愛如生數字化技術研究中心。

3. 文淵閣四庫全書電子版，迪志文化出版有限公司，1999 年。

4. 續修四庫全書增補版，（雕龍中日古籍全文資料庫），2014 年。